Josef Kopperschmidt

Allgemeine Rhetorik

Einführung in die Theorie
der Persuasiven Kommunikation

Zweite Auflage

Verlag W. Kohlhammer
Stuttgart Berlin Köln Mainz

CIP-Kurztitelaufnahme der Deutschen Bibliothek

Kopperschmidt, Josef
Allgemeine Rhetorik: Einf. in d. Theorie d.
Persuasiven Kommunikation.
2. Aufl.
Stuttgart, Berlin, Köln, Mainz:
Kohlhammer 1976.
    ISBN 3-17-004087-1

2. Auflage 1976
Alle Rechte vorbehalten
© 1973 Verlag W. Kohlhammer GmbH
Stuttgart Berlin Köln Mainz
Verlagsort: Stuttgart
Umschlag hace
Gesamtherstellung: W. Kohlhammer GmbH
Grafischer Großbetrieb Stuttgart
Printed in Germany

Inhalt

»Durch die gegenseitige Abhängigkeit des Gedankens und des Wortes voneinander leuchtet es klar ein, daß die Sprachen nicht eigentlich Mittel sind, die schon gekannte Wahrheit darzustellen, sondern weit mehr, die vorher unerkannte zu entdecken.« (HUMBOLDT)

Vorbemerkung

Wer anno 1973 eine ›Rhetorik‹ publiziert, muß dies nicht mehr rechtfertigen. Doch er tut gut daran, den Leser vor zwei naheliegenden, aber falschen Erwartungen zu warnen.

Der hier vorgelegte Entwurf einer Rhetorik hat keine restaurativen Intentionen: Sein Interesse ist nicht die Rehabilitierung einer alten Disziplin, mag sie auch nachweislich antike wie nachantike Geistes- und Kulturgeschichte geprägt haben.

Der hier vorgelegte Entwurf ist auch kein Beitrag zu einer sogenannten »Modernen Rhetorik«, insofern dieser ambitionierte Name nur ein reduktionistisches Rhetorik-Verständnis verdeckt: Redetechnik und Überzeugungsstrategie, deren versprochene Vermittlung diese »Moderne Rhetorik« gegenwärtig so marktgängig macht, treffen nicht das Interesse dieser Einführung.

Sich sowohl von historischer wie technologischer Problemverengung absetzend versucht dieser Entwurf einer Rhetorik den genuinen Anspruch dieser Disziplin wieder freizulegen: nämlich Bedingungen einer intersubjektiven Verständigung zu buchstabieren, die weder theoretisch zwingend ist noch bloß arbiträr zufällt, sondern durch *überzeugende Argumentation* motiviert ist.

Die Sprache ist das Medium dieser argumentativen Verständigung, die Vernunft ihr Ziel. Eine Rhetorik, die dieser Vernunft in Sprache Geltung verschaffen will, versteht sich als eine *Grammatik des vernünftigen Redens*.

Die folgenden Seiten versuchen, die Notwendigkeit einer solchen Grammatik einsichtig zu machen und deren konstitutive Regeln zu ermitteln.

1 Einleitung: Gegenstand, Ziel und Methode der Arbeit

1.1 Zur Situation: Das öffentliche Schweigen

Die 1964 in einer 13teiligen Artikelserie der ›Stuttgarter Zeitung‹ diskutierte Frage nach den Gründen für die deutsche Verachtung der Rhetorik[1] hätte schon zum Zeitpunkt ihrer Veröffentlichung einer kritischen Retraktation bedurfte. Jedenfalls ist sie 1973 unumgänglich! Denn wer die These dieser Artikelserie heute belegen will, wird Mühe haben, Zeugnisse aufzufinden, die als Fortsetzung der klassischen Rhetorik-Verdikte von PLATO bis KANT und HEGEL beansprucht werden könnten. Der Makel der Unseriösität, der an der Rhetorik seit ihrer Kontroverse mit der Philosophie haftet, scheint vergessen zu sein, seit so verschiedene Philosophen wie ADORNO, APEL, GADAMER, HABERMAS u. a. m. die Aktualität von Fragen wieder freigelegt haben, die traditionell von der Rhetorik reflektiert wurden.

Was für die Philosophie gilt, trifft erst recht auf Disziplinen zu wie Literaturwissenschaft, Linguistik, Sprachwissenschaft, Kommunikationswissenschaft, Jurisprudenz, Politologie, Theologie, Publizistik u. a. m.,[2] deren Verhältnis zur Rhetorik traditionell nie so belastet war wie das der Philosophie zur Rhetorik. Sie alle erinnern sich heute einer von der Rhetorik verwalteten Tradition, von deren Reaktualisierung sich die Literaturwissenschaft u. a. eine Klärung literarischer Ausdruckskonventionen und die Linguistik das Bereitstellen pragmatischer Analysekategorien versprechen, von der sich die Politologie eine Neubelebung und Rationalisierung der ausgetrockneten öffentlichen Diskussion und die Theologie eine Hilfestellung für ihre im argen liegende Verkündigungspraxis erwarten usw. Kurzum: Mag WALTER JENS' Wort von der Rhetorik als der »alten und neuen Königin der Wissenschaften« (JENS 1969, S. 45) auch zu kühne Hoffnungen erwecken, der »Dornröschenschlaf« der Rhetorik ist vorbei – auch in Deutschland. Und von Verachtung dürfte schwerlich die Rede sein. Vielmehr ist man fast schon eher geneigt, sich der berühmten Feinde der Rhetorik zu erinnern als mancher ihrer zweifelhaften gegenwärtigen Gönner.

Der »Dornröschenschlaf« der Rhetorik ist vorbei; daran ist nicht zu zweifeln. Ob die Rhetorik allerdings auch schon »ihr Geschäft betreibt: aufzuklären und ... die Humanität zu befördern« (JENS, ebd.), daran mag füglich gezweifelt werden – trotz ihrer wissenschaftlichen Rehabilitation. Und das ist kein Widerspruch! Es sei denn, man wollte – wie es die genannte Artikelserie 1964 noch tut – das Fehlen einer öffentlichen Rede in Deutschland bzw. besser: das Fehlen einer öffentlichen »Rede-Räson« (MAGASS, S. 19 u. ö.) immer noch allein dem vielgeschmähten »Bruder Innerlich« (TUCHOLSKY) anlasten, der einer »Sprachlosigkeit des empfindenden Tiefsinns huldigt« (SINGER)[3] und der für eine auf Öffentlichkeit angewiesene Rhetorik nur Verachtung übrig hat.

Nicht die Verachtung einer Rhetorik, der sich deutscher Tiefsinn zu schade ist, dürfte heute die keineswegs mehr nationale »Sprachlosigkeit der Gesellschaft« (BENSELER) und das »öffentliche Schweigen« (MAGASS) verbindlich begründen können, sondern allenfalls die Analyse eines universalen »Rückzugs vom Wort« (STEINER), den weniger die Psychologie der deutschen Seele als die Logik einer wissenschaftlich-technischen Gesellschaft verständlich machen kann.

Dieser Rückzug vom Wort – »Wort« verstanden als Kommunikation ermöglichendes Medium – hat nachweislich nicht nur die Rhetorik in Verlegenheit gebracht, wie WALTER JENS' Frage bezeugt: »Gibt die industrielle Gesellschaft einstweilen nur den Soziologen ihre Geheimnisse preis, um sich dem Zugriff der Poesie desto entschlossener zu entziehen?« (JENS 1964, S. 10). Die gleiche Frage bestimmt A. HUXLEYS Analyse der Beziehung zwischen »Literatur und Wissenschaft«, genauer: die Frage nach der fehlenden Beziehung zwischen Literatur und Naturwissenschaft, die er mit der Feststellung anspricht: »Die Gegenstände der neuen Dichtung bleiben dieselben wie die der alten. Die alten Grenzen wurden nicht erweitert . . .« (HUXLEY, S. 65).

An diese im Anschluß an SNOW entfachte Diskussion über die Relevanz wissenschaftlicher Erkenntnis für eine Literatur,[4] die sich als ein spezifisches Interpretationsmedium erfahrbarer Wirklichkeit versteht, soll hier nur erinnert werden, um die Grundsätzlichkeit des Zweifels an der Sprache als einem adäquaten Wirklichkeitszugang exemplarisch anzudeuten. Dieser Zweifel beschreibt ziemlich genau die gegenwärtige Aporie, »wie eine Übersetzung des technisch verwertbaren Wissens in das praktische Bewußtsein einer sozialen Lebenswelt möglich ist« (HABERMAS 1968, S. 107). Die Sprache dieser Übersetzung kann jedenfalls kaum die desanthropomorphe Struktur der Wissenschaftssprache sein (LUKÁCS, S. 33 ff.).

Wenn – so STEINER (S. 505) – »nunmehr die Wirklichkeit in ganz wesentlichen Hinsichten außerhalb der verbalen Sprache beginnt«, dann stellt sich auch mit aller Dringlichkeit die Frage nach der kognitiven Relevanz rhetorischen Sprechens. Das aus der Rhetorikgeschichte mit einiger Plausibilität ableitbare Junktim zwischen der freien, öffentlichen Rede (*Parrhesía*, Pressefreiheit) und einer sie ermöglichenden freien Gesellschaftsordnung hat ein anderes ebenso zwingendes Junktim verstellt, das zwischen dem Selbstabspruch der Rhetorik besteht, praktischem Handeln situative Orientierung und Aufklärung zu geben, und einer gesellschaftlichen Öffentlichkeit, die diese situative Aufklärung als verbindliche und angemessene Methode gesellschaftlicher Handlungsrationalität auch anerkennt. Denn die traditionelle Macht der Rhetorik lebte nicht nur aus der Freiheit des öffentlichen Wortes, sondern ebenso aus seiner begründbaren Qualifikation als eines Mediums praktischer Vernunft, die eine, wenn nicht die einzige politische Alternative zur Gewalt zu bieten scheint (ARENDT, S. 27; STERNBERGER, S. 79).

Dieser Anspruch der Rhetorik ist im Zuge ihrer spätantiken politischen Entmachtung und ästhetischen Exilierung nicht widerlegt, allenfalls suspendiert worden. Erst der Beginn der Neuzeit, explizit DESCARTES hat diesem Anspruch widersprochen, indem er die praktische Aufklärungsleistung der Rhetorik und die von ihr gewährleistete soziale Gewißheitsmöglichkeit am Ideal mathematischer Stringenz maß und entsprechend als insuffizient abwies.

Die Sozialtechnologien im Gefolge von HOBBES haben den Versuch unternommen, diese mathematische Gewißheit auch als Maßstab praktischen Handelns zu etablieren, d. h., dem gesellschaftlichen Zusammenleben eine Rationalität abzugewinnen, die für den Rationalitätsanspruch der Rede-Räson nur noch ein mitleidiges Lächeln übrig hat. Jeder Zweifel an der »Exemplarität« und an dem »paradigmatischen Charakter« dieser Rationalität, wie sie u. a. H. ALBERT gewertet wissen möchte (ALBERT 1971/1, S. 57, 95 u. ä.), wird dann als unbewältigter Rest theologischen Erbes denunziert und als Rückfall in die Mythologie und Methaphysik entlarvt.

Dieser Vorwurf, falls er berechtigt wäre, träfe mit aller Härte auch die Rhetorik und die von ihr beanspruchte praktische Handlungsrationalität. Die Frage CONRADYs[5] ist also berechtigt: Wenn das Vertrauen schwindet, vermittels Sprache *(verba)* die sich stellenden Probleme *(res)* bewältigen zu können, »wie dann also Rhetorik heute?« Denn Rhetorik setzt als allgemeinste Bedingung ihrer Möglichkeit voraus, daß sich mit Sprache nicht nur Wirklichkeit bewältigen, sondern auch verändern läßt. Von der »Ohnmacht der rationalen Sprache« als Prämisse ausgehend läßt sich – trotz E. GRASSI – eine »Rettung des Rhetorischen« schwerlich bewerkstelligen. Vielmehr dürfte umgekehrt die Konzeption einer Rhetorik nur unter der Zielvorstellung gelingen, diese »Ohnmacht« selbst tendenziell abzuschaffen.

1.2 Zum Vorverständnis: Instrumentell und hermeneutisch interessierte Rhetorik

Mit den bisher benutzten Begriffen »Rede-Räson«, »soziale Gewißheit«, »praktische Handlungsrationalität« u. a. m. ist – wie ersichtlich – bereits ein Vorverständnis von Rhetorik expliziert, aufgrund dessen überhaupt erst das »öffentliche Schweigen« als Situationsanalyse plausibel wird. Die Explikation dieses Vorverständnisses von Rhetorik kann aber nicht in einer Einleitung geleistet werden; sie bleibt Aufgabe der gesamten Untersuchung. Doch ist es notwendig und möglich, wenigstens den Rahmen abzustecken, in dem dieses Vorverständnis im folgenden schrittweise entwickelt werden soll.

Die Frage nach dem Vorverständnis der Rhetorik ist die Frage nach der Beziehung zwischen *Theorie und Praxis* der Rhetorik. Der Klärung dieser Beziehung kann sich keine Disziplin entziehen, die wie die Rhetorik der intentionalen Beeinflussung von Praxis dient. Die Verstrickung in und mit Praxis ist für die Rhetorik offensichtlich so typisch, daß der Sprachgebrauch nicht einmal eine entsprechende Unterscheidung bereithält.[6]

Das Wort »Rhetorik« (griechisch: *rhetoriké téchne*) wird in verschiedenen Bedeutungen verwendet, von denen die häufigsten folgende sein dürften:
— »Rhetorik« im Sinne von *Redetheorie* bzw. *Redelehre* (z. B. »Die Moderne Rhetorik befindet sich noch im Stadium der Grundlagenforschung«). In dieser Bedeutung meint »Rhetorik« die Beschäftigung (in Forschung und Lehre) mit der rhetorischen Sprachleistung, mit deren Struktur, Funktion, System, Erscheinungsformen, Anwendungsmöglichkeiten, Geschichte usw.
— »Rhetorik« im Sinne von allgemeiner *Redekunst* (z. B. »Die Macht der Rhetorik ist oft mißbraucht worden«). In dieser Bedeutung meint »Rhetorik« das System von Regeln und Techniken, deren Anwendung eine optimale Überzeugungsleistung gewährleistet.
— »Rhetorik« im Sinne von individueller *Redefähigkeit* (z. B. »Er hat eine hervorragende Rhetorik«). In dieser Bedeutung meint »Rhetorik« das — bewußte oder unbewußte — Beherrschen der genannten Regeln und Techniken in den verschiedenen Formen konkreter Sprachverwendung durch ein sprechendes Individuum.

Die genannten verschiedenen Bedeutungen von »Rhetorik« verweisen auf eine im Sprachgebrauch nicht durchgeführte Unterscheidung bzw. positiv: auf eine vorausgesetzte enge Beziehung zwischen Theorie und Praxis der Rhetorik. Diese enge Beziehung ist schon in der Antike bei QUNINTILIAN (II 17, 37) theoretisch reflektiert. Die ARISTOTELISCHE Klassifikation der Künste in theoretische, praktische und poietische (Metaphysik, 1025b 25) zitierend meint er zur Rhetorik, daß man sie nicht als eine nur praktische, d. h., im verbalen Agieren sich realisierende Kunst (». . . in actu consistere«) verstehen dürfe. Sie sei ebenfalls eine poietische Kunst, insofern sie sich in sprachästhetischen Produkten objektiviere (». . . opus in parte oratoria«), als auch eine theoretische Kunst, insofern sie die Bedingungen ihrer eigenen Möglichkeit reflektiere (». . . contemplatione sui frui«) (LAUSBERG 1960, S. 29 ff.).

Auch in der weiteren geschichtlichen Entwicklung der Rhetorik ist diese enge Beziehung zwischen Theorie und Praxis nie ganz aufgegeben worden. Gleichwohl hat es Versuche gegeben, terminologisch zwischen *rhetorica, rhetorica docens*, Redekunst (= Theorie) auf der einen und *oratoria, rhetorica utens*, Beredsamkeit (= Praxis) auf der anderen Seite zu differenzieren, ohne daß diese Unterscheidung sich aber als verbindliche Terminologie durchgesetzt hätte (STÖTZER, S. 95 ff.; JENS 1971, S. 432 f.).

Die im Sprachgebrauch manifeste Verflechtung von Theorie und Praxis der Rhetorik verweist auf eine in der Sache begründete Beziehung, deren Aufhellung u. a. Ziel dieser Arbeit ist. Doch schon jetzt sei gesagt, daß diese Aufhellung nicht gelingen kann, wenn die Theorie als Systematisierung und Klassifikation der Bedingungen sprachlich effektiven Verhaltens mißverstanden wird. Gleichwohl stellt sich dieses Theorie-Verständnis fast immer dann ein, wenn von Theorie der Rhetorik die Rede ist. Ausgehend von dem Axiom, daß Sprechen/ Reden Tätigkeiten sind, die jeder vollzieht, scheint die Theorie nur noch in der Lage zu sein, unbewußte Prozesse der Praxis bewußt zu machen mit dem pragmatischen Ziel, diese Prozesse der Praxis besser beherrschen (Redetechnik) bzw. besser analysieren (Redekritik, Stilistik) zu können.

Was sich gemeinhin als Theorie der Rhetorik aufspielt, geht mit wenigen Ausnahmen von diesem Theorie-Verständis aus. Das Ergebnis ist: Man meint *rhetorische Technologie,* wenn man von Theorie der Rhetorik spricht:

»...Die Theorie der Rhetorik erfand also nichts, sie hielt sich an das schon Vorhandene, an die spontane Rede, deren Kraft und Wirkung offenbar war: hier sah sie das ab, was sie als einzelne Formen und Mittel benannte und klassifizierte... Die antike Theorie der Rhetorik — als Versuch, das Gekonnte bewußt zu machen...« (STORZ 1966, S. 12).

Selbst wenn die Beurteilung der antiken Rhetorik nicht ganz zutreffend ist, so artikuliert dieser Text doch ein weithin gültiges Verständnis von Rhetorik-Theorie (vgl. u. a. die Arbeiten von H. LAUSBERG), das auch unabhängig von seiner vermeintlichen Begründung in der Antike vertreten wird. Der Ahnherr eines solchen rhetorischen Positivismus, der Aussagen verweigert, die über die instrumentelle Praxis-Dignität von Rhetorik hinausgehen, ist in PLATOS Dialog ›Gorgias‹ (456d) bereits zitiert:

»...indessen muß man sich« — so der Sophist Gorgias zu Sokrates — »der Redekunst bedienen wie jeder anderen Streitkunst. Denn auch andere Streitkunst muß man nicht deshalb gegen alle Menschen gebrauchen, weil einer den Faustkampf und das Ringen und das Fechten in Waffen so gut gelernt hat, daß er stärker darin ist als Freunde und Feinde, und muß deswegen nicht seine Freunde schlagen und stoßen und töten. Noch beim Zeus, wenn einer, der den Übungsplatz besucht hat und ein tüchtiger Fechter geworden ist, hernach Vater und Mutter schlägt oder sonst einen von Verwandten und Freunden, darf man deshalb die Turnmeister und Fechtmeister verfolgen und aus den Städten vertreiben. Denn diese haben ihre Kunst mitgeteilt, damit man sich ihrer rechtlich bediene gegen Feinde und Beleidiger zur Verteidigung, nicht zum Angriff, und nur jene verkehren es und bedienen sich der Stärke und Kunst nicht richtig. Nicht also die Lehrer sind böse, noch ist die Kunst hieran schuld und deshalb böse, sondern die, glaube ich, welche sie nicht richtig anwenden. Dasselbe nun gilt auch von der Redekunst . . .«

Das heißt: Rhetorik ist ein effektives Instrument (Waffe) der Praxis-Beeinflussung, doch über die Richtung dieser Beeinflussung zu reflektieren, geschweige denn sie selbst zu bestimmen, fällt nicht mehr in den Kompetenzbereich der Rhetorik, sondern in die Verantwortung desjenigen, der dieses Instrument benutzt. Die Blässe der moralischen Appelle (»müssen«) macht die Hilflosigkeit einer Theorie gegenüber ihrer eigenen Praxis nur allzu deutlich.

Gleichwohl darf nicht vergessen werden, daß trotz der vorherrschenden Gültigkeit eines solchen instrumentellen Rhetorik-Verständnisses seine Berechtigung seit PLATO und ARISTOTELES in Frage gestellt wurde. PLATO spricht in dem genannten Dialog der von Gorgias geschilderten Disziplin den Wissenschaftscharakter ab, während ARISTOTELES sich in seiner berühmten ›Rhetorik‹ dezidiert von einer — explizit so genannten — »technologisch« verkürzten Rhetorik-Theorie absetzt (vgl. u. a. 1354a), um ihr gegenüber sein Verständnis von Rhetorik als Theorie der *überzeugenden Argumentation* zu erläutern.
Diese im folgenden noch öfter heranzuziehende Ablehnung einer sich als Theorie aufspielenden rhetorischen Technologie gilt es neu zu durchdenken und neu zu begründen. Dabei darf auch nicht unterschlagen werden, daß es ein in Vergessenheit geratenes, aber durch einige Jahrhunderte hin gültiges wissenschaftstheoretisches Rhetorik-Verständnis gegeben hat, das diese Disziplin innerhalb der »Sieben Freien Künste« *(septem artes liberales)* funktional zu bestimmen versuchte (»frei« = eines freien Mannes würdig). Innerhalb dieser Sieben Künste: Grammatik, Dialektik, Rhetorik (= Trivium), Musik, Geometrie, Arithmetik, Astronomie (= Quadrivium), die einen Allgemeinbesitz verbindlichen und vorauszusetzenden Wissens innerhalb einer Kulturgemeinschaft artikulierten,[7] fungierte die Rhetorik als eine auf Sprache, genauer: als eine auf *intersubjektive Verständigung und Kommunikation* in der Gesellschaft bezogene Disziplin. Wie wenig dieses Rhetorik-Verständnis sich technologisch vereinnahmen läßt, zeigen u. a. die großen rhetorisch orientierten Bildungskonzeptionen der Antike von ISOKRATES bis QUINTILIAN (vgl. 1.3). LICHTENSTEIN hat daher mit Recht im Blick auf ISOKRATES von Rhetorik gesprochen als einer »sprachlichen Handlungslehre« (S. 46), um deren Interesse an Sprache als einer die Gesellschaft ermöglichenden wie beeinflussenden Kraft zu betonen.
Darüber hinaus übernahm die Rhetorik zusammen mit den anderen Künsten eine propädeutische Funktion, indem sie die für ein Fachstudium, insbesondere: die für die Beschäftigung mit der Philosophie notwendigen allgemeinen Voraussetzungen zu vermitteln hatte.
In der christlichen Rezeption der »Sieben Freien Künste«, besonders durch AUGUSTIN (vgl. KOPPERSCHMIDT 1971/1, S. 273 ff.), trat an die Stelle der Philosophie die »wahre Philosophie«, d. h. die Theologie, ohne daß die Künste ihre propädeutische Funktion einbüßten: Der in jeder Teildisziplin jeweils erfaßbare Wahrheitsgehalt hat entsprechend dieser Auffassung Teil an der einen, göttlichen Wahrheit, zu deren Verständnis diese Teilwahrheiten befähigen. So gelangte die Rhetorik — angelehnt an eine spätantike Allegorie

der »Freien Künste« — in Gestalt einer Jungfrau u. a. an das Portal des Freiburger Münsters.
Die Gültigkeit der propädeutischen Rhetorik-Funktion bestätigt schließlich die mittelalterliche Universitätsstruktur, die den Zugang zu den drei höheren Fakultäten (Theologie, Medizin, Jurisprudenz) abhängig machte von dem erfolgreichen Abschluß der Studien in der Artisten-Fakultät (Bakkalaureat). Das Programm dieser Fakultät aber umfaßte — wie der Name schon anzeigt — die oben genannte »artes«, innerhalb deren die Rhetorik bis ins 18. Jahrhundert hinein eine ungemein breite Wirkung erzielen konnte.

Eine heutige wissenschaftstheoretische Klärung der Rhetorik kann von diesen umrißhaft angedeuteten Konzeptionen nur ihre Motivation, nicht ihre Argumentation ableiten. Diese Argumentation aber kann die Diskussion innerhalb des sogenannten Positivismusstreits nicht unterlaufen:

»... Eine Wissenschaft, die in eingebildeter Selbständigkeit die Gestaltung der Praxis, der sie dient und angehört, bloß als ihr Jenseits betrachtet und sich bei der Trennung von Denken und Handeln bescheidet, hat auf Humanität verzichtet. Selbst zu bestimmen, was sie zu leisten, wozu sie dienen soll, und zwar nicht nur in einzelnen Stücken, sondern in ihrer Totalität, ist das auszeichnende Merkmal denkerischer Tätigkeit. Ihre eigene Beschaffenheit verweist sie daher auf geschichtliche Veränderung, die Herstellung eines gerechten Zustandes unter den Menschen.«

Diese Sätze aus dem Jahre 1937 beschließen einen Artikel, in dem M. Horkheimer das traditionelle Theorie-Verständnis von einem modern-kritischen abzuheben versucht. 1965 hat J. Habermas in seiner Frankfurter Antrittsvorlesung das gleiche Thema unter dem Titel ›Erkenntnis und Interesse‹ erneut aufgegriffen:

»... Die Wissenschaften haben von der Philosophie eines zurückbehalten: den Schein reiner Theorie ... Das Lob des Objektivismus hat freilich seine Grenze ... Sobald der objektivistische Schein ins weltanschaulich Affirmative gewendet wird, verkehrt sich die Not des methodologisch Unbewußten in die zweifelhafte Tugend eines szientistischen Glaubensbekenntnisses. Der Objektivismus hindert die Wissenschaften keineswegs, wie Husserl glaubte, in die Lebenspraxis einzugreifen. Ihr sind sie so oder so integriert. Aber praktische Wirksamkeit entfalten sie nicht eo ipso im Sinne einer wachsenden *Rationalität des Handelns*.« (Habermas 1968, S. 165)

Bezogen auf die Rhetorik heißt das: Nicht ihr mangelnder Praxisbezug ist zu beklagen; er ist durch die grundsätzliche Praxis-Intentionalität rhetorischer Überzeugungsabsicht ohnehin gewährleistet. Zu beklagen ist das mangelnde theoretische Selbstverständnis der Rhetorik, das bisher der Praxis eher nachhinkt, als daß es ihr Anleitung und Aufklärung gibt. Damit ist nicht bestritten, daß die überzeugende Beeinflussung des menschlichen Verhaltens auch technische und strategische Probleme aufwirft, wie sie die Persuasionsforschung thematisiert. Gleichwohl kann aber das technische Problem des Überzeugungsprozesses sich nicht gegenüber dem *teleologischen* Problem des Überzeugungszieles verselbständigen, ohne die Rhetorik auf eine »Technik des Überredens«[8] zu verpflichten.

Damit weitet sich das Problem aus von der psychologischen Frage »Wie geschieht Überzeugung?« zur Frage »Warum bzw. wozu geschieht Überzeugung?« Diese Frage aber ist nur im Rahmen einer Theorie zu beantworten, die von der gesellschaftlichen Funktion von Sprache allgemein ausgehend die spezifische Leistung rhetorischen Sprechens zu bestimmten versucht. Diese noch näher zu erläuternde Leistung ist bisher schon als Aufklärung praktischen Handelns bzw. als Handlungsrationalität beschrieben worden. Eine Theorie, die rhetorisches Sprechen unter diesem funktionalen Aspekt zu entwickeln versucht, ist weniger instrumentell als *hermeneutisch* interessiert.

1.3 Das Ziel: Grammatik des vernünftigen Redens

Mit der Gegenüberstellung einer technologisch interessierten Rhetorik als Theorie effizienter Überzeugungsstrategie und einer hermeneutisch interessierten Rhetorik als Theorie praktischer Handlungsrationalität sind umrißhaft zwei unterschiedliche Rhetorik-Konzeptionen skizziert.

Der wissenschaftstheoretische Rahmen für die Explikation eines technologischen Rhetorik-Verständnisses wäre die allgemeine Theorie des leistungsfähigen Handelns, die seit T. KOTARBINSKI »Praxeologie«[9] genannt wird. Die Aufgabe dieser Wissenschaft hat – so KOTARBINSKI[10] – gewisse Ähnlichkeiten mit einer beschreibenden Sprachgrammatik:

»... hat es der homo loquens vermocht, die deskriptive Grammatik des richtigen Sprechens aufzustellen, so gelang es dem homo faber bisher nicht, eine deskriptive Grammatik des richtigen wirksamen Handelns zustande zu bringen. Solch eine Grammatik der guten, wirksamen Arbeit zu sein, stellt sich eben die Praxeologie zur Aufgabe.«

Dieser Text und die zentralen praxeologischen Kategorien wie »Wirksamkeit«, »Leistungsfähigkeit«, »Wirtschaftlichkeit«, »Genauigkeit« u. a. m. lassen deutlich erkennen, daß die »Richtigkeit« des Handelns, auf die sich praxeologische Grammatik bezieht, Effizienz und Leistungssteigerung meint; daß weiter das Interesse einer entsprechenden Grammatik »in der Empfehlung von Effizienzsteigerungen der Organisation von Handlungen besteht«[11].

Diese wenigen Andeutungen geben zu verstehen, daß eine hermeneutisch interessierte Rhetorik diesen praxeologischen Rahmen sprengen muß, will sie zu einem angemessenen Selbstverständnis gelangen. Wenn HABERMAS' oben erwähnter Begriff »Rationalität des Handelns« als möglicher Übersetzungsvorschlag für »Aufklären« und »Humanität befördern« gelten kann, worin JENS inhaltlich das Geschäft der

Rhetorik erkennt, dann dürfte deutlich werden, daß diese Rationalität etwas anderes meint als Effizienz und Leistungssteigerung. Insofern diese Rationalität des Handelns die Aufklärung des Handelns über seine handlungsleitenden Interessen beschreibt, ist das Ziel dieser Rationalität das *vernünftige Handeln*. Insofern Vernunft allein im Medium Sprache sich ausweisen und legitimieren kann, ist dieses vernünftige Handeln – wie es im griechischen Begriff *logos* vereint gedacht ist – zugleich ein *sprachliches Handeln*.

Damit tritt neben die von der Praxeologie thematisierte Grammatik des leistungsfähigen Handels eine Grammatik des vernünftigen Handelns, deren theoretische Aufklärung eine Wissenschaft zu leisten hätte, die unter dem Namen »Handlungstheorie« neuerdings ein zunehmendes Interesse verbuchen kann (vgl. Kap. 2).

Die angedeutete Beziehung zwischen einem so verstandenen Handeln und der Sprache als dem Medium, in dem sich Handeln über sich selbst klar werden kann, macht den Versuch plausibel, innerhalb einer wenigstens umrißhaft erkennbaren Grammatik des vernünftigen Handelns die *Grammatik des vernünftigen Redens* zu entwickeln.

Als »Vorschule des vernünftigen Redens« wollten KAMLAH/LORENZEN ihre ›Logische Propädeutik‹ verstanden wissen, d. h., als eine Grammatik, die jeder benötigt, der »durch Gründe zu überzeugen wünscht« und der »sich selbst den Argumenten des Partners offenhält« (S. 14).

Die hier vorgelegte ›Rhetorik‹ schließt sich bewußt an die in dieser »Vorschule« versuchte Klärung der Grammatik und »Regeln des vernünftigen Redens« (S. 13) an, als deren Theorie im folgenden die Rhetorik erläutert werden soll. Dieser Anschluß gründet sich in der Annahme, daß ein Reden, in dem die Vernunft handelnder Subjekte zur Geltung kommt, gerade dann zu sich selbst findet, wenn es in der kommunikativen Auseinandersetzung nicht nur über seine handlungsleitenden Interessen und Zielsetzungen Rechenschaft gibt, sondern sie einem Kommunikationspartner gegenüber *argumentativ* einsichtig zu machen unternimmt, damit sie zur Grundlage gemeinsamen sozialen Handelns werden. Gelingt diese Argumentation, und führt sie zur Übereinstimmung zwischen den Kommunikationspartnern über handlungsleitende Ziele, dann kann man von *Konsens* sprechen und ihn als die Bedingung gemeinsamen sozialen Handelns qualifizieren. Der Versuch, argumentativ diesen Konsens herzustellen, läßt sich mit dem bisher schon verwendeten Begriff *überzeugen* beschreiben und entsprechend eine so orientierte Kommunikation als *überzeugende* bzw. – wie es in dieser Arbeit heißen wird – als *Persuasive Kommunikation* kennzeichnen.[12]

Rhetorik im handlungstheoretischen Rahmen zu entwickeln, kann demnach nicht mit praxeologischen Kategorien wie »Effizienz«, »Leistung«, »Wirkung« usw. gelingen, sondern es müssen handlungstheoretische Kategorien aufgesucht werden, die »Vernünftigkeit« des

Handelns analytisch zu beschreiben imstande sind. Entsprechend kann das Interesse einer handlungstheoretisch orientierten Rhetorik nicht in einer praxeologisch verstandenen Effizienzsteigerung liegen, sondern in einer handlungstheoretisch verstandenen Ausweitung von Vernunft, die als sprachliche zugleich auch *öffentliche* Vernunft ist (vgl. HABERMAS 1969/2, S. 117 ff.): »Öffentliche Rede war und ist ein Zeugnis für die Kraft der Vernunft.« (MAGASS, S. 58)

Die hier in Abgrenzung gegenüber Praxeologie und Handlungstheorie versuchte Unterscheidung zwischen einem vernünftigen und einem effizienten Reden kann auf eine zumindest methodisch verwandte Unterscheidung verweisen, in der die Struktur des Redens, das die Rhetorik thematisiert, von der Struktur des Redens, wie es eine Sprachgrammatik bzw. Linguistik im engeren Sinn thematisiert, abzuheben versucht wurde.

In der bereits erwähnten wissenschaftstheoretischen Einordnung der Rhetorik in das System der »Sieben Freien Künste« kam der Grammatik als Sprachtheorie im engsten Sinn das »richtige« *(recte dicere)*, der Rhetorik das »gute« Reden« *(bene dicere)* zu. Diese Unterscheidung zwischen »richtig« und »gut«, die bis in die lateinische Rhetorik-Theorie zurückreicht (LAUSBERG 1960, S. 35 ff.), wäre mißverstanden, würde man sie auf eine Differenzierung zwischen Sprachrichtigkeit im Sinne linguistischer Korrektheit und Sprachwirksamkeit im Sinne persuasionsorientierter Sprachorganisation reduzieren. Das »gut« in »bene dicere« als spezifische Qualität Persuasiven Redens hat vielmehr eine »technisch-moralische Doppelbedeutung« (LAUSBERG 1960, S. 40), d. h. es umfaßt sowohl die Persuasive Sprachorganisation bzw. Persuasive Strategie (vgl. Kap. 7!) als auch die in dieser Strategie zur Geltung kommende Persuasive Kraft einsichtiger und damit konsensfähiger Argumente. Eine alte lateinische Rhetorik-Definition bezieht das »gut« sogar ganz auf den Redner, um den moralischen Charakter dieser Qualifikation zu kennzeichnen: Der Redner ist »ein der Rede kundiger sittlich vollkommener Mensch« *(vir bonus dicendi peritus)*.[13]

Von der Einbeziehung eines so zu interpretierenden »gut« in eine entsprechende Rhetorik-Definition hat PLATO im oben zitierten Dialog ›Gorgias‹ (447a) mit plausiblen Argumenten den Anspruch der Rhetorik abhängig gemacht, eine Wissenschaft zu sein. Eine Disziplin, so der Kern seiner Argumentation, die es mit handlungsleitenden Normen als Inhalt Persuasiven Redens zu tun hat, kann sich ein reflexives Wissen über die Verbindlichkeit ihrer persuasiv vermittelten Normen nicht ersparen. Andernfalls beschränkt sie sich auf ein routiniertes Erfahrungswissen, wie es etwa — so PLATOS Vergleichsebene — die Kochkunst gegenüber der durch Sachwissen sich ausweisenden Medizin besitzt:

»... Eine Kunst aber leugne ich, daß es sei, sondern nur eine Übung, weil sie keine Einsicht hat von dem, was sie anwendet, was es wohl seiner Natur nach ist, und also den Grund von einem jeden nicht anzugeben weiß; ich aber kann nichts Kunst nennen, was eine unverständige Sache ist.« (465a)

Positiv bedeutet dies für einen Redner, der PLATOS Anspruch gerecht werden will, »daß er notwendig gerecht und des Rechts kundig sein müsse.« (508c)

Damit sind Ansprüche an ein Selbstverständnis von Rhetorik umrissen, die zwar nicht unbesehen als gültig für eine heutige Rhetorik übernommen werden können, aber doch den Fragehorizont ausleuchten, in dem ein solches Selbstverständnis zu entwickeln wäre. Die antike Rhetorik hat über die Vermittler-Rolle des ISOKRATES in den großen Werken CICEROS und QUNITILIANS zu diesem Selbstverständnis gefunden: in der Konzeption des »vollendeten Redners« *(perfectus orator)* als Symbiose von Philosophie *(sapientia)* und Rhetorik *(eloquentia)*, genauer: als Symbiose von Vernunft *(ratio)* und Sprache *(oratio)* artikuliert sich ein Selbstverständnis, das der heillosen Alternative zwischen *sprachloser Vernunft* und *geschwätziger Dummheit* zu entgehen vermag, die beide die zugrundeliegende Dialektik zwischen Vernunft und Sprache einseitig auflösen und damit das tragende Fundament jeder Sozietät erschüttern:

»Vernunft und Sprache sind es, welche die menschliche Gesellschaft zusammenhalten. Sie sind es, durch welche die Menschen zu einer fast natürlichen Gemeinschaft miteinander verbunden werden, indem sie sich gegenseitig belehren, voneinander lernen, sich miteinander besprechen, Strittiges untersuchen und entscheiden.«[14]

Diese *Symbiose von Vernunft und Sprache,* in der Antike vielfältig formuliert, hat über die christliche Rhetorik-Rezeption AUGUSTINS, der ebenfalls wie QUNINTILIAN Inhaber eines staatlichen Lehrstuhls für Rhetorik war, bis zur Karolingischen Renaissance und der Humanistenschule von Chartres gegolten; sie hat noch für die klassische Formel des deutschen Humanismus von der »auf Philosophie und Rhetorik sich gründenden Frömmigkeit« *(sapiens atque eloquens pietas)* Modell gestanden. Und auch heute erinnert sich eine ihrer methodischen Grenzziehung unsicher gewordene Linguistik dieser Konzeption als einer umfassenden Deutung des sozialen Charakters von Sprache.

Doch – und das darf nicht verharmlost werden – die Geschichte der Rhetorik ist weithin eher eine Geschichte der Separation der Sprache von der Vernunft als deren gelungene Symbiose gewesen. So wenigstens hat CICERO (›de oratore‹ III 15. 56 ff.) die Rhetorik-Geschichte beurteilt. Ähnlich ADORNO (1966, S. 62): »Unablässig korrumpiert sie (die Rhetorik) der überredende Zweck, ohne den doch wieder die Relation des Denkens zur Praxis aus dem Denkakt entschwände.« In der Separation der Sprache von der Vernunft sieht ADORNO auch den Grund der »Verachtung für die Rhetorik«, eine Verachtung, die »eine Schuld beglich, in der sie, seit der Antike, durch jene Trennung von der Sache sich verstrickt hatte, die PLATO verklagte.« (S. 61)

Das heute sich wieder vordrängende technologische Rhetorik-Verständnis ist in Wahrheit ein Rückfall in Positionen, deren Unhaltbarkeit PLATO deutlich gemacht haben sollte. Doch es ist nicht nur ein wissenschaftstheoretischer Rückschritt, sondern auch eine politische Gefahr; denn die Trennung der Sprache von der Vernunft impliziert die

Freisetzung der Sprache als *Herrschaftsinstrument*. Der Sophist Gorgias im gleichnamigen Dialog PLATOS nannte es die »tyrannische« Macht des Wortes, das töten, berauben und verbannen kann, wen immer es will (466d/e).[15] Der Erweis für die Richtigkeit dieser stolzen These ist nach den Erfahrungen mit der »Braunen Rhetorik« unschwer zu erbringen.

»Der Spruch: wenn Worte töten könnten, ist längst aus dem Irrealis in den Indikativ geholt worden: Worte können töten, und es ist einzig und allein eine Gewissensfrage, ob man Sprache in Bereiche entgleiten läßt, wo sie mörderisch wird.« BÖLLS Rede, der dieses Zitat entnommen ist, heißt aber: ›Die Sprache als Hort der Freiheit.‹[16] Auch das kann Sprache sein! Ob man es eine Frage des Gewissens – wie BÖLL – nennt oder – entsprechend der bisherigen Argumentation – eine Frage der gelungenen Symbiose von Sprache und Vernunft, so viel ist unumstritten: Wo die »Macht des Wortes«[17] nicht als »zwangloser Zwang des besseren Arguments« (HABERMAS 1971, S. 137) verstanden wird, verliert die Sprache ihre hermeneutisch aufklärende Funktion und bietet sich selbst der manipulativen Instrumentalisierung an.

Der »unablässigen Korrumpierung der Rhetorik durch die überredenden Zwecke«, von der ADORNO sprach, läßt sich nicht dadurch entgehen, daß sich Rhetorik zur zweckfreien Persuasions-Technologie depotenziert. Wenn sie – wie es in dem gleichen ADORNO-Zitat heißt – die Praxis werdende Kraft des Denkens ist, dann geht es nicht um Ausblendung von Zwecken, sondern darum, diese Zwecke selbst und deren argumentative Aufklärung als Inhalt Persuasiver Kommunikation zu erkennen und theoretisch zu reflektieren.

Der in Anlehnung an KAMLAH/LORENZEN u. a. entwickelte Begriff »vernünftiges Reden« soll bewußt an das »bene dicere« der lateinischen Rhetorik-Tradition erinnern und zugleich das historisch mit »bene« Gemeinte im Rahmen einer Handlungstheorie neu zu buchstabieren versuchen. Der Entwurf einer ›Vernunftsmäßigen Redekunst‹ im Rahmen rationalistischer Aufklärungsphilosophie – etwa bei J. CHR. GOTTSCHED, der seinen rhetorischen Grundriß von 1728 den zitierten Namen gab, oder bei HALLBAUER, FABRICIUS u. a. m. – kann ein solches Buchstabieren zwar nicht ersetzen; doch er kann mit dem Begriff »vernunftmäßig« ein der Rhetorik nicht ganz fremdes Stichwort in Erinnerung bringen, das allerdings gemeinhin eher als Antiphänomen des Rhetorischen denn als seine *inhaltliche Zielbestimmung* gilt.

1.4 Zur Methode

1.4.1 *Rhetorik und Linguistik*

Rhetorik ist bisher als eine im handlungstheoretischen Rahmen zu entwickelnde Theorie der Grammatik des vernünftigen Redens umrissen worden. Dabei ist die Vernunft des Redens noch vorläfig als argumentativ-aufklärende Leistung von Sprache verstanden, die u. a. in Kommunikationsakten zur Geltung kommt, die vermittels von Argumentation einen Konsens zwischen den Kommunikationspartnern über ihre handlungsleitenden Zielvorstellungen anstreben. Solche Kommunikaionsakte haben wir unter dem Begriff »Persuasive Kommunikation« zusammengefaßt und entsprechend die Rhetorik als Theorie einer Grammatik interpretiert, die solche Persuasiven Kommunikationsakte regulativ bestimmt.

Das heißt mit anderen Worten: die gesuchte Grammatik der Persuasiven Kommunikation müßte das *Regelsystem* modellhaft rekonstruieren, das unter situativ-konkreten Randbedingungen in Kommunikationsakten Persuasiven Charakters zur Anwendung kommt und deren Gelingen bedingt.

Die Analogie-Begriffe der antiken Rhetorik-Theorie zu System *(ars)*, Regeln *(praecepta)* und Theorie *(doctrina)* lassen ein grundsätzlich verwandtes, nämlich an den Bedingungen Persuasiver Texterzeugung orientiertes Frageinteresse erkennen. Gleichwohl ist die umrissene Aufgabenstellung einer Rhetorik, was die vorgeschlagene Methode wie deren implizierte Voraussetzungen angeht, in enger Anlehnung an die Fragestellung der modernen Linguistik formuliert. Damit soll nichts über die wissenschaftstheoretisch noch zu klärende Beziehung zwischen Rhetorik und Linguistik ausgesagt werden; damit ist nur auf eine verwandte Problemstellung hingewiesen, die sich sachlich in dem gemeinsamen Objekt von Rhetorik und Linguistik, nämlich Sprache, begründet.

Die verwandte Problemstellung liegt genauerhin darin, daß beide Disziplinen sich offensichtlich mit einem Gegenstand befassen, der als solcher empirisch gar nicht vorgegeben ist, sondern der im Forschungsprozeß selbst erst konstruiert werden muß. Ein solches Konstrukt – wir nennen es Modell – könnte z. B. versuchen, das begrenzte Regelsystem zu ermitteln, das es dem Mitglied einer bestimmten Sprachgemeinschaft erlaubt, eine unbegrenzte Anzahl von sprachlichen Äußerungen sowohl zu erzeugen wie zu verstehen. An einem solchen Modell arbeitet die moderne Linguistik, wenigstens insofern sie sich als generative Sprachtheorie versteht, die an der Klärung des Erzeugungsprozesses sprachlicher Äußerungen interessiert ist. Der heute allgemein vorherrschende Konsens über die Praktikabilität dieses funktionalen Ansatzes, dessen vorausgesetztes dynamisches Sprach-Verständnis bis zu HUMBOLDTs Begriff der »Energeia« zurückreicht, berechtigt uns dazu, ihn auch für diese Untersuchung zu nutzen.

Die für jedes Mitglied einer Sprachgemeinschaft im allgemeinen vorauszusetzende Fähigkeit, sprachliche Äußerungen zu erzeugen und zu verstehen, nennen wir *Kompetenz*. Das in der genannten generativ interessierten Sprachtheorie zu rekonstruierende Regelsystem ist demnach ein Versuch, die vorausgesetzte Sprachkompetenz bewußt zu machen und zu beschreiben. Eine entsprechende Grammatik ließe sich demnach bestimmen als modellhafte Repräsentanz einer solchen Sprachkompetenz, die jedes Mitglied einer Sprachgemeinschaft im Sprachelernungsprozeß (Sozialisation) erwirbt und die es weithin unbewußt in Kommunikationsakten aktualisiert.

Daß ein solcher Kompetenzbegriff sich nicht auf die Fähigkeit beschränken darf, syntaktisch richtige und semantisch sinnvolle Sätze zu generieren, sondern daß er notwendig die Fähigkeit mit umfassen muß, pragmatisch situierte Sätze zu erzeugen, ist in der Linguistik heute unbestritten, wenn sie sich selbst auch noch schwer tut, diese entscheidende dritte Dimension von Sprache im besonderen und von Zeichen im allgemeinen zu berücksichtigen (vgl. Kap. 4).

Übertragen auf die uns in dieser Untersuchung interessierende spezifische Grammatik der Persuasiven Kommunikation wäre es demnach Aufgabe der Rhetorik als deren Theorie, die zugrundeliegende *Persuasive Kompetenz* zu beschreiben, die in entsprechenden Persuasiven Kommunikationssituationen aktualisiert wird. Kürzer: die Rhetorik hätte – analog zur Linguistik als Theorie der linguistischen Kompetenz – eine *Theorie der Persuasiven Kompetenz* zu entwickeln.

Aufgrund der bisher angedeuteten Beziehung zwischen Rhetorik und Linguistik lassen sich nun aus der linguistischen Forschungsstrategie einige methodische Richtlinien für die folgende Untersuchung fruchtbar machen, die zugleich deren Untersuchungsobjekt exakter zu bestimmen erlauben.

1.4.2 *Reine anstatt Angewandter Rhetorik*

Wenn der Gegenstand der linguistischen Theorie die Sprache als System ist, d. h. die besonders seit DE SAUSSURE sogenannte »langue«, deren regelhaftes Beherrschen wir bereits als Kompetenz bestimmt hatten, wenn weiter – wie erwähnt – dieser Gegenstand nicht vorgegeben ist, sondern in der Theoriebildung selbst erst modellhaft konstruiert wird, dann ergibt sich zwingend die Frage, von welchem empirischen Material ausgehend eine solche Theoriebildung erfolgen kann. Die Antwort liegt auf der Hand: Weil es Sprache als funktionierendes Kommunikationsmedium nur gibt in situativ eingebetteten Kommunikationsakten (bzw. »Sprechsituationen«), d. h., weil es Sprache empirisch nur als die von DE SAUSSURE sogenannte »parole« gibt, ist die Forschungsstrategie schon vorgezeichnet: aus den verschiedenen konkreten Akten situativen Sprachgebrauchs muß das diesen Akten zugrundeliegende invariante Regelsystem deskriptiv, nicht normativ, erschlossen werden. D. h. aber zugleich: Die der Linguistik zur Beschreibung aufgegebene Sprachkompetenz eines Sprechers/Hörers ist

nur aus der jeweils schon aktualisierten Sprachkompetenz, der sogenannten *Performanz* zu erschließen. Deskriptiv ist dieses Erschließen,
weil die vorausgesetzte und nicht mehr hinterfragbare Kompetenz des
Sprachteilhabers die einzige Kontrollinstanz ist, die über die Akzeptierbarkeit von Sätzen, d. h. über den Grad ihrer Übereinstimmung
mit den Regeln der jeweiligen Sprache zu entscheiden vermag.

Damit ergibt sich für die Beschreibung der uns interessierenden
Persuasiven Kompetenz folgendes:

Ausgangspunkt der theoretischen Erhellung dieser Persuasiven Kompetenz ist der konkrete *Persuasive Kommunikationsakt* (vgl. Kap. 4
»Persuasiver Sprechakt«), also die sogenannte *Persuasive Parole* bzw.
Persuasive Performanz. Die Rhetorik als Theorie der Persuasiven
Kommunikation hätte dann aus den Persuasiven Kommunikationsakten analog zur Linguistik das zugrundeliegende Regelsystem zu erschließen, d. h., die sogenannte *Persuasive langue*[18] bzw. die sie be-
herrschende *Persuasive Kompetenz*, die ein Erzeugen Persuasiver
Kommunikationsakte überhaupt erst zu erklären vermag.

Für den Gegenstand einer so verstandenen Rhetorik-Theorie ergibt
sich daraus: Zwar muß die Rhetorik aus heuristischen Gründen von
konkreten Persuasiven Kommunikationsakten ausgehen, diese Akte
aber und deren empirische Analyse können nicht Gegenstand und Ziel
einer rhetorischen Theorie sein, sondern nur das diese Kommunikationsakte regulativ bestimmende und ihr Gelingen ermöglichende
System. Eine solche Rhetorik ist also nicht empirisch, sondern funk-
tionell an ihrem Gegenstand interessiert.

Der Vorteil einer solchen Beschränkung auf ein idealtypisches Konstrukt besteht darin, daß mit seiner Hilfe überhaupt erst die Persuasive
Individualstruktur eines empirischen Kommunikationsaktes erkannt
werden kann. Gleichwohl sei der grundsätzliche, aber nicht aufhebbare
Zirkel nicht verschwiegen, daß das idealtypische Konstrukt nur durch
Observation der Wirklichkeit gewonnen ist, die es selbst wieder auf-
hellen soll.

Damit wird nun eine erste grundsätzliche thematische Einschränkung
dieser Untersuchung methodisch einsichtig: Der hier versuchte Entwurf
einer Rhetorik enthält – entsprechend sprachwissenschaftlicher und
allgemein wissenschaftstheoretischer Unterscheidung – eine *Reine*, d. h.
theoretische Rhetorik, die als solche zu unterscheiden ist von einer *Angewandten Rhetorik*. Mit dieser methodisch begründeten Ausgrenzung
der Angewandten Rhetorik aus dem Fragehorizont dieser Untersuchung werden alle die Fragen ausgeblendet, die sich mit der praktischen Nutzung der Rhetorik für Produktion und Analyse von
Persuasiven Texten befassen.

Diese beiden Hauptgebiete der Angewandten Rhetorik reichen bis in die
Antike zurück. Deren gesellschaftspolitische Struktur machte — wie noch anzumerken bleiben wird — das praktische Beherrschen der überzeugenden Rede

fast unumgänglich. Von den Sophisten, die diese sich als politische Technik verstehende Kunst zu lehren versprachen, über die rhetorische Schul- und Universitätsausbildung der Antike, über die spätantiken Deklamationsübungen, die mittelalterlichen und bis in die Barockzeit reichenden Disputationsübungen, über die praktische Funktionalisierung der Rhetorik für Literatur (Poetik), Predigt (Homiletik), Briefkunst (Epistolar-Rhetorik) usw. bis in die Aufsatzlehren der Schulen hat diese »präskriptive Rhetorik« (PLETT 1971, S. 10) als Teil der Angewandten Rhetorik ihren Dienst getan.[19] Sie wird heute wieder in Redepädagogik, Sprechkunde, in Rhetorik-Kursen, -Seminaren, -Schulen, -Akademien aktualisiert[20] und macht einen Großteil der Publikationen aus, die sich »Rhetorik«, »Moderne Rhetorik«, »Using rhetoric«, »Public speaking« usw. nennen.

Das zweite bereits genannte Hauptgebiet der Angewandten Rhetorik, die rhetorische Textanalyse (bzw. Rhetorische Analyse/Kritik, rhetorical criticism[21]) hat eine ebenso bedeutende Geschichte gehabt, seitdem die systematische Sensibilisierung für die Persuasive Kraft des Wortes der allgemeinen Analyse ästhetischer, im besonderen poetischer Texte zugute kam: Aus Kategorien der Textproduktion wurden Kategorien der Textanalyse. Die Spannweite ihrer Aktualisierungsmöglichkeiten reicht von der im antiken Grammatik-Unterricht geübten Literaturinterpretation (enarratio poetarum) über die Exegese der als ästhetisches Kunstwerk qualifizierten Bibel, über ihre Funktionalisierung als Schlüssel zur Europäischen Literatur bei E. R. CURTIUS und als literaturwissenschaftliche Hilfsdisziplin bei H. LAUSBERG bis zu ihrer Qualifikation als »Allgemeine Textwissenschaft« (PLETT 1971, S. 4) bzw. pragmatisch orientierte »Texttheorie« (BREUER, S. 4), die dann auch für die Interpretation außerliterarischer (bes. politischer) und sogar außersprachlicher (bes. visueller) Texte relevant wird (vgl. Kap. 7). Gleichwohl ist nicht zu leugnen, daß das literaturwissenschaftliche Interesse an der Rhetorik, dem sie weithin ihre Renaissance in der Gegenwart zu verdanken hat, den Blick für ihre allgemein textanalytische Relevanz verstellt hat.

1.4.3 Allgemeine anstatt Sektoraler Rhetorik

Es ist bei der Abgrenzung der Rhetorik als Theorie der Persuasiven Kommunikation von den zwei Hauptformen Angewandter Rhetorik eben bereits auf bestimmte Texte als mögliche Aktualisierungsformen angewandter Rhetorik verwiesen worden. Solche Texte, die etwa politischer, literarischer, werblicher, religiöser usw. Natur sein können, nennen wir Textsorten[22] und verstehen darunter die für bestimmte Kommunikationsbereiche typischen Persuasiven Sprachorganisationen, die mehrere, jeweils durch gemeinsame Merkmale gekennzeichnete Textexemplare zu Teilmengen der Menge Text zusammenfassen. Diese Teilmengen sind Gegenstand rhetorischer Teiltheorien wie Politischer, Literarischer, Werblicher usw. Rhetorik, die wir Sektorale Rhetoriken nennen.

Textsorten sind aus der Geschichte der Rhetorik bekannt, seitdem ARISTOTELES in seiner ›Rhetorik‹ eine bis heute immer wieder (allerdings in Absehung von ihrem historisch-gesellschaftlichen Kontext) zitierte Dreigliederung relevanter rhetorischer Textsorten versucht hat. Die Gliederung orientiert sich entsprechend der pragmatischen Grundausrichtung der Rhetorik an den für die antike Gesellschaft persuasionsrelevanten Kommunikationsbereichen Gericht *(genus iudiciale)*, Volksversammlung *(genus deliberativum)* und Festversammlung *(genus demonstrativum)* (vgl. LAUSBERG 1960, S. 52 ff. und Kap. 2). Die nachantike Rhetorik hat diese Textsorten übernommen bzw. — entsprechend ihrem Ausgreifen auf neue Kommunikationsbereiche wie Verkündigung *(artes praedicandi)*, Verwaltung *(artes dictandi)*, Literatur *(artes versificandi)* usw. — erweitert. In der Gegenwart sind u. a. Textsorten hinzugekommen, die von den heute florierenden Sektoralen Wirtschafts-, Industrie- und Werbe-Rhetoriken thematisiert werden.

Schon diese wenigen zitierten Textsorten lassen erkennen, daß sie in bestimmten historisch-gesellschaftlichen Kontexten verankert sind, genauer, daß sie die für bestimmte Zeiten, Gesellschaften, Institutionen typischen Situationsmuster repräsentieren, in denen Persuasive Kommunikationsakte zur Geltung kommen.

Wenn diese Untersuchung — wie es in 1.4.1 hieß — sich mit dem System von Regeln befaßt, deren Beherrschen die Persuasive Kompetenz ausmacht, dann kann sich diese Untersuchung auch nicht mit historisch, gesellschaftlich, und institutionell bedingten Persuasiven Textsorten beschäftigen, sondern ausschließlich mit der allgemeinen Struktur des Persuasiven Textes. D. h., diese Untersuchung muß die Sektoralen Rhetoriken ausgrenzen und sich — um wieder eine sprachwissenschaftliche Unterscheidung aufzugreifen — als *Allgemeine Rhetorik* verstehen, die sich mit den elementaren und invarianten Faktoren jeder Persuasiven Kommunikation beschäftigt, mag der argumentativ ermittelte Konsens in den Bereich der Politik, Literatur oder Werbung fallen. Wir nennen solche elementaren und invarianten Faktoren jeder Persuasiven Kommunikation *Persuasive Universalien*.

Die Beschränkung der Rhetorik auf die Persuasiven Universalien behält die Ausarbeitung Sektoraler Rhetoriken den Fachdisziplinen vor, soweit in deren Problembereich Persuasive Kommunikationsakte fallen. Denn das spezifische Argumentationspotential politischer, literarischer und werblicher Rede ist von einer Allgemeinen Rhetorik ebenso wenig kompetent zu behandeln wie die spezifischen Kommunikationsformen, die sich in den entsprechenden Kommunikationsbereichen historisch ausgebildet haben. Ebenso wie die Pädagogische Kommunikationswissenschaft trotz ihrer Orientierung an der Allgemeinen Kommunikationswissenschaft in der Kompetenz der Pädagogik bleibt, sind die Sektoralen Rhetoriken in Kenntnis der Allgemeinen Rhetorik nur von den entsprechenden Fachdisziplinen zu entwickeln.

Mit der Unterscheidung zwischen Allgemeiner und Sektoraler Rhetorik stellt sich natürlich auch die hier nur anzudeutende Frage nach der Beziehung zwischen allgemein-persuasiver und sektoral-persuasiver Kompetenz; es ist genauerhin die Frage, ob angesichts der gesellschaftlichen Funktion von Sprache bestimmte Persuasive Kommunikationsakte von jedem Sprachteilhaber beherrscht werden müßten, d. h., als Teil seiner *kommunikativen Kompetenz* zu gelten hätten.

Mit dem skizzierten Verständnis von Rhetorik als Allgemeiner wird zugleich in dem traditionellen Streit über den materialen Gegenstandsbereich der Rhetorik ein Weg zwischen einer minimalistischen und maximalistischen Position eingeschlagen (LAUSBERG 1960, S. 48 ff.). Während das minimalistische Rhetorik-Verständnis, das für die Rhetorik-Geschichte ohne Bedeutung blieb, den materialen Gegenstandsbereich auf die — den antiken Bürger zumindest unmittelbare interessierende — politische und gerichtliche Auseinandersetzung beschränken wollte, sprach das maximalistische Rhetorik-Verständnis dieser Disziplin eine materiale Universalität zu. Diese Position bestimmt weithin die Rhetorik-Theorie von GORGIAS über ARISTOTELES bis LAUSBERG (»Universalität«; LAUSBERG 1960, S. 48 ff.), JENS (»ubiquitäre Anwendbarkeit«, »All-Verfügbarkeit«; JENS 1971, S. 439) und GADAMER (»soziale Ubiquität«; GADAMER 1960, S. 172): »Alle Wissenschaft, die praktisch werden will, ist auf Rhetorik angewiesen.« (GADAMER 1967, S. 117)

Dieser Satz, dem HABERMAS (1970, S. 79) ausdrücklich zustimmt, variiert das bereits oben zitierte ADORNO-Zitat, in dem die Rhetorik als die praktisch werdende Kraft des Denkens apostrophiert wurde. So richtig und so befreiend solche Aussagen auch sein mögen, wenn man mit ihnen die »Ubiquität« und den »fungiblen« Charakter (JENS 1971, S. 439) Persuasiver Kommunikationssituationen meint, ebenso hinderlich werden sie, falls man sie als Umschreibung des materialen Gegenstandsbereichs der Rhetorik versteht. Das Ergebnis wäre die von JENS (ebd.) erwähnte »Un-disziplin« Rhetorik, die schon PLATOS Kritik in ›Gorgias‹ traf, als der Sophist sich rühmte, vermittels der Rhetorik sich eine universale Kompetenz verschaffen zu können, die ihn ebenso allen Fachleuten überlegen mache, wie sie es ihm abnehme, deren Fachwissen sich mühsam anzueignen (459c).

Selbst wenn man die PLATONISCHE Kritik ernst nimmt und Rhetorik nicht als Ersatz für Fachwissen mißdeutet, so läuft das maximalistische Rhetorik-Verständnis gleichwohl auf eine höchst unbefriedigende Arbeitsteilung hinaus, die den Fachwissenschaften die Vermittlung des Sachwissens *(res)* und der Rhetorik dessen persuasiv orientierte Sprachorganisation *(verba)* zuordnet. Das Ergebnis müßte die oben schon als Rhetorik-Amputation abgelehnte Restriktion der Rhetorik auf Rede-Technologie sein. Es ist deutlich, daß ein solches Rhetorik-Verständnis die in dieser Untersuchung versuchte hermeneutisch orientierte Konzeption schon im Ansatz unmöglich macht. Eine Rhetorik, die sich zum verbalen Dekorationsputz degradiert, hat den Anspruch, die Grammatik der Rede-Räson zu buchstabieren, d. h., *Räson zum Reden zu bringen,* längst preisgegeben. Ein solches Rhetorik-Verständnis führt leicht zur Verdächtigung Persuasiver Sprachstrukturen und fördert ein Mißverständnis, das den Wahrheitsgehalt einer Aussage am Grad ihres sprachlichen Unvermögens mißt – gemäß dem Motto, daß »die Wahrheit keiner rhetorischen Kunst bedarf« (vgl. JENS, S. 434).

Das hier vorgeschlagene Verständnis von Rhetorik als Allgemeiner Wissenschaft interpretiert sie als Grundwissenschaft und verpflichtet sie auf die Analyse der relevanten und elementaren Faktoren jeder Persuasiven Kommunikation, während deren sektorale Aktualisierung den einzelnen Fachdisziplinen zu untersuchen vorbehalten bleibt.

1.4.4 Systematische anstatt Historischer Rhetorik

Eine dritte methodisch geforderte Eingrenzung der hier zu untersuchenden Rhetorik ergibt sich bereits aus dem bisher Gesagten: Wenn es richtig ist, daß die in den verschiedenen Sektoralen Rhetoriken zur Geltung kommenden Textsorten in der Weise vermittelt sind, daß sie jeweils historisch, gesellschaftlich und institutionell typische Kommunikationssituationen Persuasiven Charakters aktualisieren, dann ergibt sich für eine Rhetorik daraus, daß sie nicht nur allgemein im Unterschied zu sektoral, sondern auch *systematisch* im Unterschied zu *historisch* orientiert sein muß. Damit ist aber nicht gesagt, daß sich eine solche Rhetorik a-historisch gebärdet. Unter der Voraussetzung, daß die rhetorische Theorie die relevanten und elementaren Faktoren der Persuasiven Kommunikation zu klären hat, können historische Ausprägungen der Rhetorik durchaus heuristisch zur Modellbildung herangezogen werden; allerdings nur unter dem Fragehorizont, inwieweit sie zur Klärung der genannten systematischen Frage ergiebig sind.

In diesem Sinn wird später (vgl. Kap. 3) auch die bereits erwähnte, am Gerichtsprozeß orientierte judiziale Textsorte herangezogen werden, die bis LAUSBERG immer als »Modellfall« Persuasiver Kommunikation interpretiert worden ist und fraglos auch Einsichten in den Prozeß Persuasiver Kommunikation allgemein zuläßt. Allerdings ist darauf zu achten, daß die situativ-konkreten Randbedingungen eines solchen Modellfalls nicht unbesehen mit konstitutiven Regeln der Persuasiven Kommunikation identifiziert werden, während diese Randbedingungen doch nur den jeweiligen Aktualisierungsrahmen eines solchen Regelsystems signalisieren.

In diesem Zusammenhang mag an eine in der Linguistik seit DE SAUSSURE gängige Dichotomie zwischen Synchronie als der Beschreibung eines Sprachsystems in einem bestimmten zeitlichen Zustand und Diachronie als der historischen Entwicklung dieses Systems erinnert werden. Diese Dichotomie ist zwar nur bedingt mit der hier vorgeschlagenen Unterscheidung zwischen systematisch und historisch zu vergleichen. Dennoch dürfte das methodische Axiom der Linguistik, daß nämlich die Analyse der Systemstruktur von Sprache der Analyse der Systemgeschichte von Sprache vorauszugehen habe, insofern die Diachronie als zeitliche Abfolge nur synchronisch zu beschreibender Sprachsysteme möglich ist, nicht ganz ohne Konsequenz für die rhetorische

Forschungsstrategie sein. Damit ist den historisch interessierten Rhetorik-Untersuchungen, wie sie mit z. T. hervorragenden Ergebnissen vorliegen,[23] nicht im nachhinein methodisch ihr Recht bestritten. Damit ist nur betont, daß zur Aufhellung historischer Ausprägungen der Rhetorik ein Vorverständnis ihres Systemcharakters schon vorausgesetzt werden muß. Das geschieht meistens in der Weise, daß der zugrundeliegende Systembegriff sich vom Lehrgebäude der antiken Rhetorik her definiert, was aufgrund geltender historischer Abhängigkeiten zunächst auch plausibel erscheint.

Gleichwohl beschränkt sich das klassische Lehrgebäude der antiken Schulrhetorik (KROLL, LAUSBERG, HOMMEL) auf die (in Kap. 7) noch näher zu erläuternde *Persuasive Strategie*, d. h. auf die persuasionsorientierte Ermittlung, Organisation und Darbietung eines bestimmten Redestoffes. Diese Strategie beschreibt — wie ersichtlich — eher die Phasen Persuasiver Textproduktion (BREUER) und die Bedingungen ihrer optimalen Effizienz, als die situativen Bedingungen, unter denen Persuasive Texte überhaupt erst generiert werden. Ohne aber über diese Bedingungen zu verfügen, könnten Kommunikationspartner gar nicht persuasiv miteinander interagieren. Entsprechend gehören diese Bedingungen zu den elementaren Voraussetzungen einer gelingenden Kommunikation, und entsprechend müssen sie von einer Rhetorik-Theorie als Regeln beschrieben werden, deren Beherrschen die Persuasive Kompetenz ausmacht (vgl. Kap. 4).

Eine Rhetorik, der es um die Klärung dieser Persuasive Kommunikation ermöglichenden Bedingungen geht, entzieht sich der Gefahr, die Aktualisierung der Rhetorik über die aussichtslose Reaktualisierung ihrer antiken Erscheinungsformen zu versuchen, wobei nicht einmal geklärt ist, ob diese Erscheinungsformen für die Einlösung entsprechender Kommunikationsbedingungen optimal waren. Eine solche Rhetorik entgeht weiter dem Zwang, die ambivalente Geschichte der Rhetorik, die »sowohl von oben her in Dienst genommen . . ., wie von unten her beerbt wurde« (JENS 1971, S. 438) rechtfertigen oder widersprüchliche Rhetorik-Verständnisse entschärfen zu müssen, die nur an historisch kontingenten Aktualisierungen abgelesen wurden. Letzteres gilt etwa für C. SCHMITTS Korrespondierung von repräsentativer Öffentlichkeit und Rhetorik einerseits und bürgerlicher Öffentlichkeit und räsonierender Diskussion andererseits.[24] Würde das dieser Korrespondierung zugrundeliegende Rhetorik-Verständnis mehr sein als eine angemessene Beschreibung einer ihrer nachweislich historischen Erscheinungsweisen, würde hier eine für Persuasive Kommunikation grundsätzlich gültige Aussage getroffen, dann wäre der hier vorliegenden Untersuchung die Grundlage entzogen; denn Rede-Räson, Diskussion, Argumentation, Rationalität usw. gehören zu ihren analytischen Grundkategorien. Es wird im folgenden nicht versucht, diese Grundkategorien historisch zu legitimieren, sondern ihre Angemessenheit aus der Analyse der Persuasiven Kommunikation abzuleiten, wenn das diese Untersuchung leitende Frageinteresse auch gar nicht verleugnet werden soll.

Da die in dieser Untersuchung vorgelegte Rhetorik-Konzeption sich nicht historisch zu begründen versucht, können ihre analytischen Grundkategorien auch nur sehr vordergründig mit einer ganz anders orientierten Rhetorik-Konzeption kollidieren, die etwa den bedeutenden Arbeiten von K. DOCKHORN zugrundeliegt. Die Richtigkeit seiner Rehabilitierung der Rhetorik als eines an Wahrheit desinteressierten Wirkungsphänomens schlechthin ist nur funktional zu beurteilen, d. h., unter dem Aspekt der interpretativen Angemessenheit dieser wahrheitsindifferenten Wirkungskategorie für die analytische Aufhellung entsprechender (literarästhetischer) Texte. Dabei ist allerdings – worauf die Kritik an DOCKHORN hingewiesen hat[25] – noch völlig offen, ob DOCKHORNs Berufung auf die »in der antiken Rhetorik verkörperte irrationalistische Weltanschauung« (DOCKHORN 1968, S. 97) zutreffend ist und eine Polarisation von Wahrheit und Wirkung überhaupt zuläßt. Doch abgesehen davon: Erst wenn dieser Begriff von Rhetorik in Absehung von seiner textanalytischen Funktionalisierung bei DOCKHORN und in Absehung von seiner sektoralen (Literatur) und historischen (rhetorisch geprägte Literatur, also bis ins 18. Jahrh.) Bindung zur Begründung von Rhetorik allgemein im Sinne einer »Antiphilosophie« verstanden würde, der es weniger um »Wahrheit« als um »Wirkung als einer Art Glaubhaftmachung im emotionalen Sinne« (DOCKHORN 1969, S. 51) geht, erst dann wäre der Widerspruch zu dem in dieser Untersuchung explizierten Rhetorik-Verständnis offenkundig und bedürfte einer genaueren Beurteilung.

1.4.5 *Einführung anstatt Handbuch*

Eine letzte Abgrenzung der hier vorgelegten Untersuchung ist bereits in ihrem Untertitel angezeigt. Ihr Anspruch, eine *Einführung* zu sein, setzt sie ebenso von Rhetorik-Kompendien und -Handbüchern ab wie von Rhetorik-Essays.[26] »Einführung« meint zweierlei: Einmal – bezogen auf den zu behandelnden Problemgegenstand – kennzeichnet dieser Begriff einen Anspruch, der mit dieser Untersuchung erhoben wird. Diese Untersuchung versteht sich als einen Versuch, ein altes Problem – nicht eine altehrwürdige Disziplin – in einer etwas unkonventionellen Weise darzustellen. »Alt« ist dieses Problem, weil Sprache als Medium persuasiv vermittelter Konsensbildung mit ihrer gesellschaftlichen Grundfunktion mitgesetzt ist. Unkonventionell ist diese Darstellung, weil sie nicht von der am ehesten auffälligen und zur Stilistik verdinglichten rhetorischen Sprachstrategie ausgeht, sondern von dem Persuasiven Kommunikationsakt und der in ihm potentiell zur Geltung kommenden hermeneutischen Sprachleistung, die wir Rede-Rationalität genannt hatten. Ein solcher Versuch bedarf entsprechend seinem Frageinteresse der Unterstützung von Disziplinen, die allzu lange von der Rhetorik ignoriert wurden, die aber – wie etwa die Linguistik – für diesen Frageansatz unentbehrlich sind.

»Einführung« – bezogen auf den möglichen Adressaten – kennzeichnet die Anlage dieser Untersuchung, die in einem in sich kohärenten Zusammenhang schrittweise den Problemgegenstand zu explizieren versucht; d. h. für die Lesetechnik, daß sich Einzelkapitel nicht isolieren lassen, ohne daß ihre Funktion im Rahmen dieser Einführung verstellt und sie selbst entsprechend mißverstanden werden. Die Einführung erhebt nicht den Anspruch, einen Überblick über das Gesamt rhetorischer Fragestellungen zu geben. Sie will nur das Kernproblem rhetorischer Theorie freilegen, den Persuasiven Kommunikationsakt, sowie die sein Gelingen ermöglichenden Bedingungen, seien sie personaler oder gesellschaftlicher Art.

Die Klärung dieser Bedingungen und Regeln der Persuasiven Kommunikation ist in dem Maße praktisch, als diese Kommunikation das spezifische Medium praktischer Handlungsrationalität ist, und die Theorie dieser Kommunikation vom Interesse an der Ausweitung dieser Rationalität, d. h. an ihrem öffentlichen Charakter, geleitet ist. Das Interesse aber an dem öffentlichen Gebrauch der Vernunft nannte KANT in seiner Beantwortung der Frage »Was ist Aufklärung« in der Dezember-Nummer der Berlinischen Monatsschrift von 1784 das Interesse an Aufklärung:

»Es ist für jeden einzelnen Menschen schwer, sich aus der ihm beinahe zur Natur gewordenen Unmündigkeit herauszuarbeiten ... Daß aber ein Publikum sich selber aufkläre, ist eher möglich; ja es ist, wenn man ihm nur Freiheit läßt, beinahe unausbleiblich.«

Damit ist ein weiterer konstitutiver Grundbegriff dieser Untersuchung genannt: Rede, die Vernunft zur Geltung bringen will, kann nicht private, sondern nur *öffentliche* Rede sein; öffentlich aber kann sie Vernunft nur zur Geltung bringen, wenn diese Öffentlichkeit durch *Freiheit* ermöglicht wird. *Rede, Vernunft, Öffentlichkeit* und *Freiheit* beschreiben ein begriffliches Feld, in dem Rhetorik als Theorie der Persuasiven Kommunikation im folgenden zu entwickeln ist.

Zusammengefaßt ergeben sich für diese Untersuchung also folgende, im Titel der Arbeit schon angezeigte, methodisch begründete Eingrenzungen: Die Untersuchung befaßt sich mit der Einführung in die Theorie der Allgemeinen Rhetorik. Die in dieser Kennzeichnung des thematischen Gegenstandes implizit angesprochenen und in dem bisherigen Kapitel 1 erläuterten Beziehungen zwischen Theoretischer und Angewandter, zwischen Allgemeiner und Sektoraler bzw. Historischer Rhetorik sind in der Abbildung 1 noch einmal schematisch verdeutlicht.

In den folgenden Kapiteln wird die Theorie der Persuasiven Kommunikation im gekennzeichneten handlungstheoretischen Rahmen entwickelt. Ausgehend von der Klärung der Beziehung zwischen Handeln und Sprache (Kap. 2) wird unter Einbeziehung ausgewählter Rhetorik-Modelle (Kap. 3) eine Analyse des Persuasiven Kommunikations- bzw. Sprechaktes und der sein Gelingen ermöglichenden personalen (Kap. 4) und gesellschaftlichen Bedingungen (Kap. 5) versucht, um schließlich die Argumentation als spezifische Rationalität dieser Kommunikation zu erläutern (Kap. 6). Die Persuasive Strategie, lange Zeit als verdinglichte Stilistik tradiert, heute wieder unter dem Aspekt effektiver Kommunikation geschätzt, wird sodann in ihrer argumentationsstützenden Funktion interpretiert (Kap. 7) und abschließend die Didaktik der Persuasiven Kommunikation skizziert (Kap. 8).

Abb. 1

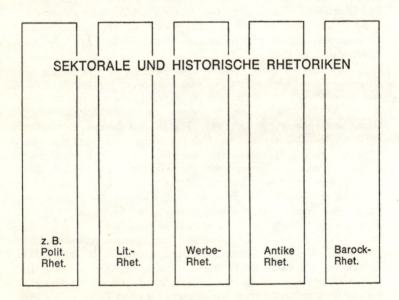

ALLGEMEINE RHETORIK

SEKTORALE UND HISTORISCHE RHETORIKEN

z. B.
Polit.
Rhet.

Lit.-
Rhet.

Werbe-
Rhet.

Antike
Rhet.

Barock-
Rhet.

ANGEWANDTE RHETORIK
(Präskriptive Rhetorik / Rhet. Analyse)

2 Sprache und Handeln

2.1 Zwei Handlungstypen

1708 hielt Vico in seiner Funktion als Rhetorikprofessor an der Universität Neapel eine Rede ›Über die jetzige Methode der Studien‹.[1] Das Thema dieser Rede, deren Bedeutung erst in den letzten Jahren erkannt wurde, ist der Vergleich zwischen antiker und moderner Ausbildung (S. 15), genauer: zwischen humanistisch-rhetorischer und erkenntniskritischer Ausbildung. Durchgängiger Vorwurf Vicos ist die Dominanz der »critica«, d. h., der von Descartes vertretenen und mit einem Namen verbundenen erkenntniskritischen Philosophie; kritisch insofern, als sie den Zweifel als methodisches Instrument funktionalisiert, alle geglaubten Wahrheiten auf die Stringenz und Beweisbarkeit ihres Anspruchs hin zu prüfen, um so »ein erstes Wahres, dessen man, selbst wenn man zweifelt, gewiß sein kann« zu finden (S. 21). Die Auseinandersetzung mit Descartes' kritischer Philosophie erfolgt bei Vico auf verschiedenen Ebenen, von denen hier nur die praktisch-politische erwähnt sei: Vico lastet der kartesianisch orientierten Studienart den Verlust praktisch-politischer Handlungskompetenz an oder – mit Vicos eigenem Begriff – den Verlust der »Klugheit« *(prudentia)*. »Klugheit« und die von ihr zu unterscheidende »Wissenschaft« *(scientia)* buchstabieren zusammen zwei Methoden der Erkenntnisgewinnung, die je verschiedenen Erkenntnisobjekten zukommen und zu je verschiedener Erkenntnisgewißheit führen. Zusammengefaßt ergeben sich nach Vico folgende Korrelationen, die vom Verfasser an anderer Stelle ebenso genauer interpretiert sind wie die in diesem Kapitel skizzierte Unterscheidung zwischen zwei Handlungstypen insgesamt (Kopperschmidt 1973, S. 20 ff.):

Klugheit	— Wissenschaft	als unterscheidende Merkmale der Erkenntnisgewinnung
Veränderliches	— Unveränderliches	als unterscheidende Merkmale der Erkenntnisobjekte
Wahrscheinliches	— Wahres	als unterscheidende Merkmale der Erkenntnisgewißheit

Die Abhängigkeit der Vicosschen Distinktionen von der grundlegenden Aristotelischen Unterscheidung zwischen dem Wissen der Wissenschaft *(epistéme)* und dem Wissen der Einsicht *(phrónesis)* liegt auf der Hand (vgl. Gadamer 1960, S. 17, 297 ff.). Hier sei anstatt eines genaueren Nachweises nur erwähnt, daß Aristoteles neben der Unterscheidung zwischen zwei verschiedenen Erkenntnisobjekten (veränderlich/unveränderlich) noch genauer im Bereich, der die Möglichkeit der Veränderung zuläßt, zwischen »Hervorbringen« *(poieīn)* und »Handeln« *(práttein)* differenziert (Nik. Eth. 1140 a), denen »technisches Können« *(téchne)* und »praktische Einsicht« *(phrónesis)* als Formen des Wissens zukommen. Schematisch dargestellt:

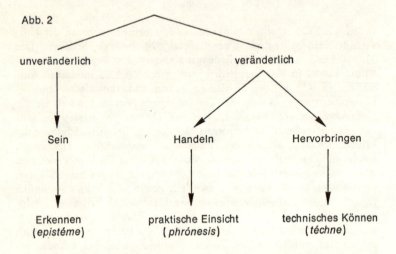

Abb. 2

unveränderlich   veränderlich

Sein   Handeln   Hervorbringen

Erkennen   praktische Einsicht   technisches Können
(*epistéme*)   (*phrónesis*)   (*téchne*)

Die strukturelle Unterscheidung zwischen »Handeln« und »Hervorbringen« – im antiken Sprachgebrauch vorgegeben und theoretisch begründet, doch lange Zeit vergessen – spielt bei leicht veränderter Terminologie in H. ARENDTS Differenzierung zwischen »Handeln« und »Herstellen« (bes. S. 124 ff.) eine ebenso große Rolle (vgl. KOPPERSCHMIDT 1973, S. 28 ff.) wie in HABERMAS' kategorialer Differenzierung zwischen »Handeln« und »Verfügen« (1969/1, S. 46; vgl. 1968, S. 9 ff.).[2]

Die Rationalität, die im Handlungstyp des »Verfügens« zur Geltung kommt, ist eine *technische,* d. h. instrumentale und strategische Rationalität, insofern sie auf die Angemessenheit von Mitteln und Strategien zur Erreichung bestimmter, bereits vorgegebener Ziele abonniert ist. Daher ist diese Rationalität auch nicht auf »öffentliche Diskussion angewiesen« (1968, S. 78), sondern orientiert am Expertenwissen.

HABERMAS nennt den alternativen Handlungstyp u. a. auch »kommunikatives Handeln«, worunter er die »symbolisch vermittelte Interaktion« versteht (S. 62). Symbolisch vermittelt ist diese Interaktion, insofern sie sich an gesellschaftlich eingespielten handlungsleitenden Normen und Zielvorstellungen orientiert, die ebenso sprachlich tradiert und soziokulturell vermittelt sind, wie sie in ihrem Geltungsanspruch nur sprachlich problematisiert werden können. Die Rationalität dieses Handlungstyps bemißt sich an der Chance, über die Geltung handlungsleitender Normen und Zielvorstellungen eine repressionsfreie Verständigung zu erzielen, die zum tendenziell möglichen Einverständnis führt. Die Verständigungschance wächst mit der »Entschränkung der Kommunikation«, d. h. mit der Ausweitung »öffentlicher, uneingeschränkter und herrschaftsfreier Diskussion über die Angemessenheit und Wünschbarkeit von handlungsorientierenden Grundsätzen und Normen« (S. 98). Die Rationalität führt als *praktische* nicht zur Ausweitung technischer Verfügungsgewalt, weil ihr Ziel praktischer, nicht technischer Natur ist, d. h. die Klärung von Handlungszielen intendiert, nicht deren instrumentelle Realisation. Das Gelingen dieser Rationalität ist an Umgangssprache, nicht an Fachsprache als Medium gebunden (S. 63).

Diese idealtypische Klassifikation zweier Handlungstypen mit je eigener Rationalitätsstruktur wird für die Gesellschaftsanalyse unter dem Frageinteresse relevant, in welcher Weise Gesellschaftssysteme die Spannung zwischen technischer und praktischer Rationalität austragen (S. 63 ff.); d. h. ob die zweckrationale Organisation gesellschaftlicher Subsysteme der kommunikativen Rationalität gesellschaftlicher Zielprojektionen untergeordnet bleibt oder ob umgekehrt die Rationalität von Subsystemen sich verselbständigt und zum Modell von Rationalität schlechthin avanciert, wodurch praktische Fragen ausgeblendet bzw. als vermeintlich technische ausgegeben und entsprechend behandelt werden (S. 78).

Diese Analyse soll hier nicht weiter verfolgt werden. Statt dessen sei ein naheliegendes Mißverständnis abgewehrt. Die idealtypische Klassifikation zweier Handlungstypen darf nicht die Tatsache verstellen, daß zweckrationales Handeln selbst schon ein nur kommunikativ ermittelbares Einverständnis über die zu verwirklichenden Ziele voraussetzt, selbst wenn sie als »definierte Ziele« nur noch unter dem Frageinteresse ihrer instrumentalen bzw. strategischen Realisation relevant werden. Insofern wäre es allerdings weniger mißverständlich, anstatt von verschiedenen Handlungstypen zu sprechen, eine Gradation kommunikativen Handelns anzunehmen, wie es HABERMAS in seiner schon klassisch gewordenen ›Logik der Sozialwissenschaften‹ von 1966 versucht hat.

Entsprechend dieser Gradation würde man zweckrationales Handeln in seinen zwei Erscheinungsformen des instrumentalen und strategischen Handelns als »Grenzfälle kommunikativen Handelns« (S. 145) bezeichnen; »Grenzfälle«, insofern die auch in diesem Handeln zur Geltung kommenden und es normativ leitenden Zielvorstellungen keiner kommunikativen Explikation mehr bedürfen, sondern in ihrer Eindeutigkeit als intersubjektiv geltende Handlungsmaximen vorausgesetzt werden können:

»Der Bedeutungsgehalt der Prädikate, die zur Formulierung der Handelsmaximen verwendet werden, nämlich der Sinn von Reichtum und Macht, bringt offensichtlich anthropologisch tief und daher universell verbreitete Erfahrungen zum Ausdruck, so daß eben diese Ausdrücke nicht von Fall zu Fall expliziert, in Kommunikation mit den Handelnden selbst oder mit Traditionen, aus denen ihr Handeln verständlich wird, erst geklärt werden müssen.«
(HABERMAS 1970/2, S. 141)

D. h.: Die Eindeutigkeit der zweckrationales Handeln leitenden Maximen – etwa der Sieg in militärischen Auseinandersetzungen – ist sowohl die Konsequenz ihrer potentiell jederzeit gegebenen Kommunizierbarkeit wie auch die Voraussetzung für die praktische Suspendierung eben dieser kommunikativen Explikation. Damit wird aber auch schon die Gefahr angedeutet, der zweckrationales Handeln immer ausgesetzt ist: Die allein aus dem Evidenzgrad der handlungsleitenden Maximen resultierende Suspendierung ihrer kommunikativen Aufklärung gerät zur – bewußten oder unbewußten – Ausblendung und Unterschlagung ihrer nur kommunikativ einzulösenden Begründbarkeit, wodurch sich positiv die Dissensmöglichkeiten zwischen Handelnden auf technische Fragen optimaler Verwirklichung von vermeintlich geklärten Zielvorstellungen reduzieren. HABERMAS hat im Anschluß an C. OFFE mit dem Begriff »Konfliktvermeidungspolitik« (S. 84) auf diese bewußte Ausblendung praktischer Fragen verwiesen und im »technokratischen Bewußtsein« eine verselbständigte, kommunikationslose Rationalität verwirklicht gefunden, der eine entpolitisierte, weil funktionslose Öffentlichkeit ebenso korrespondiert wie eine sich als »technisch-organisatorische Verwaltung« (S. 83) darstellende Herrschaftsform (vgl. Kap. 5).

2.2 M. Weber: Soziales Handeln[3]

Halten wir nach dem gerafften HABERMAS-Referat kurz inne, um zu fragen, was die bisherigen Überlegungen an Klärung des Begriffs »Handeln« erbracht haben.

Die — im methodischen Ansatz durchaus verschiedenen — Versuche, Handeln als eigene Strukturqualität gegenüber unveränderlichem Sein (VICO), technischem Hervorbringen/Poiesis (ARISTOTELES), Herstellen (ARENDT) und zweckrationalem Handeln (HABERMAS) abzuheben, dürften zumindest in folgenden grundlegenden Bestimmungen konvergieren:
— Handeln folgt weder determinierenden Naturgesetzen (VICO) noch auf Herstellungsprozesse bezogenen technischen Regeln (ARISTOTELES, ARENDT) noch Maximierungsstrategien (HABERMAS), sondern orientiert sich an *intersubjektiv geltenden Normen*.
— Da Orientierung an intersubjektiv geltenden Normen mindestens zwei handelnde Subjekte verpflichtet, ist ein Handeln, das sich diesen Regeln unterwirft bzw. über diese Regeln verfügt, im Unterschied zu einem determinierten bzw. adaptiven Verhalten zugleich ein *begründungsfähiges* und *verantwortliches* Handeln (ARENDT).
— Handeln erfordert entsprechend dieser Orientierung kein theoretisches Wissen (VICO) noch technisches Können (ARISTOTELES, ARENDT) oder instrumentale und strategische Fertigkeiten (HABERMAS), sondern *praktische Klugheit* (VICO) bzw. *Einsicht* (ARISTOTELES) in die situativ geforderte Entscheidung.

— Der Geltungsanspruch handlungsleitender Normen ist getragen von dem in einer Gesellschaft oder in deren Subsystemen vorhandenen *Einverständnis handelnder Subjekte* (HABERMAS), wobei dieses Einverständnis allerdings verschiedene Grade seiner Bewußtheit zuläßt.

— Der Geltungsanspruch handlungsleitender Normen ist *sprachlich* vermittelt, insofern diese Normen sowohl in ihrer historisch-kulturellen Geltung ein kommunikativ erzieltes Einverständnis ratifizieren, wie in ihrer aktuellen Problematisierung und Neubestimmung an kommunikative Verständigung gebunden sind: »Also sind die Grenzen des Handelns durch die Grenzen der Sprache gezogen.« (HABERMAS 1970/2, S. 161)

— Die Rationalität des Handelns ist die Chance, in *uneingeschränkter Kommunikation* eine Verständigung über den Geltungsanspruch handlungsleitender Normen zu erzielen (HABERMAS).

Daß diese Bestimmungen des »Handelns« als eines »Handelns unter geltenden Normen« (HABERMAS 1970/2, S. 165) und insofern »kommunikativen Handelns« zugleich eine interpretative Weiterführung der definitorischen Erläuterungen von »Handeln« durch M. WEBER darstellen, ist unschwer zu erkennen.

M. WEBER, den kein Klärungsversuch des Begriffs »Handeln« unterschlagen kann, hat Handeln als »ein menschliches Verhalten« bestimmt, »wenn und insofern als der oder die Handelnden mit ihm einen subjektiven Sinn verbinden« (S. 3). Entsprechend ist »soziales Handeln« – als »Sonderform des Handelns« nach M. WEBER der eigentliche Gegenstand der Soziologie und zugleich ihr Grundbegriff – dadurch bestimmt, daß es »seinem von dem oder den Handelnden gemeinten Sinn nach auf das Verhalten anderer bezogen wird und daran in seinem Ablauf orientiert ist« (ebd.).

Nach dieser definitorischen Bestimmung von Handeln allgemein und sozialem Handeln im besonderen ist das Spezifische des Handelns im Unterschied zum reaktiven und imitativen Verhalten seine grundsätzliche *Intentionalität*. Insofern diese Intentionalität nicht nur den subjektiv unterstellten Sinn bzw. sie subjetive Motivation des Handelnden meint, sondern »orientiert« ist am Verhalten anderer, ist diese Intentionalität notwendig zugleich im Kontext von selbst wieder motiviert Handelnden verankert. D. h., diese Intentionalität ratifiziert ein intersubjektiv geltendes und historisch wie gesellschaftlich vermitteltes Normsystem, in dessen Rahmen als allgemeinem Sinngefüge überhaupt soziales Handeln möglich ist als ein Handeln, das aufgrund seiner reziproken Orientierung ein *verstehbares* Handeln ist. Entsprechend bestimmt WEBER auch die Soziologie als »eine Wissenschaft, welche soziales Handeln deutend verstehen und dadurch in seinem Ablauf und seinen Wirkungen ursächlich erklären will« (ebd.).

Die grundsätzliche Verstehbarkeit des Handelns resultiert aus seiner grundsätzlichen Verflechtung in einem Sinngefüge, an dem Menschen als Handelnde teilhaben und aus dem sie ihre handlungsleitenden Motivationen ableiten. Diese gemeinsame Orientierung der Handelnden an einem geltenden Normgefüge macht die wechselseitige Orientierung und reziproken Erwartungen der Handelnden überhaupt erst möglich und damit Handlungsentwürfe, die das Handeln des anderen antizipierend schon berücksichtigen. WEBER spricht in diesem Zusammenhang von »Einverständnischance«.

Wenn soziales Handeln aufgrund seiner subjektiven Sinn-Unterstellung intentionales Handeln und aufgrund seiner motivationalen Orientierung am umgreifenden Sinngefüge verstehbares Handeln ist, dann wird zugleich die grundsätzliche *Sprachlichkeit* sozialen Handelns deutlich: Sprachlichkeit einmal, insofern das umgreifende Sinngefüge einer Gesellschaft ja nur sprachlich tradiert und vermittelt werden kann; Sprachlichkeit zum anderen, als »Sinn«, »Intention«, »Motivation«, »Orientierung« usw. eine das Handeln vom Verhalten grundsätzlich unterscheidende Begründungs- und Rechtfertigungsfähigkeit beschreiben, deren Explikation nur im Medium Sprache möglich ist; Sprachlichkeit schließlich, weil die oben genannte »Einverständnischance« sozialen Handelns aufgrund seiner Orientierung an geltenden Normen und Erwartungsstandards angemessen nur als Antizipation bzw. Unterstellung einer kommunikativ erzielten Verständigung beschreibbar ist. Sowohl für »soziales Handeln« im Sinne M. WEBERS wie für »kommunikatives Handeln« im Sinne HABERMAS' gilt aber, daß es einen Idealtypus darstellt, insofern »wirklich effektiv, d. h. vollbewußt und klar, sinnhaftes Handeln in der Realität stets nur ein Grenzfall ist« (WEBER, S. 16), wenn die Soziologie auch so tun muß, »als ob das Handeln tatsächlich bewußt sinnorientiert verliefe«.

Ähnlich HABERMAS (1970/2, S. 182): »Aber die Projektion des Verhaltens auf die Ebene intentionalen Handelns erweist sich als ein Vorgriff. ... Es gelingt nicht, Handeln ganz aus dem subjektiv vermeinten Sinn abzuleiten ... Die *Orientierung* der Handelnden fällt am Ende mit ihren *Motiven* doch nicht zusammen.« Und in Abhebung gegenüber einem Idealismus der Sprachlichkeit: »Der objektive Zusammenhang, aus dem soziale Handlungen allein begriffen werden können, konstituiert sich aus Sprache, Arbeit und Herrschaft zumal.« (Ebd. S. 289)

Gleichwohl ist es möglich, die »abgespaltenen Motive« (ebd., S. 183) und »institutionalisierten Werte« (S. 181) reflexiv einzuholen. Das geschieht grundsätzlich in Situationen, in denen ein das Handeln überhaupt erst ermöglichendes und es begleitendes Einverständnis nicht oder nicht mehr vorausgesetzt werden kann, sondern als solches erst wieder hergestellt werden muß. HABERMAS nennt in seinen letzten Arbeiten den Versuch, diesen »handlungsbegleitenden Konsens« wiederherzustellen, »Diskurs« (1971, S. 114 ff.).[4]

2.3 J. Habermas: Diskurs

Der Diskurs läßt sich ebenso wie das zweckrationale Handeln als ein Grenzfall kommunikativen Handelns beschreiben; Grenzfall diesmal, weil das jedes Handeln begleitende und »naiv« unterstellte Einverständnis gestört ist. Der Diskurs setzt diese gestörte Handlungssituation voraus, die genauerhin als die schon öfter genannte Problematisierung normativer Geltungsansprüche bestimmt werden kann. Im Diskurs wird entsprechend »ein problematisiertes Einverständnis ... durch *Begründung* wiederhergestellt« (HABERMAS 1971, S. 115). Die Möglichkeit der Problematisierung eines handlungsleitenden Einverständnisses wie seine Wiederherstellung ist begründet in der Sprachlichkeit des Handelns, dessen Intentionalität und normative Orientierung in Diskursen *symbolisch verselbststandigt*, d. h., aus der konkreten Handlungssituation abgelöst und so überhaupt erst reflexiv aufgebrochen werden kann.[5] Ähnlich spricht LUCKMANN von »versprachlichten Motivationszusammenhängen.« (S. 1051)

Diese die Sprachlichkeit des Handelns bewußt machende gestörte Handlungssituation hat ihre unmittelbare Parallele in dem von GADAMER aktualisierten Grenzfall der Übersetzung, die nur die allgemeine Verständigungsleistung von Sprache modellhaft bewußt macht, die jedes Handeln schon trägt: »Der Fall der Übersetzung macht also die Sprachlichkeit als das Medium der Verständigung dadurch bewußt, daß dieses erst durch eine ausdrückliche Vermittlung kunstvoll erzeugt werden muß. Solche kunstvolle Veranstaltung ist gewiß nicht der Normalfall für ein Gespräch.« (1965, S. 362) Verständigung — am Modell des Grenzfalls der Übersetzung exemplifiziert — zielt eine »gemeinsame Sprache« (ebd., S. 365) an, deren Gemeinsamkeit die intersubjektive Verständigung über die Sache ist: »... Das hermeneutische Problem ist ... kein Problem der richtigen Sprachbeherrschung, sondern der rechten Verständigung über die Sache, die im Medium der Sprache geschieht.« (S. 362)

Für die Analyse der Sprachlichkeit des Handelns dürfte GADAMERS Satz grundsätzlich gelten: »Es sind die gestörten und erschwerten Situationen der Verständigung, in denen die Bedingungen am ehesten bewußt werden, unter denen eine jede Verständigung steht.« (S. 361) Solche gestörten und erschwerten Situationen sind neben der erwähnten Übersetzung und den hier nicht weiter zu explizierenden Kommunikationsstörungen, wie sie u. a. von der Kommunikationswissenschaft (WATZLAWIK u. a., S. 72 ff.), Tiefenpsychologie (LORENZER, HABERMAS 1970/1, S. 83 ff.) und Ideologiekritik (HABERMAS, ebd.) untersucht werden, auch die Diskurse genannten Problematisierungen handlungsleitender Normen. Sie werden signalisiert durch Fragen wie: »Warum hast Du das getan? Warum hast Du Dich nicht anders verhalten? Darauf antworten wir mit *Rechtfertigungen.*« (HABERMAS 1971, S. 116)

Die Frage hat einen »hermeneutischen Vorrang« (GADAMER 1965, S. 344), insofern sie aufgrund der Problematisierung und der damit eingeleiteten Thematisierung handlungsleitender Normen deren Aufklärung ermöglicht. Zugleich aber unterstellt die Frage nach den handlungsleitenden Normen ein Subjekt, das über seine Handlungsmotivation Auskunft geben kann: »Wir können mit ihm (handelndes Gegenüber nur in eine Interaktion eintreten..., wenn wir supponieren, daß er bei geeigneter Nachfrage über sein Handeln *Rechenschaft* ablegen könnte.« (HABERMAS 1971, S. 118) Diese Rechenschaftsfähigkeit handelnder Subjekte setzt voraus, daß sie »zurechnungsfähig« und damit zu »verantwortlichem Handeln« fähig sind (ebd., S. 119).

Daß solche Suppositionen auch fälschlicherweise erfolgen können, d. h., daß Handelnde sich als unfähig zur Rechenschaft und damit zu verantwortlichem Handeln erweisen können, hat der große Fragende unter den Philosophen, nämlich SOKRATES, häufig genug erfahren. In PLATOS ›Apologie‹ spricht er von den erfolglosen Versuchen seines Fragens, die ihm den Haß der so Verunsicherten einbrachten und schließlich das Todesurteil. Das Ziel seines bohrenden Fragens war es, den Partner zu zwingen, »Rechenschaft zu geben über sich selbst und sein Handeln« (PLATO, ›Laches‹ 185a ff.); ein übrigens spezifisch griechischer Ausdruck *(lógon didónai),* der sowohl für HABERMAS wie KAMLAH/ LORENZEN u. a. m. eine bedeutende Rolle spielt: »Alles vernünftige Reden ist ein solches, das Rechenschaft gibt« (KAMLAH/LORENZEN, S. 127). Die Form der Rechenschaft gebenden bzw. »begründenden Rede« (ebd.) ist die Argumentation (vgl. Kap. 6).

2.4 U. Maas: Sprachliches Handeln[6]

Mit den bisherigen Erläuterungen sind nun schon die Stichworte für eine mehr linguistisch interessierte Handlungstheorie gegeben, wie der folgende Text deutlich macht:

»Sprache... ist eine Handlungsdimension, und zwar diejenige, in der die *Bedingungen für eine Handlung* thematisiert werden, aufgegriffen und in Frage gestellt werden können.« (MAAS 1972/1, S. 14)

Handeln als sprachliches Handeln hat damit eine dem nicht-sprachlichen Handeln (= Verhalten) vorenthaltene Dimension, die mit der Thematisierung handlungsermöglichender Bedingungen und handlungsleitender Motive zugleich »die Möglichkeit zur Vergewisserung gemeinsamer Interessen, aber auch zur Korrektur, zum Aufheben von Mißverständnissen hat« (ebd., S. 15).

Nicht zufällig wird im weiteren Verlauf dieses Versuches von MAAS sprachliches Handeln als ein »*qualitativ* anderes Handeln« beschrieben und seine spezifische Qualität mit Begriffen erläutert, die weithin mit den in den zitierten Klärungsversuchen benutzten übereinstimmen: Die spezifische Qualität sprachlichen Handelns besteht darin, daß »Handlungszusammenhänge durch ihre symbolische Bindung *verselb-*

ständigt« werden können (S. 18; vgl. 1970/2, S. 193). Die in dieser symbolischen Verselbständigung ermöglichte Problematisierung und Thematisierung handlungsleitender Normen ist zugleich die Voraussetzung für ein Handeln, das über sich selbst »verfügt«, »das sich Rechenschaft ... zu geben vermag« (S. 15) und damit überhaupt erst zu »verantwortlichem«, weil bewußtem Handeln ermächtigt wird — Qualitäten, die dem situativ verankerten reaktivem Verhalten abgehen. »Handeln ist ... an eine mögliche *Rechtfertigung* und damit an die Möglichkeit zu *sprechen* gebunden« (MAAS 1972/2, S. 192). Im oben bereits genannten griechischen Ausdruck *(lógon didónai)* sind beide Momente begrifflich zusammengedacht.

Diese in Umrissen erkennbare Konzeption eines »verantwortlichen Handelns«, dessen bedingende Ermöglichung die »Verselbständigung der Handlungszusammenhänge durch ihre symbolische Bindung« (MAAS 1972/1, S. 19) darstellt, verweist u. a. auf A. LORENZERS psychoanalytischen Versuch, das neurotische, »klischeebestimmte Verhalten« als Ergebnis einer »Desymbolisierung von Symbolen zu Klischees« (LORENZER, S. 85) zu interpretieren, wodurch an die Stelle des »symbolvermittelten« und damit der »Reflexion auf das Motiv« fähigen Handelns das »klischeebestimmte blinde Agieren und Reagieren« (ebd., S. 86) tritt. LORENZERS Versuch, die Neurose als »Sprachzerstörung« zu verstehen, macht exemplarisch deutlich, daß klischeebestimmtes, der symbolisch nur vermittelbaren Reflexion unfähiges Verhalten zugleich »Ausschluß aus der Sprachkommunikation« (S. 90) bedeutet.

Sprache im genannten Sinn als ein »qualitativ anderes Handeln« zu verstehen, meint also auf der einen Seite mehr, als auf spezifisch sprachliche Akte wie »Versprechen« und »Verzeihen« (ARENDT, S. 231 ff.) hinzuweisen, mehr als daß sprachliches Handeln als »differenzierte Handlungssorte« (FRESE, S. 48) gewertet und entsprechend zur Rekonstruktion von Handeln schlechthin bzw. von »Handlungsschemata« (KAMLAH/LORENZEN, S. 52 f.) funktionalisiert wird, mehr schließlich, als die vielschichtigen Verflechtungen von Handeln und Sprache zu betonen.[7]
Auf der anderen Seite aber unterstellt der Begriff des sprachlichen Handelns im genannten Sinn nicht, daß jedes symbolvermittelte Handeln per se schon verantwortliches Handeln sei. Der Hinweis auf die ideologisch bedingten Kommunkationsstörungen betonte bereits die Möglichkeit scheinhafter Rechtfertigungen, die einer kritischen Prüfung sich entziehen. Ein entsprechender Verweis ist auch für den Bereich der Politik nötig, die in ausgezeichnetem Maß den sprachlichen Charakter des Handelns zu verdeutlichen vermag bzw. den »Aktionscharakter« von Sprache (LÜBBE 1967, S. 354). Es bedarf nicht erst des Hinweises auf die verschiedenen Formen gezielter Sprachbeeinflussung (Sprachregelung, Sprachpolitik vgl. DIECKMANN 1969, S. 38 ff.) und auf die strukturelle Annäherung von politischer und werblicher Sprache (DIECKMANN 1964), um gerade an diesem exem-

plarischen Fall sprachlichen Handelns dessen Ambiguität nicht zu verschleiern. Daher werden zusätzliche Bedingungen anzugeben sein, die sprachliches Handeln als verantwortliches Handeln zu qualifizieren erlauben und die ein sprachlich ermitteltes Einverständnis vor einem Pseudokonsens schützen.

2.5 Praktischer Diskurs und überzeugende Rede

HABERMAS hat bei der Behandlung des Diskurses als dem Versuch, problematisierte Geltungsansprüche zu begründen, zwischen dem Geltungsanspruch von *Meinungen* (bezogen auf Sachverhalte) und dem von *Normen* (bezogen auf handlungsleitende Maximen) unterschieden (HABERMAS 1971, S. 117). Entsprechend ist der Charakter der diskursiven Begründung dieser Geltungsansprüche einmal *erklärender,* zum anderen *rechtfertigender* Natur. In dieser Untersuchung interessiert näher nur die Problematisierung handlungsorientierender Normen und deren diskursive Rechtfertigung, also der von HABERMAS so genannte »praktische Diskurs« (Ebd., S. 130); denn – wie in der Einleitung bereits betont – versucht diese Untersuchung die Grammatik des vernünftigen Redens, nicht des richtigen Wissens (Logik) zu buchstabieren. Für eine solche Grammatik kann – so die Hypothese dieses 2. Kapitels – der HABERMASsche Begriff der »diskursiven Begründung« bzw. »Rechtfertigung« orientierende Hilfestellung geben.

Doch zunächst zum Begriff »rechtfertigen«: Die allgemeinste Bedingung der diskursiven Rechtfertigung ist die *Zurechnungsfähigkeit* handelnder Subjekte, d. h. genauerhin die Unterstellung, daß das Handeln ein bewußtes, nämlich Normen verpflichtetes und damit intentionales Handeln ist (»Intentionalitätserwartung«, ebd., S. 119), daß Handeln weiter die Überzeugung von der Richtigkeit handlungsleitender Normen bedingt (»Legitimitätserwartung«, ebd.). Das heißt zusammengefaßt: »Wir supponieren, daß die Subjekte sagen können, *welcher* Norm sie folgen und *warum* sie diese Norm als gerechtfertigt akzeptieren.« (Ebd., S. 119)

Ähnlich zählen KAMLAH/LORENZEN (S. 127, vgl. auch S. 14) zu dieser Zurechnungsfähigkeit (außer der noch erwähnenden »Sachkunde« vgl. Kap. 6!) die »Vernünftigkeit« eines Sprechers, »der ... sein Reden nicht durch bloße Emotion und nicht durch bloße Tradition oder Moden, sondern durch *Gründe* bestimmen läßt«.

Diese Begriffsexplikation von »rechtfertigen«, die mit der Kategorie der »Zurechnungsfähigkeit« mehr die bedingende Voraussetzung von Rechtfertigung als den Rechtfertigungsakt selbst definiert, muß noch ergänzt werden, um die konstitutive Beziehungsdialektik von Rechtfertigen zu verdeutlichen.

Rechtfertigen bezieht sich einmal auf ein bestimmtes Handeln bzw. auf die handlungsleitende Motive (x) einer Person (A), die durch Begründung gerechtfertigt werden sollen (*kausaler* Aspekt); Rechtfertigen bezieht sich zum anderen auf eine diese handlungsleitenden Motive in Frage stellende Person (B), vor der ein bestimmtes Handeln gerechtfertigt wird (*intentionaler* Aspekt). Formalisiert: A rechtfertigt x vor B. Damit ist nicht auf die simple, für jede Kommunikation notwendige Trias dialogkonstituierender Faktoren verwiesen (vgl. Kap. 7), sondern auf eine zugrunde liegende Dialektik der Rechtfertigung verwiesen, deren Gelingen immer zugleich auch an die Ratifikation der vorgebrachten Begründung durch B geknüpft ist. Allein diese Dialektik bewahrt die Rechtfertigung vor ihrer Diskreditierung als »Kritikimmunisierung«, zu der sie H. Albert als Gegenmodell zur »Idee der kritische Prüfung« herabsetzt (ALBERT 1971/1, bes. S. 15 ff.). Diese Dialektik erlaubt es schließlich, jeden Versuch von A, x gegenüber B zu rechtfertigen, zugleich auch als Versuch A zu interpretieren, B von der Richtigkeit x zu überzeugen.[8] Allgemeiner: Überzeugen läßt sich als die intentionale Struktur von Rechtfertigen bezeichnen.

Diese intentionale Struktur ist natürlich in praktischen Diskursen von besonderer Relevanz, in denen ja nicht Handlungsmotivationen monologisch ausgetauscht, sondern gemeinsame Handlungsorientierungen dialogisch ermittelt werden, um als handlungsbegleitendes Einverständnis zu fungieren. Entsprechend läßt sich der praktische Diskurs, in dem eine Verständigung über problematisierte Geltungsansprüche angestrebt wird, ebenso als rechtfertigend bzw. begründend wie als persuasiv charakterisieren; denn das Ziel dieses Diskurses ist die Aufhebung des handlungsstörenden Dissens bzw. die argumentative Wiederherstellung eines handlungsermöglichenden Konsens. Ein Konsens im Bereich der praktischen Geltung von Normen aber beruht auf Entscheidungen, die »weder theoretisch zwingend noch bloß arbiträr« ausfallen, sondern »vielmehr durch *überzeugende Rede motiviert sind*« (HABERMAS 1970/71, S. 75). Die Theorie dieser »überzeugenden Rede« ist der Gegenstand dieser Untersuchung; denn »Rethorik gilt herkömmlicherweise als die Kunst, einen Konsens in Fragen herbeizuführen, die nicht mit zwingender Beweisführung entschieden werden können« (ebd.). Und eben dieser Art sind praktische Fragen! Diese von der Rhetorik verwaltete Persuasive Leistung der Sprache erinnert die Hermeneutik daran, daß »im Medium umgangssprachlicher Kommunikation nicht nur Mitteilungen ausgetauscht, sondern handlungsorientierende *Einstellungen gebildet und verändert* werden« (ebd., S. 75). »Verändern« meint nicht nur den möglicherweise gelingenden Einstellungwandel eines Kommunikationspartners aufgrund überzeugungskräftiger Rede, sondern umfaßt beide Partner, insofern der Diskurs in der Regel wie wechselseitige Problematisierung von Geltungsansprüchen zur Voraussetzung hat, die erst auf einer ganz neuen Reflexionsebene im gelingenden Konsens zurückgenommen wird. Diese im Prozeß wechselseitiger Problematisierung und wechselseitiger Überzeugungsversuche tendenziell gelingende Aufklärung praktischen

Handelns und seiner normativen Orientierung verweist auf die in dieser Untersuchung betonte, besonders seit GADAMER in Erinnerung gebrachte, hermeneutische Leistung des überzeugenden Redens[9]: nämlich gegenüber der Anmaßung einer – meist szientistisch orientierten – »monologischen Selbstgewißheit« (HABERMAS 1970/1, S. 103) die Rationalität einer diskursiv und argumentativ ermittelten sozialen Gewißheit praktischen Handelns wieder ins Spiel zu bringen, deren »Wahrheit der Konsens uneingeschränkt miteinander diskutierender Kommunikationspartner verbürgt« (zur Konsensustheorie der Wahrheit vgl. Kap. 6).

Vor dem Hintergrund der erläuterten persuasiven Intentionalität des praktischen Diskurses läßt sich jetzt schon im Vorgriff auf die folgenden Kapitel überzeugende Rede bzw. Persuasive Kommunikation umschreiben als ein Versuch der Kommunikationspartner, argumentativ einen Konsens zwischen ihnen über ihre handlungsleitenden Normen zu erzielen.

Eine so hermeneutisch interessierte Persuasive Kommunikation kann nun allerdings nicht auf Modellsituationen eingeschränkt werden, wie sie die zitierte Ausgangsfrage »Warum hast Du das getan?« signalisierte; d. h. auf Situationen, die sich weithin um einen persuasiv ermittelten Konsens in der Beurteilung und Interpretation bereits erfolgter Handlungen bemühen. Die Verselbständigung handlungsleitender Motive, die eine solche reflexive Problematisierung überhaupt nur zuläßt, ist nicht nur gegenüber vergangenem Handeln möglich, sondern auch gegenüber zukünftigem Handeln, das durch Fragen signalisiert wird wie: »Warum soll ich das tun?« bzw. »Warum willst Du das tun?«

Von diesen zwei, auf vergangenes und zukünftiges Handeln bezogenen Fragen ausgehend entwirft übrigens – worauf noch hinzuweisen sein wird (vgl. Kap. 4) – ARISTOTELES zwei Grundgattungen seiner Rhetorik.

Wenn sprachliches Handeln eine beondere Qualität des Handelns darstellt, insofern im Medium Sprache Handeln über sich selbst Rechenschaft zu geben imstande ist, wenn weiter die Fähigkeit sprachlichen Handelns als Voraussetzung verantwortlichen Handelns zu gelten hat, dann qualifiziert die praktische Aufklärungsleistung Persuasiver Kommunikation diese Kommunikation zu einem Paradigma verantwortlichen Handelns. Die Rationalität dieses Handelns wird in gleichem Maße wachsen, wie die hermeneutische Aufklärungsleistung dieser Persuasiven Kommunikation gelingt. Über die Bedingungen ihres Gelingens wird in Kap. 4 nachzudenken sein; das Verfügen über diese Bedingungen, die sogenannte »Persuasive Kompetenz«, wird in ihrem Verhältnis zur allgemeinen Kompetenz abschließend noch kurz zu untersuchen bleiben.

2.6 Kommunikative und Persuasive Kompetenz

Der Begriff »Kommunikative Kompetenz« ist in den letzten Jahren besonders durch HABERMAS im bewußten Gegenentwurf zu einem reduktionistischen Kompetenz-Begriff der geltenden Linguistik entwickelt worden (HABERMAS 1970/1, S. 77 ff.; 1971); reduktionistisch ist der kritisierte Kompetenz-Begriff, insofern er zwar die Fähigkeit einer regelgesteuerten Erzeugung und eines entsprechenden Verstehens von syntaktisch richtigen und semantisch sinnvollen »Sätzen« umfaßt, von der pragmatischen Situierung dieser Sätze als »Äußerungen« aber weithin absieht (WUNDERLICH 1966, S. 269 ff.; 1971, S. 175).[10] Die traditionelle Rhetorik hielt mit dem Begriff des »Angemessenen« (*prépon/aptum*) eine Kategorie bereit, die neben der inneren Stimmigkeit der Rede auch die äußere, nämlich situationsbezogene Stimmigkeit anzusprechen erlaubte (QUINTILIAN XI 1).[11] Mit der genannten pragmatischen Ausblendung entzieht sich allerdings auch Sprache in ihrem Handlungscharakter dem theoretischen Zugriff.

Mit Blick auf diese Ausblendung spricht G. KLAUS — wobei er einen Begriff von H. FRANK übernimmt — von »pragmatischer Blindheit«, womit er betont, daß erst die Berücksichtigung des pragmatischen Informationsaspektes zur Klärung der situativen und gesellschaftlichen »Funktion der Sprache« fähig wird (KLAUS 1969, S. 15 ff.): »Erst auf dieser, dem Bereich der pragmatischen Kategorien angehörenden Grundfrage sind Abstraktionen möglich und berechtigt, die zur rein semantischen oder syntaktischen Betrachtung des Systems sprachlicher Zeichen führen.« (Ebd., S. 195)

»Pragmatische Blindheit« trifft als Vorwurf nicht nur die allgemeine Wissenschaft von den Zeichen, die Semiotik, sondern – wie bereits eben angedeutet – die Linguistik, die sich mit den spezifisch sprachlichen Zeichen und deren Funktion beschäftigt.

»Jeder Erwerb, jede Erweiterung, jede Differenzierung der sprachlichen Mittel läßt sich nur beschreiben, wenn man anstelle von isoliertem Sprecher = Hörer die (idealisierten) *Kontakte* zwischen Sprechern und Hörern als Ausgangspunkte einer linguistischen Theorie nimmt.« (WUNDERLICH 1969, S. 264)

Der immanent in diesem Zitat enthaltene Vorwurf gegen die vorherrschende Linguistik ist so berechtigt, wie es leicht ist, auf die Notwendigkeit einer einstweiligen Ausblendung des pragmatischen Zeichenaspektes zu verweisen; denn nur diese Ausblendung macht relativ komplexarme Idealisierungen möglich, die das derzeitige Niveau linguistischer Theoriebildung bedingen (WUNDERLICH, ebd.). Gleichwohl ist aber von DE SAUSSURE bis N. CHOMSKY betont worden, daß die übliche linguistische Idealisierung (mit ihrer Ausblendung der situative Sprachverwendung bedingenden Faktoren) Sprache als »soziale Einrichtung« (DE SAUSSURE, S. 19) nicht vollgültig beschreiben kann. DE SAUSSSURE verwies die Linguistik daher als Teildisziplin in eine noch zu entwickelnde »Semeologie« als einer »Wissenschaft, welche das lebende Zeichen im Rahmen des sozialen Lebens untersucht« und wissenschaftstheoretisch zur »Sozialpsychologie« zu zählen wäre.

Gleichwohl schränkt CHOMSKY seine linguistische Theorie ein auf den »idealen Sprecher/Hörer, der in einer völlig homogenen Sprachgemeinschaft lebt ... und in der Anwendung seiner Sprachkenntnis in der aktuellen Rede von grammatisch irrelevanten Bedingungen wie begrenztes Gedächtnis, Zerstreutheit ... nicht affiziert wird« (S. 13). Dieser Text unterschlägt, daß das internalisierte Regelsystem eines idealisierten Sprechers/Hörers in seiner konkreten situativen Aktualisierung ja nicht nur von individuellen Randbedingungen wie den von CHOMSKY genannten gesteuert wird, sondern daß es unabhängig davon offensichtlich Regeln gibt, die den Sprecher/Hörer überhaupt erst in die Lage versetzen, miteinander zu kommunizieren. Eine Kompetenz, die diese Regeln nicht mit umfaßt, beschreibt eine »abstrakte Fähigkeit« (WUNDERLICH 1970, S. 13; LIST S. 69 ff.), die Sprechen als »soziale Tätigkeit« nicht zu erklären vermag (MAAS 1972/1, S. 8).

Eben diese ausgeblendeten Regeln interessieren HABERMAS, wenn er die Notwendigkeit einer Klärung der »allgemeinen Strukturen möglicher *Redesituationen*« betont und diese Klärung zum Gegenstand einer »Universalpragmatik« macht, die er auch »Theorie der kommunikativen Kompetenz« nennt (1971, S. 102)[12]: »Aufgabe dieser Theorie ist die Nachkonstruktion des Regelsystems, nach dem wir Situationen möglicher Rede überhaupt hervorbringen oder generieren.« (Ebd.)

HABERMAS gewinnt das Objekt dieser Theorie nicht durch additive Erweiterung des geltenden linguistischen Sprachbegriffs um eine pragmatische Dimension, sondern durch einen ganz anderen methodischen Ansatz: Er wählt die konkrete Kommunikationssituation bzw. — wie wir noch erläutern werden — den konkreten »Sprechakt«, der alle drei genannten semiotischen Dimensionen aktualisiert. Die für eine Theoriebildung notwendige Abstraktion wird nicht über ein schrittweises Ausblenden der einzelnen Zeichendimensionen erreicht, sondern durch ein schrittweises Freilegen der jeden individuellen Sprechakt regulativ bestimmenden Regeln. So verweist das Absehen von den empirischen Randbedingungen individueller Sprechakte, als deren Forschungssubjekt HABERMAS die »empirische Pragmatik« nennt, auf die in diesen empirischen Sprechakten unter Standardbedingungen zur Geltung kommenden allgemeinen Strukturen, d. h. auf die »pragmatischen Universalien« als Forschungsobjekt der »Universalpragmatik« (S. 101 ff.). Die Theorie der Universalpragmatik, d. h. die Theorie der kommunikativen Kompetenz »muß die Leistungen erklären, die Sprecher und Hörer mit Hilfe pragmatischer Universalien vornehmen, wenn sie Sätze in Äußerungen transformieren« (S. 103), d. h.: wenn sie in einen Dialog eintreten. HABERMAS kann daher diese pragmatischen Universalien auch »dialogkonstituierende Universalien« nennen.

Der Neuansatz ist deutlich: »An die Stelle von Sätzen (bestenfalls Texten) idealisierter Sprecher in der bisherigen syntaktisch-semantischen Theorie treten Äußerungen von Sprechern in idealisierten Sprechsituationen.« (WUNDERLICH 1971, S. 175) Der somit erweiterte Kompetenz-Begriff muß nicht unbedingt – wie HABERMAS es tut – als eigenständiger Begriff neben dem linguistischen Kompetenzbegriff fungieren; er kann und sollte den linguistischen Begriff integrativ in sich aufnehmen (BADURA 1972, S. 247; WUNDERLICH 1970, S. 13).

In diesem Sinn wird hier von Kommunikativer Kompetenz gesprochen als der Fähigkeit eines Sprechers/Hörers, Sprechakte zu erzeugen (=*aktive* Kompetenz) bzw. die in Sprechakten verwendeten Regeln zu beherrschen, d. h. sich regelgerecht zu verhalten (= *passive* bzw. *rezeptive* Kompetenz). Insofern die oben erläuterte Beziehung zwischen Handeln und Sprechen gilt, läßt sich diese kommunikative Kompetenz auch zur Handlungs- bzw. im weiteren Sinn zur sozialen Kompetenz ausweiten (ALTHAUS/HENNE; HARTIG/KURZ, S. 10 ff.). Als solche aber läßt sie sich nicht mehr ganz unabhängig von dem soziokulturellen Kontext definieren; denn die Sprechakte, deren Erzeugung ein kompetenter Sprecher beherrschen müßte, sind nicht ohne ihre historische und gesellschaftliche Einbettung und ihre darin begründete Funktion zu bestimmen. Dies kann einmal in der von HABERMAS vorgeschlagenen Weise geschehen, nämlich die einzelsprachlichen, historisch wie gesellschaftlich verankerten Sprechakte auf eine »universal gültige Klassifikation« zurückzuführen (S. 111), oder – so BREKLE (S. 130 f.) – die Sprechakttypen, »die den Vollzug von in einer Kultur institutionell oder durch soziale Normen geregelten Handlungen repräsentieren«, den Teiltheorien der kommunikativen Kompetenz zuzuweisen, deren Objekt die einzelsprachlichen Ausprägungen der pragmatischen Universalien wären. Eine Entscheidung muß hier nicht gefällt werden, zumal sie aufgrund des Diskussionsstandes kaum möglich sein dürfte.

Aus diesen Erläuterungen zur kommunikativen Kompetenz ergibt sich für eine Kompetenz, die sich auf das Regelsystem Persuasiver Sprechakte bezieht, folgendes:

– Entsprechend der HABERMASschen Abstraktion von dem empirisch-kontingenten Randbedingungen individueller Sprechakte zugunsten der allgemeinen in ihnen zur Geltung kommenden elementaren Regeln ließen sich – analog zur Universalpragmatik – jetzt die *allgemeinen Strukturen* möglicher Persuasiver Redesituationen als Forschungsobjekt einer Persuasiven Universalpragmatik bzw. besser: einer Theorie der Persuasiven Kompetenz verstehen. Dagegen wären die *empirischen Sprechakte* Untersuchungsobjekt einer Persuasiv-empirischen Pragmatik, die wir oben bereits Angewandte Rhetorik genannt hatten. Sie würde im Bereich der Textproduktion wie – analyse spezielle Anwendungen dieser universalen Persuasiven Regularitäten bzw. Persuasiven Universalien zu untersuchen haben wie die Sektoralen und Historischen Rhetoriken deren Anwendung in sektoral wie historisch verankerten Textsorten.

– Insofern Persuasive Kompetenz eine Fähigkeit beschreibt, typische soziale Situationen sprachlich zu bewältigen (vgl. Kap. 4), läßt sie sich als *Teilkompetenz* einer umfassenden kommunikativen Kompetenz qualifizieren, wie es bereits bei HABERMAS (1970, S. 83) heißt: »Für Rhetorik gilt das gleiche: auch sie stützt sich auf ein Vermögen, das zur Kompetzenz eines jeden Sprechers gehört...«

– Läßt sich somit die Persuasive Kompetenz als Teilkompetenz einer allgemeinen kommunikativen Kompetenz verstehen (anstatt sie auf eine »taktisch-rhetorische Kompetenz« zu reduzieren, BADURA[13]), dann ordnet sich Rhetorik als Theorie dieser Teilkompetenz zwingend der allgemeinen Theorie der kommunikativen Kompetenz als *Teiltheorie* unter.

– Rhetorik als Teiltheorie innerhalb der Theorie der kommunikativen Kompetenz zu entwickeln ist aber nur möglich, wenn man ihr den Status einer »Kunstlehre« nimmt, worauf sie HABERMAS ebenso wie die Hermeneutik doch wieder festschreiben will, insofern beide »ein natürliches Vermögen methodisch in Zucht nehmen und kultivieren« (1970, S. 73). Diente Rhetorik nur der »Anleitung und disziplinierten Ausbildung« dieser Persuasiven Kompetenz, anstatt – was HABERMAS einer philosophischen Hermeneutik allein vorbehält – auch der »Kritik« fähig zu sein als der Reflexion auf die Bedingungen gelingender Kommunikation, – wäre Rhetorik dazu nicht fähig, dann könnte sie den Anspruch auf Theorie nicht aufrechterhalten, und sie würde zur Methode und Technologie einer »artifiziellen Fertigkeit« (ebd.) restringiert.

– Rhetorik aber als Teiltheorie der Theorie der kommunikativen Kompetenz hat die idealtypische Nachkonstruktion des Regelsystems zu leisten, nach dem Persuasive Sprechakte ablaufen. Die Klärung dieser Regeln ist ohne Reflexion auf die Bedingungen des Gelingens solcher Sprechakte und der in ihnen tendenziell möglichen Konsensbildung gar nicht möglich. Die konkrete Einlösung dieser Aufgabe ist bei MAAS formuliert (1972/1, S. 16): »Analyse der Bedingungen für bestimmte Handlungsmöglichkeiten«. Diese Analyse »muß bei der sozialen Situation beginnen, und die grammatischen Kategorien müssen als Handlungsbedingungen verstanden werden« (ebd.).

Damit sind die nächsten Schritte für die Analyse des Persuasiven Sprechaktes (bzw. der Persuasiven Kommunikation; zur Beziehung vgl. Kap. 4) als einer dieser »bestimmten Handlungsmöglichkeiten« vorgezeichnet: Im nächsten Kapitel wird zunächst eine kritische Sichtung ausgewählter neuerer Rhetorik-Konzeptionen versucht, die unter dem erläuterten Frageinteresse nach dem konstitutiven Regelsystem Persuasiver Sprechakte erfolgt. D. h.: es wird – um eine Unterscheidung von HABERMAS (1971, S. 106) zwischen »konkretempirisch« und »elementar« aufzugreifen – nach der *Elementarstruktur* des Persuasiven Sprechaktes gefragt und nach den *allgemeinen Regeln* für seine kompetente Bewältigung. Darauf aufbauend wird dann in Kapitel 4 ein zusammenfassender und differenzierender Versuch einer an der Sprechakt-Theorie orientierten Beschreibung des Persuasiven Sprechaktes und seiner situationsbewältigenden Leistung unternommen.

3 Kritik ausgewählter Rhetorik-Konzeptionen

3.1 Heinrich Lausberg: Die Rede überhaupt

In dem gerafften Überblick über die Entwicklung der Rhetorik schreibt STÖTZER über deren Entstehung (S. 13):

»Nach den Perserkriegen in Griechenland und nach den Kämpfen gegen die Karthager der westlich gelegenen Inselkolonie, im heutigen Sizilien, waren die Tyrannen gestürzt und eine demokratisch-republikanische Ordnung der Sklavenhaltergesellschaft errichtet worden. Wirtschaft und Kultur nahmen einen bedeutenden Aufschwung. Athen und das griechische Kolonialgebiet in Sizilien sind als die Heimat der Redekunst anzusehen.«

Man wird in diesem Textbeispiel ebensowenig wie in vergleichbaren anderen Texten aus demselben Buch das Versprechen der Verfasserin eingelöst finden, »die vielfältig ineinandergreifenden, politischen, historischen, kulturellen Tendenzen zu umreißen« (S. 12), die Ursprung und Entwicklung der Rhetorik aufzuhellen vermöchten. Die das zitierte Textbeispiel bestimmenden Schlüsselbegriffe jedenfalls lassen aufgrund ihrer additiven Reihung kaum den sozialen Kontext der rhetorischen Kultur der Antike verstehen, ein Problem, dessen Klärung einer Historischen Einführung in die antike Rhetorik[1] vorbehalten bleibt.

Gleichwohl enthält der zitierte Text einen – allerdings versteckten – Hinweis auf eine der wenigen authentischen antiken Zeugnisse über die soziale Einbettung der überzeugenden Rede. Das Stichwort »Tyrannensturz in Sizilien« bei STÖTZER ist nämlich auf eine Stelle aus der ARISTOTELISCHEN Sammlung rhetorischer Lehrbücher zurückzuführen, die – selbst zwar verlorengegangen – von CICERO zusammen mit der hier interessierenden Stelle in seiner Schrift »Brutus« (12.45) erwähnt werden:

»... Weder diejenigen, die einen Staat einrichten, oder die Krieg führen, noch diejenigen, die in ihrer Freiheit gehindert oder durch Gewaltherrschaft gefesselt sind, verlangen gewöhnlich nach der Redekunst. Die Beredsamkeit entsteht nur in Frieden und Muße, sie ist das Produkt eines freiheitlich organisierten Staates. In diesem Sinn ist auch ARISTOTELES' Bericht zu verstehen: Nachdem in Sizilien die Tyrannen vertrieben waren und nach langer Zeit wieder Privatangelegenheiten gerichtlich verhandelt werden konnten, hätten die Sizilianer CORAX und TEISIAS erstmals eine systematische Redeschule verfaßt, was bei diesem scharfsinnigen und streitsüchtigen Volk nur verständlich ist.«

Dieses Referat CICEROS aus der genannten ARISTOTELISCHEN Sammlung ist in zweierlei Hinsicht interessant: Es gibt einmal mit dem

Jahr 465 v. Chr., dem Zeitpunkt des Sutrzes der Syrakusanischen Tyrannen, einen ungefähren Anhaltspunkt für den Beginn einer systematischen Auseinandersetzung mit der Rhetorik. Über den allgemeinen Inhalt dieser Art von rhetorischen Lehrbüchern sind wir – gemessen an dem zeitlichen Abstand – einigermaßen gut unterrichtet: Im PLATONISCHEN Dialog ›Phaidros‹ erwähnt SOKRATES im Gespräch mit PHAIDROS u. a. auch ein bis heute in vielen Variationen tradiertes und empfohlenes Gliederungsprinzip einer persuasiv orientierten Rede (266d), das in Kap. 7 noch kurz behandelt wird. Angemerkt sei nur, daß das rhetorische Lehrbuch und seine rationale Systematik zum Modell des Systematischen Lehrbuchs schlechthin wurde.

Mehr Gewicht als die Angabe über das Alter rhetorischer Lehrtradition hat das zitierte Referat für unsere Fragestellung aufgrund der durchgeführten Synchronisierung von rhetorischer Theorie und Praxis mit einer bestimmten gesellschaftspolitischen Konstellation. Die Einbettung der ARISTOTELISCHEN Quelle in CICEROS Text läßt gar keinen Zweifel daran, daß diese Synchronisierung als Ausdruck einer kausalen Beziehung zwischen institutioneller *Demokratie* und *Rhetorik* verstanden werden will, und zwar im Sinn einer kausalen Beziehung zwischen institutioneller *Freiheit* einerseits und *öffentlicher Rede* als der Form ihrer praktisch-politischen Beanspruchung andererseits. NIETZSCHE merkt in seiner Baseler Rhetorik-Vorlesung vom Wintersemester 1872/73 zu der zitierten CICERO-Stelle an: »Aber erst mit der politischen Form der Demokratie beginnt die ganz exzessive Schätzung der Rede, sie ist das größte Machtmittel inter pares geworden.« (S. 202)

Daß sich die gewonnene Freiheit — der Quelle gemäß — zunächst in Restitutionsprozessen artikulierte, darf zwar nicht überschätzt werden, doch als Hinweis gelten auf die Bedeutung der Rechtssprechung als Essential einer demokratisch organisierten Gesellschaft. Rechtssprechung hieß aber Rechtssprechung durch ein Gremium von Amateur-Richtern, das bis zu 1501 Personen umfassen konnte, wobei die Überzeugungskraft der (persönlich ihren Fall vortragenden und vertretenden) prozessierenden Parteien eine große Rolle spielte. In Athen, dessen Rechtsordnung relativ gut bekannt ist, lag fast die gesamte Rechtssprechung (außer Kapitalprozessen) seit 462 v. Chr. in der Kompetenz der Volksgerichte.[2] Es ist daher plausibel, daß bereits das früheste uns bekannte rhetorische Lehrbuch sich an der Prozeß-Situation orientierte, zumal die legislativen Verfahrensweisen grundsätzlich die gleichen Persuasiven Fähigkeiten verlangten.

Mit der genannten Prozeß-Situation, wie sie die Sizilianer ihrem Rhetorik-Lehrbuch zugrunde legten, ist eine historisch folgenreiche und gesellschaftlich verankerte Persuasive Grundsituation angesprochen, die nicht nur für die antike Rhetorik (CLARKE, S. 9 ff.), sondern für die Rhetoriktradition schlechthin bis zu H. LAUSBERG modellhaften Evidenzcharakter gewann.

Wie der Titel von LAUSBERGS großem Handbuch schon anzeigt, konzentriert sich der Autor auf die »Literarische Rhetorik«. Die Legitimität dieser Konzentration ist unbestritten, weil die Geschichte der Rhetorik ebenso wie ihre Renaissance in der Gegenwart weithin Geschichte und Renaissance der Literarischen Rhetorik war und ist. Die »Rhetorisierung der Literartur« mit LAUSBERG (1960, S. 8) als notwendige Folge des Kontaktes zwischen der »sprachlichen und literarischen Erziehung der Antike« und der »Öffentlichkeit« zu interpretieren, verstellt aber zu leicht die Tatsache, daß die genannte »Rhetorisierung« auch identisch war mit der in der Antike erfolgten politischen Entmachtung und ästhetischen Exilierung der Rhetorik. E. R. CURTIUS (1961, S. 79) versteht diese »Rhetorisierung« sogar als Kompensation: »Das bedeutet nichts anderes, als daß die Rhetorik ihren ursprünglichen Sinn und Daseinszweck verlor. Dafür drang sie in alle Literaturgattungen ein.«

Dieser Hintergrund muß bedacht werden, wenn Rhetorik als »literaturwissenschaftliche Disziplin« (LAUSBERG 1965, S. 481) vorgestellt wird, was sie zweifellos auch gewesen ist. Doch ist diese »literaturwissenschaftliche Disziplin« einer historisch bedingten Entwicklungsstufe zu verdanken, auf der die Rhetorik — gemessen an ihrer früheren gesellschaftlichen Relevanz — nur noch ein Schatten ihrer selbst war. Diese ihre Herkunft kann die Literarische Rhetorik auch bei LAUSBERG nicht verbergen. Bezeichnenderweise erläutert er an dem oben zitierten Prozeß als dem »*Modellfall* der literarischen Ausweitung der Rhetorik« (1960, S. 51) die Struktur einer »typischen Situationsbewältigung« und der sie konstituierenden Elemente. Entsprechend gewinnt für LAUSBERGS Analyse die »Schulrhetorik« (= »Rhetorik im engeren Sinne«) eine zentrale Bedeutung, worunter er »die seit dem 5. Jahrhundert v. Chr. als erlernbaren Gegenstand ausgebildete Kunst der (besonders vor Gericht gehaltenen) Parteirede« versteht (1963, S. 15):

»In der elementaren Schulrhetorik zog die judiziale Gattung das Hauptinteresse des Unterrichts auf sich, da der Bereich der Rechtsgeschäfte im Strafprozeß als sozial gefährlichster Bereich der Verhandlungen und Reden den alle auftretende Phänomene extrem schärfenden Modellfall für das allgemeine soziale Phänomen der Verhandlungen und Reden abgeben kann; wer in der judizialen Rede geübt ist, wird auch nicht-judiziale Situationen redend gut bewältigen können.« (1963, S. 21)

Das in diesem »Modellfall« exemplarisch in Erscheinung tretende »allgemeine soziale Phänomen der Verhandlungen und Reden« nennt LAUSBERG im Unterschied zur »Rhetorik im engern Sinne« bzw. »Schulrhetorik« die »Rhetorik im weiteren Sinne« bzw. »Rede überhaupt«:

»Die ›Rede überhaupt‹ ist eine in der Zeit ablaufende und vom Redenden als in der Beziehung zur Situation abgeschlossen gemeinte Artikulation der

Sprachwerkzeuge ... oder deren analoger Ersatz ... in einer Situation mit der *Intention ... der Änderung dieser Situation.*« (1963, S. 17)

Eine entsprechend intentionale Funktionalisierung von Reden nennt LAUSBERG »Verhandlung«. Den Modellfall des gerichtlichen Prozesses für das allgemeine soziale Phänomen der »Rede überhaupt« auswertend bestimmt LAUSBERG »Verhandlung« als »die Summe der in einer Situation zwecks Änderung dieser Situation von den Situationsinteressierten und vom Situationsmächtigen gehaltenen Reden« (1963, S. 18, 1965, S. 474).

Die entscheidenden Faktoren dieser an der verallgemeinerten gerichtlichen Modellsituation gewonnenen definitorischen Bestimmung von Verhandlung sind demnach:

— Situation (z. B. Prozeß)
— Situationsmächtiger (z. B. Richter)
— Situationsinteressierte (z. B. beteiligte Parteien)
— Reden (z. B. die in Parteireden versuchte Beeinflussung des Richters)
— Situationsziel (z. B. Änderung, etwa Freispruch).

Das Modell einer Verhandlung im Sinne LAUSBERGS läßt sich demnach wie folgt darstellen (vgl. Abb. 3; s. S. 54).

Der spezifisch rhetorische Charakter der erläuterten Modellsituation wie der »Rede überhaupt« liegt in ihrer *Intentionalität:* »Die Rede ist als Rede nicht durch ihre Länge, sondern durch die vom Redenden gewollte Intention (voluntas) der Situationsänderung ... bestimmt.« (1963, S. 18) Schwierigkeiten allerdings bietet LAUSBERGS Bestimmung, daß der Situationsmächtige ebenso wie die Situationsinteressierten eine entsprechende Veränderung der Situation durch Reden zu erreichen versuchte. Denn sein Interesse an einer Situationsänderung ist fraglos anderer Natur als das der Situationsinteressierten und läßt sich nicht von vornherein als parteilich qualifizieren.

Die spezifische Funktionalisierung der Rede als situationsverändernde Kraft ist die Aktualisierung der Sprache als Mittel der *Beeinflussung.* Diese Aktualisierung nennt LAUSBERG »Überredung« (1963, S. 17, 35): »Die situationsinteressierten Parteien wenden sich in Parteireden an den Situationsmächtigen und versuchen, diesen *durch Überreden (peithein, persuadere)* zur Änderung ... der Situation in dem der jeweiligen Partei günstigen Sinn zu beeinflussen.«

Das Gelingen der parteilichen Beeinflussung ist der »Überredungserfolg« (1963, S. 22, 37) als der intellektuellen wie emotionalen Bereitschaft des Situationsmächtigen zur Situationsänderung im Sinne der (aufgrund ihrer höheren Glaubwürdigkeit) überzeugungsfähigen Partei.

Entsprechend dieser Analyse ließe sich der uns interessierende Persuasive Sprechakt vorerst beschreiben als *parteiliche Beeinflussung durch Überreden.*

Die damit genannte »Parteilichkeit« bzw. »Intentionalität« der überredenden Rede sind offenkundig zentrale rhetorische Kategorien. Sie verweisen einmal auf die grundsätzliche Rückbindung

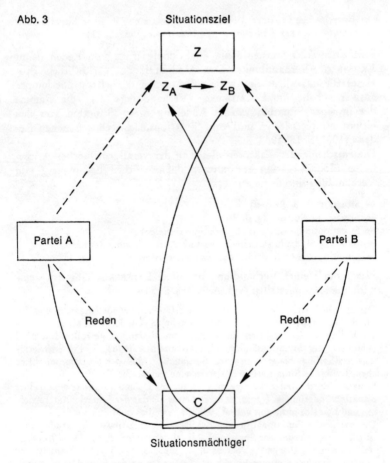

Abb. 3   Situationsziel

Situationsmächtiger

rhetorischen Redens an bestimmte Interessen, Meinungen und Werthaltungen; sie verweisen zum anderen auf die ebenso grundsätzliche Dynamik, diese Interessen, Meinungen und Werthaltungen nicht nur redend ins Spiel zu bringen, sondern ihnen zum Erfolg zu verhelfen, d. h.: überzeugte Zustimmung zu finden. Diese Zustimmung kann mit der angestrebten Situationsänderung zusammenfallen (so im Prozeßbeispiel) oder deren Voraussetzung sein im Sinn einer allgemeinen Verhaltensdisposition.

Für LAUSBERG gewinnt – wie ersichtlich – der Modellfall des gerichtlichen Prozesses unter dem Aspekt Bedeutung, als er exemplarisch die Strukturmomente erkennen läßt, die für »Rede überhaupt« konstitutiv sind, d. h. für die sprachliche Bewältigung sozial relevanter Situationen, wie sie mit dem Begriff »Verhandlung« beschrieben wurden. Zu dieser »Rede überhaupt« zählt u. a. auch die Dichtung bzw. Literatur, die so gesehen zu einem Subsystem des Systems »Rede überhaupt« wird (1963, S. 19; 1960, S. 51; 1965, S. 481). An dieser Beziehung zwischen Literatur und Rhetorik wird LAUSBERGS Verständnis von Rhetorik noch einmal deutlich: Rhetorik als Theorie der »Rede überhaupt« (1965, S. 481), ein Verständnis, das er bei ARISTOTELES bereits vorgeprägt findet. Durch jeweils notwendige »Ergänzungen« (ebd.) – etwa aus dem Bereich der Poetik – kann eine solche Rhetorik dann für den entsprechenden spezifischen Gegenstand der Redeuntersuchung aktualisiert werden.

Der Weg von der Rhetorik als Theorie der »Rede überhaupt« zur Rhetorik als allgemeiner »Texttheorie« ist nicht weit. So hat neuerdings D. BREUER versucht, das »rhetorische Modell« für die Gewinnung von Kategorien einer pragmatisch interessierten Textanalyse zu funktionalisieren. Dabei versteht BREUER unter dem »rhetorischen Modell« die elementare Grundsituation der »persuasiven Textherstellung« (S. 5), nämlich »das Verhalten des Redners, genauer: des Anwalts vor Gericht, der eine Rede verfertigt, um das Gerichtsverfahren im Sinne seiner Partei zu beeinflussen« (S. 6). Die traditionellen Kategorien der Rhetorik sind nach BREUER an dieser Modellsituation gewonnen, deren intentionale Struktur (»beeinflussen«) die rhetorischen Kategorien vor der pragmatischen Blindheit bewahrt hat. Insofern wäre es nach BREUER plausibel für eine pragmatisch interessierte moderne Texttheorie, modelltheoretisch an diese »rhetorisch-pragmatische Theoriebildung« der Tradition anzuknüpfen und die Relevanz der am Modell der Prozeßrede gewonnenen und systematisierten Sachverhalte zu prüfen. Dabei gilt die Prämisse (S. 6): »Der Prozeß der Redekonstitution« (wie sie etwa das erwähnte rhetorische Modell beschreibt) ist als heuristisches Modell grundsätzlich auf alle Textsorten anwendbar, sofern es um ihre pragmatische Analyse geht, und die mit Hilfe des Modells gewonnenen Kategorien ermöglichen eine pragmatische Analyse nicht nur der Textsorte »Rede«, sondern aller »Textsorten«.

Gemeinsam ist BREUER und LAUSBERG ein textwissenschaftliches Interesse an der Rhetorik, mag auch die Begründung verschieden sein für die Legitimität dieser textanalytischen Funktionalisierung eines Regelsystems, das ursprünglich und primär der Textproduktion diente. Für BREUER ist diese Legitimität texttheoretisch, für LAUSBERG historisch begründet.

Gemeinsam ist weiter beiden eine modellhafte Funktionalisierung der Prozeß-Situation in dem Sinn, daß die gerichtliche Prozeß-Rede und ihre Persuasive Intentionalität relevante und elementare Faktoren jeder Textproduktion zu erkennen gibt. In diesem Sinn ist LAUSBERG genötigt, jeden Redeinhalt als »juristischen Fall« (1960, S. 51) zu qualifizieren, was schon im Bereich antiker Redeformen zu paradoxen

Formulierungen zwingt wie in der folgenden Charakteristik der Fest-
rede:

»Die epideiktische Gattung sieht die Intention einer *Änderung* der Situation
in der Intention des Redners gegeben, der die als konstant angenommenen
Situation wertend (lobend oder tadelnd) *bestätigen* will.« (1963, S. 21)

Diese Schwierigkeiten werden noch größer, wenn man die antike
Gattungstypologie verläßt und diese Modellsituation für moderne
Formen Persuasiver Sprache zu aktualisieren versucht (DIECKMANN
1969, S. 97).

Es bleibt daher zu fragen, ob die gerichtliche Modellsituation, mag sie
historisch für die Theorie der antiken und nachantiken Rhetorik auch
noch so relevant gewesen sein, modelltheoretisch nicht selbst wieder
relativiert werden muß, d. h. genauerhin: ob der gerichtliche Prozeß
nicht eher als eine situationstypisierte Ausprägung von Persuasiver
Kommunikation verstanden werden muß, die selbst schon wieder
situationstypische Merkmale enthält (etwa die von LAUSBERG erwähnten Parteien, den Situationsmächtigen usw.), die kaum zu den
elementaren Faktoren Persuasiver Kommunikation zu zählen sind.

Die oben versuchte Formalisierung der gerichtlichen Modellsituation (vgl.
Abb. 3) scheint diese Annahme zu bestätigen; denn es ist unschwer zu erkennen, daß dieses Modell eine *Verdoppelung* des Persuasiven Kommunikationsaktes darstellt, die personell durch den Situationsmächtigen zusammengehal-
ten wird. Die Modellsituation läßt sich demnach beschreiben als ein Prozeß
der Persuasiven Kommunikation, der sich zusammensetzt aus den Persuasiven
Kommunikationsakten zwischen A—C und B—C, wobei die Intentionen beider Parteien parteispezifische und damit sich ausschließende Ziele verfolgen
(Z_A / Z_B). Dagegen ist im Modell eine kommunikative Interaktion zwischen
A und B nicht vorgesehen, was verständlich ist, da weder A noch B — situa-
tionsbedingt — bereit sind, sich argumentativ überzeugen zu lassen. Erst diese
Voraussetzung macht ja den zwischen A und B vermittelnden,[3] in diesem Fall:
entscheidenden Situationsmächtigen C nötig, der für A wie B deshalb auch
der einzig relevante Partner ist. Seine überzeugte Zustimmung zur Argumentation von A oder B ist für beide die Bedingung, ihr jeweiliges Ziel (Z_A / Z_B)
zu erreichen. Die gerichtliche Modellsituation läßt sich also in zwei, in ihr
schon kombinierte Persuasive Kommunikationsakte zerlegen, deren elementare Modellstruktur so zu beschreiben ist:
A (bzw. B) versucht über C Z_A (bzw. Z_B) zu erreichen.

Aufgrund dieser Überlegungen, die in Kap. 4 erneut für die Modellbildung der Persuasiven Kommunikation genutzt werden, ist die von
LAUSBERG und BREUER herangezogene rhetorische Modellsituation
des gerichtlichen Prozesses für unsere Frage nach den allgemeinen elementaren Faktoren Persuasiver Kommunikation modelltheoretisch in
seiner Aussagekraft einzuschränken. In diesem Zusammenhang wird
ein anderes Modell interessant, das sich vollständig von der historisch
so wichtigen Prozeß-Situation freimacht. Es soll im folgenden kurz
vorgestellt werden.

3.2 Brigitte Frank-Böhringer: Rhetorische Kommunikation

Im Unterschied zu LAUSBERG versucht FRANK-BÖHRINGER, Rhetorik – unabhängig von jeder historischen Bezugnahme – als einen »speziellen Fall von Kommunikation« (S. 18) zu bestimmen. Die damit angesprochene Einordnung der Rhetorik in die von der Kommunikationswissenschaft thematisierte soziale Interaktion vermittels sprachlicher Zeichen führt konsequent zur Ablösung des Begriffs »Rhetorik« durch die adäquatere Bezeichnung »Rhetorische Kommunikation«. Dieser Begriff ist seitdem von verschiedenen Autoren (u. a. von GEISSNER, HASELOFF, KURKA, PLETT)[4] zustimmend aufgegriffen bzw. ohne Kenntnis FRANK-BÖHRINGERS gleichzeitig geprägt worden. Der bisher noch undefiniert eingeführte und für die vorliegende Untersuchung gewählte Begriff »Persuasive Kommunikation« deckt sich – das sei schon hier angemerkt – inhaltlich nur partiell mit dem, was FRANK-BÖHRINGER als »Rhetorische Kommunikation« bezeichnet (vgl. Kap. 1, Anmerk. 12).

Der genannte leitende kommunikationswissenschaftliche Aspekt FRANK-BÖHRINGERS bedingt auch das Ausgangsmodell (»Kommunikationsschema«, S. 14), das ihrer Analyse des »Rhetorischen Kommunikationsprozesses« (S. 18 ff.) vorangestellt wird:

Abb. 4

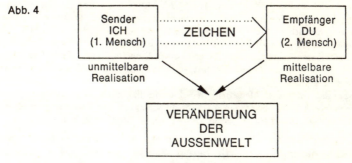

An diesem »Kommunikationsschema« fällt zunächst auf, daß die »Veränderung der Außenwelt« in gleicher Weise als konstitutives Element des Kommunikationsprozesses verstanden wird wie »Sender« und »Empfänger« als konstante Partner des Nachrichtenaustausches und »Zeichen« als Übertragungsmedium; denn der Begriff »Veränderung der Außenwelt«, verstanden als ein kommunikativer Faktor, sprengt die für vergleichende Kommunikationsschemata gültige deskriptive Struktur, die im allgemeinen die kommunikative Intentionalität dem Grundfaktor »Kommunikator« wie die korrespondierende kommunikative Wirkung dem Grundfaktor »Rezipient« unterordnen (vgl. MALETZKE, S. 34 f.).

Weiter scheint auch die »Veränderung der Außenwelt« als Bestimmung kommunikativer Intentionalität logisch nicht den gleichen Invarianzgrad zu besitzen, wie ihn die anderen allgemeinen Modellfaktoren für sich beanspruchen können; zumindest bleibt uneinsichtig, inwiefern sich sämtliche (von einem »Kommunikationsschema« abzudeckende) kommunikativen Intentionalitäten bzw. Funktionalitäten der Kategorie »Veränderung« als allgemeinster und invarianter Eigenschaft unterordnen ließen.

Der essayistische Hinweis auf den »homo faber« (S. 13) als anthropologisch-philosophisches Interpretament des »beständig auf die Änderung seiner Umwelt« bedachten Wesens Mensch ist nicht gerade ein hilfreicher Hinweis, zumal er neben dem geistesgeschichtlich damit völlig unverträglichen ARISTOTELISCHEN Interpretament des Menschen als »zóon politikón« steht. Das Ausgangsmodell wird erst etwas verständlicher, wenn man seine Quelle bei H. FRANK gefunden hat.[5]

Nach FRANK manifestiert sich jede Informationsabgabe in der »Veränderung der Umwelt« (S. 67). Erst eine Informationsabgabe, die sich der »Zeichenträger zur Nachrichtenübermittlung an ein zweites Bewußtsein« (S. 67) bedient, nennt FRANK »Kommunikation«. Entsprechend heißt das Modell, das FRANK-BÖHRINGER mit ganz unwesentlichen Abänderungen als »Kommunikationsschema« interpretiert, bei FRANK richtig: »Schema der Realisation«, wodurch es sich nicht den oben gemachten Einwänden aussetzt.

Die eben zitierte Zwischenschaltung von »Zeichenträgern zur Nachrichtenübertragung an ein zweites Bewußtsein« nennt FRANK »indirekte Realisation« im Unterschied zur »direkten« (nämlich nicht durch Zeichen vermittelten). FRANK-BÖHRINGER übernimmt diese Unterscheidung in den Begriffen »mittelbare« bzw. »unmittelbare Realisation« (vgl. Schema) auch. Damit ist nun ein Begriffspaar genannt, dessen Ergiebigkeit für die analytische Bestimmung von »Rhetorischer Kommunikation« offenkundig ist und in der weiteren Modellexplikation auch eine zentrale Rolle spielen wird. Diese »mittelbare«, sich sprachlicher Zeichen bedienende Realisation von Zielvorstellungen eines Sprechers nennt auch FRANK-BÖHRINGER »Kommunikation«, wobei die oben zum »Kommunikationsschema« gemachten Einwände auch hier gelten, wenn »Kommunikation« schlechthin mit »Übertragung von Zielvorstellungen« erläutert wird:

»Bei ihm (d. h. dem Menschen) ist jedoch die Fähigkeit, Zielvorstellungen auf seinesgleichen zu übertragen, nämlich die Fähigkeit zur Kommunikation, viel weiter ausgebildet als bei jedem Tier.« (FRANK-BÖHRINGER, S. 13)

Kommunikation also: ein Instrument *mittelbarer Zielrealisation.* FRANK-BÖHRINGER behält bezeichnenderweise den bisher kritisierten Kommunikationsbegriff in ihren eigenen weiteren Ausführungen nicht bei. Während das eben ausgeschriebene Zitat noch die Übertragung von Zielvorstellungen mit Kommunikation schlechthin identifizierte, wird später diese funktionale Bestimmung nur noch auf einen Typ kommunikativer Rede, nämlich auf die »agitatorische Rede« (S. 19) bezogen, die von anderen »Redetypen« ebenso unterschieden ist wie die »Beeinflussung« als spezifischer »Redezweck« der agitatorischen Rede von entsprechend anderen Zwecken. »Beeinflussung« verstanden als »Erzeugung einer Tatbereitschaft« (ebd.) setzt schließlich diesen agitatorischen Redetyp zur pragmatischen Zeichenfunktion in Beziehung und hebt ihn gleichzeitig ab von den zwei anderen semiotischen Zeichenfunktionen:

»Die pragmatische Zeichenfunktion besteht in der Mobilisierung des Willens des Zeichenempfängers, einen Zielzustand der Außenwelt zu realisieren (Befehl oder Erlaubnis), oder die schon beabsichtigte Realisierung zu unterlassen (Verbot).« (S. 16)

Zeichen mit einer entsprechenden pragmatischen Funktion werden von FRANK-BÖHRINGER »Imperative« genannt, die dreifach untergliedert werden in »Forderung, Erlaubnis, Verbote« (edd.).

Damit ergeben sich nach FRANK-BÖHRINGER zusammengefaßt folgende Korrelationen:

Semiotische Funktion:	Redezweck:	Redetyp:
Syntaktische Zeichenfunktion	Unterhalten	Gesellschaftsrede (Konversation)
Semantische Zeichenfunktion	Belehren	Fachreferat (Disputation)
Pragmatische Zeichenfunktion	Beeinflussen	Agitatorische Rede (Debatte)

Daß in der Rubrik »Redezweck« aus der Rhetoriktradition vertraute Begriffe erscheinen, welche die von einer Rede zu erfüllenden Funktionen ansprechen, sei nur am Rande erwähnt.

Was heißt nach diesen Ausführungen nun aber »spezieller Fall von Kommunikation«, als welcher die »Rhetorische Kommunikation« ja definiert wurde? Und hier liegt nun die eigentliche Schwäche dieser »ersten informationstheoretischen Untersuchung einer publizistischen Disziplin, der Rhetorik« (LERG).[6] Die genannte Schwäche hat ihre Ursache schon darin, daß die Rhetorik – geliebter Publizistiktradition entsprechend[7] – von FRANK-BÖHRINGER als Teilgebiet der Publizistik verstanden wird: »Die Rhetorik behandelt ein Teilgebiet der Publizistik.« (S. 9)

Wenn LAUSBERG (1960, S. 8) von der Rhetorik sagt, daß sie »eine durchaus ernst genommene Publizistik gewesen sei«, dann spricht er von der universalen Präsenz der antiken Rhetorik, nicht von ihrer fachwissenschaftlichen Zuordnung, was schon der treffende Ausdruck »creuset« (ebd.) bezeugt. Denn die Differenzierungsmöglichkeiten innerhalb des thematisierten Fragehorizontes Publizistik verengen das spezifisch Rhetorische der »Rhetorischen Kommunikation« zu einer spezifischen »Art und Weise der Nachrichtenübermittlung« (S. 9), die sich damit absetzt von anderen Arten wie »Schrift« und »Bild« (ebd.). Diese spezifische Art und Weise der Nachrichtenübermittlung ist – darüber besteht weithin Konsens in der publizistischen und sprechwissenschaftlichen Literatur – die *freie*, d. h. nicht wörtlich an eine Vorlage gebundene Rede« (FRANK-BÖHRINGER, S. 9). Diese publizistisch-sprechwissenschaftliche Differenzierung ist deshalb verengend und damit unzulänglich, weil sie die spezifisch-rhetorische Kommunikationsstruktur an eine historisch zwar richtige, aber gleichwohl kontingente und akzidentelle Form der *Nachrichtenübermittlung* bindet; weil sie das Distinktiv zwischen rhetorischer und nichtrhetorischer Kommunikationsstruktur nachrichtentechnisch versteht:

»Die Zeichen sind hier speziell Worte, die unmittelbar gesprochen werden. Die Folge der Worte ist dabei zuvor weder schriftlich noch durch die Gedächtnisleistung restlos festgelegt.« (FRANK-BÖHRINGER, S. 18)

Würde man diese Definition von »Rhetorischer Kommunikation« akzeptieren, so müßte notwendigerweise der Kompetenzbereich traditioneller wie moderner Rhetorik radikal eingeschränkt werden, und Literarische Rhetorik wäre ebensowenig wie Werbe-Rhetorik oder die Epistolar-Rhetorik legitimer Gegenstand rhetorischer Fragestellung. Statt solcher Amputation der Rhetorik durch ihre Einschränkung auf »gesprochene Sprache« das Wort zu reden, dürfte es naheliegender sein, nach einem Distinktiv[1] Rhetorischer Kommunikation zu suchen, das nicht technischer, sondern *funktionaler* Natur ist; ein Distinktiv, das sich an der spezifischen Leistung Rhetorischer Kommunikation innerhalb des allgemeinen Rahmens sozialer Kommunikation orientiert und von dort her eine entsprechend spezifische Struktur Rhetorischer Sprachorganisation ableitet. Daß entsprechend den technischen Übermittlungsformen, deren sich die Rhetorische Kommunikation bedient (d. h. direkte bzw. indirekte Kommunikation), entsprechende Sprachstrategien zur Anwendung kommen, liegt auf der Hand (traditionell: der Unterschied zwischen geschriebener und gesprochener Sprache).

Ein solches vergleichbares funktionales Distinktiv ist im Rahmen der sogenannten »funktionalen Publizistik« von H. PRAKKE zur Bestimmung des spezifisch publizistischen Charakters sozialer Kommunikation in deren Öffentlichkeits- und Aktualitätsbezug gesehen worden (S. 59). Daß ein solches Selbstverständnis der Publizistik die Rhetorik als Teilgebiet auszuschließen verlangt, sei nur am Rande erwähnt. Ein verwandtes funktionales Distinktiv zur Bestimmung von Rhetorischer Kommunikation ist in dem von H. GEISSNER vorgeschlagenen Begriff einer »funktionalen Rhetorik« angesprochen, auf die im folgenden noch kurz einzugehen sein wird.

Die mangelnden funktionalen Aspekte der Analyse FRANK-BÖHRINGERS machen es schlechterdings unmöglich, die genannte »Mobilisierung des Willens des Zeichenempfängers« durch einen »Befehl« von einer entsprechenden »Mobilisierung« durch gelungene Überzeugung zu unterscheiden, obwohl beide Formen der Sprachverwendung doch – wie unten noch zu zeigen sein wird – die zugrundeliegenden Beziehungen zwischen den kommunizierenden Partnern grundsätzlich verschieden definieren und entsprechend sprachlich auch artikulieren. Die pragmatische Zeichenfunktion, als deren Zweck die genannte »Mobilisierung« verstanden ist, wird – wie oben bereits erwähnt – als »Imperativ« verstanden, der mit seinen drei Arten (»Forderung, Erlaubnis, Verbot«) zu undifferenziert ist, um analytisch relevant zu werden.

Das heißt allgemein: außer der zentralen und sachlich relevanten Unterscheidung zwischen »mittelbarer und unmittelbarer Realisation« (= »Kommunikation«) liefert FRANK-BÖHRINGERS Analyse der »Rhetorischen Kommunikation« keine differenzierungsfähigen Kategorien, mit denen das spezifische Rhetorische der Rhetorischen Kommunikation angemessener als nachrichtentechnisch zu bestimmen wäre. Diese Kritik soll aber nicht unterschlagen, daß schon die verwendete Terminologie FRANK-BÖHRINGERS und der meines Wissens von ihr erstmals gewählte Begriff »Rhetorische Kommunikation« Perspektiven geöffnet haben, die es endlich ermöglichen, Rhetorik aus dem Ghetto traditioneller Literarischer Rhetorik zu befreien und sie zu einer Wissenschaft in Beziehung zu setzen, die heute die durch Zeichen vermittelte Form sozialer Kommunikation thematisiert, nämlich die Kommunikationswissenschaft. Mit dieser Beziehung werden nicht nur verwandte Fragestellungen überhaupt erst einmal erkennbar, sondern zugleich über die wissenschaftstheoretische Reflexion der Kommunikationswissenschaft die Entwicklung eines Selbstverständnisses der Rhetorik erleichtert. Dieser Anstoß FRANK-BÖHRINGERS sollte nicht unterschätzt werden, sowenig die Analyse auch im einzelnen zu befriedigen vermag.[8]

3.3 Hellmut Geißner: Funktionale Rhetorik

Mit seinen Arbeiten zu einer – wie er sie zunächst einmal nennt – »funktionalen Rhetorik« steht HELLMUT GEISSNER im sprechwissenschaftlicher bzw. sprechkundlicher Tradition, die vor der Rhetorik-Renaissance der letzten Jahre sich dieser exilierten Disziplin annahm und sie seit 1930 sogar zum Prüfungsgegenstand für Sprecherzieher gemacht hat. Daß der traditionell sprechwissenschaftliche bzw. sprechkundliche Ansatz ein entsprechendes Rhetorik-Verständnis bedingt,[9] ist naheliegend und soll hier nicht über das zum publizistischen Rhetorik-Begriff Gesagte hinaus vertieft werden.
GEISSNERS »funktionale Rhetorik« sprengt diesen traditionellen Ansatz aber insofern, als er Rhetorik nicht mehr ausschließlich – wenn auch »vorwiegend« – auf »mündliche Kommunikation« (1971/1, S. 35) bezieht, sondern FRANK-BÖHRINGERS Begriff der »Rhetorischen Kommunikation« aufgreift und diesen »Sonderfall der sprachlichen Kommunikation« (GEISSNER 1969/1, S. 78) als »Prozeß der situativ gesteuerten, mentale und reale Handlungen auslösenden Sprechens« (1970, S. 42) versteht: Diese bestimmte, nämlich »Rhetorische Kommunikation« interpretiert er als Inhalt einer Theorie, deren Namen oben schon als »funktionale Rhetorik« zitiert wurde. Zusammengefaßt: »Funktionale Rhetorik ist die Theorie der rhetorischen Kommunikation.« (1971/1, S. 35)

Sie umfaßt nach GEISSNER (1971/1, S. 35) folgende Problembereiche:
— Systematik
— Analytik
— Kritik
— Methodologie der Redepädagogik
— Geschichte der Rhetorik.

Dieser Katalog zeigt bereits, daß GEISSNER seinen Arbeiten ein anderes Theorie-Verständnis zugrunde legt, als es in dieser Untersuchung geschieht. Diese — bisher in Umrissen zumindest erkennbare — Theorie versteht sich als eine der amerikanischen *new-rhetoric*-Forschung verwandte Grundlegung einer »nicht-aristotelischen« bzw. »neuen wissenschaftlichen Rhetorik« (1961/1, S. 71).[10] Soweit es dabei um die Sprengung der Grenzen einer weithin literarisch verstandenen Rhetorik und um die Einbeziehung heutiger Forschungsergebnisse besonders kommunikationstheoretischer, informationstheoretischer, sozialpsychologischer, soziologischer, psychologischer und linguistischer Herkunft in eine theoretische Erhellung Rhetorischer Kommunikation geht, ist diesem Programm unbedingt zuzustimmen; wenn mit »nicht-aristotelisch« aber eine Negation einer »ethisch motivierten, auf Praxis zielenden Rhetorik« (1969/1, S. 71) gemeint ist, dann müßte dieses Programm gemäß dem in dieser Untersuchung zu entwickelnden Rhetorik-Verständnis als technologisch abgewiesen werden.

Doch hier sei das Interesse mehr auf GEISSNERS Modell der genannten Rhetorischen Kommunikation gelenkt. Grundsätzlich übernimmt er zwar FRANK-BÖHRINGERS »Kommunikationsschema«, differenziert es aber in einer Weise, die für unsere weiteren Überlegungen eine gewisse Bedeutung besitzt.

Die Kritik GEISSNERS an der zu großen Vereinfachung der kommunikativen Beziehung zwischen »Sender« und »Empfänger« bei FRANK-BÖHRINGER kann hier übergangen werden, da GEISSNERS Ergänzungen weithin allgemeine kommunikationstheoretische Beziehungen betreffen, die für jede Art von kommunikativem Prozeß gültig sind und zum Teil unten noch nachgetragen werden (vgl. Kap. 7).

Wichtiger ist die spezifische Eingrenzung der Rhetorischen Kommunikation erstens final, d. h. durch das Ziel der kommunikativen Interaktion, und zweitens modal, d. h. durch die Art und Weise dieser kommunikativen Interaktion. Final wird die Rhetorische Kommunikation mit Begriffen wie »Veränderung von Denkmodellen«, »Einstellungswandel«, »Handeln«, »Veränderung der Außenwelt« (1969/2, S. 76) bestimmt, Begriffe, die zwar in Anlehnung an FRANK-BÖHRINGER formuliert sind, aber doch deutlicher die vermittelnde Instanz einer möglichen »Veränderung der Außenwelt« betonen, nämlich den Menschen als ein zu »gemeinsamem Handeln« fähiges Wesen. Andernorts bestimmt GEISSNER (1971/1, S. 55) die Rhetorik als »Theorie des handlungsauslösenden Sprechens« ganz von diesem Ziel aus. Der damit in die Modellanalyse eingeführte Begriff »Handeln« ist in seiner unauflösbaren Sprachbindung bereits erläutert, seine normativen Implikationen sind betont worden. Sie sind in FRANK-BÖHRINGERS »Ziel«-Begriff ebenso angesprochen, wie sie bei GEISSNER als die jede kommunikative Verständigung beeinflussenden »Wertungen«, d. h. als kommunikative Steuer- und Störgrößen Erwähnung finden. »Gemeinsames Handeln« als Ziel Rhetorischer Kommunikation heißt demnach Gemeinsamkeit normativ bestimmter Zielvorstellungen, als deren Konsequenz sich ein entsprechend gemeinsames Handeln ergibt.

Die Gemeinsamkeit dieser Zielvorstellungen aber – darauf verweist die modale Eingrenzung der Rhetorischen Kommunikation bei GEISSNER – beruht auf dem Gelingen einer bestimmten Form »mittelbarer Realisation«, nämlich: »Andere durch Kommunikation (im engeren Sinne) ... zu gewinnen.« (1971/1, S. 77) Damit wird diese kommunikative Form einer »mittelbaren Realisation« von den anderen nicht-kommunikativen Formen unterschieden, für die GEISSNER exemplarisch Gewalt und soziale Sanktionen nennt (1971/1, S. 76) und deren Anwendung er an bestimmte, aber nicht näher genannte Bedingungen knüpft. Damit wird FRANK-BÖHRINGERS Unterscheidung in »unmittelbar« und »mittelbare Realisation« von Zielzuständen in der folgenden Weise genauer differenziert:

Abb. 5

Die kommunikative Form mittelbarer Realisation als plausibler Ansatz für eine genauere Bestimmung der Rhetorischen Kommunikation dürfte schon hier erkennbar sein. Zu dieser mittelbaren Realisation heißt es bei GEISSNER genauerhin (1969/1, S. 77):

»Das (d. h. die Realisation durch Kommunikation) ist ohne Zweifel das umständlichere Verfahren, aber es ist zugleich das einzige Verfahren, das dem anderen jeweils einen Spielraum von Entscheidungsfreiheit läßt, den der Sprechende für sich selbst beansprucht. Die durch rhetorische Kommunikation gelöste mittelbare Realisation ist die *humane Möglichkeit*, kooperativ auf Zukunft hin zu handeln.«

»Gewinnen durch Kommunikation«: diese Formel GEISSNERS dürfte ebenso wie LAUSBERGS oben zitierte Formel »Beeinflussen durch Überreden« trotz ihres formalen Charakters relevante Aspekte Rhe-

torischer Kommunikation treffen, zumal wenn – so GEISSNER (1971/
2, S. 51) – das »Gewinnen« näherhin als Gewinnen durch »Argumentation« interpretiert wird.
Darüber hinaus verweist GEISSNER in dem zitierten Text mit den
Worten »umständlich« und »human« auf eine mögliche Spannung
zwischen institutioneller Effizienz und einem individuellen wie gesellschaftlichen Freiheitsanspruch als der Voraussetzung praktischer Handlungsrationalität; »Rationale Konfliktlösung« nennt es GEISSNER
(1971/2, S. 51). Die Fähigkeit zu einer solchen kommunikativen
Rationalität beschreibt schließlich eine »Kompetenz«, die GEISSNER
in Anlehnung an HABERMAS' Erweiterung des linguistischen Kom-
petenzbegriffs als eine tendenziell auf Mündigkeit hin angelegte versteht (ebd., S. 54 ff.). Entsprechend gilt rhetorische Praxis als »Teilfunktion politischer Praxis« (ebd., S. 59).
»Anpassung oder Aufklärung«: die alternative Zuordnung eines dieser
beiden Begriffe zur Rhetorischen Kommunikation geht nur, wie
GEISSNER in dem so überschriebenen Aufsatz zeigt (1971/2), über
eine Klärung des Selbstverständnisses der Rhetorik. Im »Schnittpunkt
zwischen Sprachtheorie und Handlungstheorie« (ebd., S. 55) dürfte –
darin hat GEISSNER recht – die Chance liegen, eine Rhetorik zu
entwickeln, die sich nicht länger als »Kunstlehre des Redens«, sondern
als »Theorie des Redens« versteht, d. h. als kritische Reflexion der
»Akte rhetorischer Kommunikation« (ebd., S. 54). Dieser »Schnittpunkt« ist von GEISSNER u. a. mit dem Begriff »Sprachhandlung«
(ebd., S. 55) signalisiert: einem Begriff, der in leicht veränderter Terminologie als »Sprechakt« im folgenden Kapitel noch genauer erläutert
werden wird.
GEISSNERS »Versuch einer theoretischen Grundlegung der Rhetorik«
(ebd., S. 60) steht aufgrund seiner Einbeziehung von kritischer Theorie
und Hermeneutik der hier vorliegenden Untersuchung fraglos am
nächsten.

Gleichwohl soll nicht unterschlagen werden, daß die allgemeine Definition
von Rhetorik als »Prozeß der situativ gesteuerten, mentale und reale Handlungen auslösenden Sprechens« mißverständlich bleibt, weil die spezifisch
rhetorischen Mittel der Handlungsauslösung aus dieser Definition ausgeblendet werden, obwohl sie allein erst Persuasive und imperative Kommunikationsakte zu unterscheiden erlauben. Die zitierte Rhetorik-Definition ist in
dieser Form jedenfalls auch als Befehls-Definition zu gebrauchen.[11] Das Un-
genügen dieser Definition machen Arbeiten deutlich, die in Weiterführung der
GEISSNERSCHEN Konzeption jede Art »zielgerichteter Verwendung« von
Sprache »rhetorisch« nennen: »Damit ist jede Form von Wissensvermittlung,
also jeder Schulunterricht (!), als eindeutig zielorientierte Verhalten ein Akt
rhetorischer Kommunikation.« (PAWLOWSKI, S. 536)
Eine solche Ausweitung des Begriffsumfanges von »rhetorisch« nimmt diesem
Begriff seine Eindeutigkeit und macht ihn analytisch unbrauchbar, wie in
Kapitel 4 noch zu erläutern sein wird.

4 Analyse des Persuasiven Sprechaktes

4.1 Mittelbare und unmittelbare Zielrealisation

Das exemplarische Vorstellen ausgewählter Rhetorik-Konzeptionen mag mit den bisher zitierten Modellen abgebrochen werden. Unabhängig von den verschiedenen Definitionsversuchen und den verschiedenen ihnen zugrundeliegenden wissenschaftstheoretischen Vorverständnissen lassen sich doch bestimmte invariante Faktoren benennen, die offensichtlich für eine angemessene Beschreibung der Persuasiven Kommunikation berücksichtigt werden müssen.

— Alle Modellentwürfe nennen drei konstitutive Faktoren des Persuasiven Kommunikationsprozesses:

LAUSBERG:	Situationsmächtiger
	Situationsinteressierte
	Reden
FRANK—BÖHRINGER:	Sender
	Empfänger
	Zeichen
GEISSNER:	Expedient
	Perzipient
	Zeichen

— Alle Modellentwürfe spezifizieren den Persuasiven Kommunikationsprozeß intentional:

LAUSBERG:	Änderung der Situation
FRANK-BÖHRINGER:	Veränderung der Außenwelt
GEISSNER:	Veränderung der Außenwelt

— Alle Modellentwürfe kennzeichnen die Realisation dieses Ziels als mittelbare:

LAUSBERG:	Beeinflussen durch Überreden
FRANK-BÖHRINGER:	Erzeugen einer Tatbereitschaft
	durch Beeinflussen
GEISSNER:	Gewinnen durch Kommunikation.

Persuasive Kommunikation läßt sich demnach – im Sinne einer vorläufigen Definition – bestimmen als Austausch sprachlicher Zeichen, die von den Kommunikationspartnern für die Realisation ihrer jeweils angestrebten Ziele funktionalisiert werden. Oder kürzer mit FRANK-BÖHRINGER: Persuasive Kommunikation ist eine mittelbare Zielrealisation.

Zu dieser mittelbaren Zielrealisation heißt es bei FRANK-BÖHRINGER u. a.:

»Der Mensch wurde auch als zóon politikón bezeichnet, um ihn zu kennzeichnen als ein Wesen, das beständig die Tendenz hat, sich mit seinesgleichen zu
Gemeinschaften zusammenzuschließen. Solche Gemeinschaftsbildungen verviel-
fachen das menschliche Realisationsvermögen, sofern die Glieder der Gemeinschaft *denselben Zielzustand anstreben.* Da dieser Zielzustand nicht wie die
gegebene Umwelt unmittelbar wahrgenommen werden kann (...), sondern
zunächst nur in der Vorstellung des Menschen besteht (...), muß innerhalb
einer Gemeinschaft diese Vorstellung von Mensch zu Mensch *übertragbar*
sein, falls nicht von Natur aus alle Glieder dieselben Zielzustände anstreben
und die jeweils zu übernehmende Teilfunktion bei der gemeinsamen Realisation angeboren ist. Dies ist beim Menschen (...) in der Regel nicht der Fall.
Bei ihm ist jedoch die Fähigkeit, Zielvorstellungen auf seinesgleichen zu übertragen, nämlich die *Fähigkeit zur Kommunikation,* viel weiter entwickelt...
Der Mensch kann also entweder den Zielzustand *unmittelbar* realisieren, oder
aber er gibt einem anderen Menschen ein Zeichen, realisiert also mit sehr viel
geringerem Aufwand nur Zeichenträger, damit dieser andere den gewünsch-
ten Zielzustand *(mittelbar)* realisiere.« (S. 13)

Formalisiert lautet diese mittelbare Zielrealisation: A versucht B (bzw.
B versucht A) durch überzeugende Rede für die Realisation von Z_A
(bzw. Z_B) zu gewinnen. Zusammen mit der unmittelbaren Zielrealisation läßt sich die mittelbare in folgendem Modell veranschaulichen:

Abb. 6

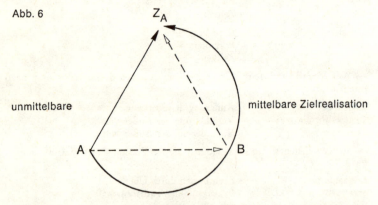

unmittelbare   mittelbare Zielrealisation

Dieses Modell ist – wie ersichtlich – aus der oben erläuterten Modellsituation LAUSBERGS gewonnen, die wir als eine durch den Situationsmächtigen personell zusammengehaltene Verdoppelung des Persuasiven Kommunikationsaktes interpretiert hatten (vgl. Abb. 3). D.
h.: dieses Modell nennt die elementaren Faktoren der Persuasiven
Kommunikation, auf die auch die gerichtliche Modellvariante zurückgeführt werden kann.
Gleichwohl ist nicht zu verkennen, daß dieses Modell nur so lange aus-
sagekräftig bleibt, als – FRANK-BÖHRINGER folgend – »mittelbare« Zielrealisation mit »kommunikativer« identifiziert wird, d. h. mit der

»Fähigkeit, Zielvorstellungen auf seinesgleichen zu übertragen«. Nun ist aber schon oben von GEISSNER auf einige andere Möglichkeiten mittelbarer Zielrealisation (Gewalt, Sanktionen) hingewiesen worden, die unschwer ergänzt werden könnten (etwa: Bitte, Warnung, Befehl, usw.). Mittelbare Zielrealisation mit kommunikativer zu identifizieren heißt, das instrumentelle Repertoire mittelbarer Zielrealisationen ungerechtfertigt einzuschränken bzw. die Bedingungen auszublenden, unter denen bestimmte Repertoiremöglichkeiten aktualisiert werden. Im oben ausgeschriebenen Zitat wird jedoch schon die Frage nach diesen Bedingungen verstellt, wenn mittelbare und unmittelbare Zielrealisation als fakultative Möglichkeiten (»oder«) interpretiert werden. Ein Versuch, Persuasion als eine *spezifische Bewältigung* einer *typischen Situation* zu bestimmen, müßte statt dessen die Bedingungen freilegen, unter denen Persuasion aus dem Repertoire situationsbewältigender Möglichkeiten selektiert wird.

Dieser Versuch, die Persuasive Kommunikation aus *der* Handlungssituation aufzuhellen, deren spezifische Bewältigung sie darstellt, entspricht ebenso dem in der Einleitung umrissenen handlungstheoretischen Ansatz dieser Untersuchung, wie er sich methodisch unterscheidet von Versuchen, die Persuasive Sprachleistung aus linguistischen Grundfunktionen zu deduzieren, wie sie etwa — in Fortführung bereits antiker Sprachtheorien — von K. BÜHLER (Symbol, Symptom, Signal), Ch. MORRIS (designativ, appraisiv, preskriptiv, formativ), F. KAINZ (interjektiv, imperativ, indikativ, interrogativ) u. a. m. beschrieben worden sind.[1] Methodisch nicht anders verfahren grundsätzlich auch Arbeiten, die statt der genannten Deduktion Persuasiver Sprachleistung diese selbst als eine solche linguistische Grundfunktion einführen, etwa unter dem Namen »ars persuanda«, »persuasive language«, »überredende Sprache« (DIECKMANN 1969, S. 26 ff., 97 ff.), »Sprache der Überredung« (DANET), »hortatory language« (EDELMAN)[2] usw., und zwar im Sinne eines »nicht-darstellenden«, d. h. »appellativ« und »emotiv« orientierten Sprechens (DIECKMANN, ebd., S. 27).
Diese angedeuteten Versuche, die durchaus als funktional und pragmatisch interessiert zu gelten haben, sind für unsere Fragestellung insofern nicht ganz angemessen, als sie ein Verständnis von Persuasiver Sprachleistung im Sinne einer spezifischen Situationsbewältigung bereits voraussetzen, statt diese Persuasive Sprachleistung situativ erst einmal zu beschreiben.

4.2 Mittelbare, sprachliche und Persuasive Zielrealisation

Die Persuasion aus dem Repertoire situationsbewältigender Möglichkeiten differenzierend auszugrenzen, heißt, die Bedingungen anzugeben, unter denen diese spezifische Form der Situationsbewältigung zur Geltung kommt. Wir wählen als Einstieg der Analyse eine fiktive Beispielsituation (Si):

Es ist Pause. Der Hausmeister (H) trifft auf dem Schulplatz den Schüler (S).

H zu S: »Würdest Du bitte die Papiertüte dort aufheben?«

S: »Ich habe die Tüte nicht hingeworfen!«

H: »Das ist egal. Heb' sofort die Tüte auf!«

S: »Sie haben mir nichts zu befehlen!«

H: »Wenn Du nicht sofort die Tüte aufhebst, bringe ich Dich zum Direktor!«

S: »Tun Sie's doch!«

H: gibt S eine Ohrfeige

S: »Das lasse ich mir nicht gefallen!«

H: »Komm mit!«
Beide gehen zum Direktor (D)

D zu S: »Lohnt es sich eigentlich, wegen einer Papiertüte soviel Aufhebens zu machen?«

S: »Es geht nicht um die Tüte! Ich lasse mir von H nichts befehlen und lasse mich schon gar nicht schlagen!«

D: »Nun gut! Sag mir: warum wolltest Du die Tüte nicht aufheben?«
Im weiteren Gespräch versucht D gegenüber S das Verhalten von H und die Berechtigung seiner Bitte zu begründen. Der Ausgang des Gesprächs mag hier offen bleiben.

D zu H: »Ich an Ihrer Stelle hätte ich das Papier selber aufgehoben!«

Die fiktive Beispielsituation (Si) läßt folgende Formalisierung zu:

H versucht über S — also mittelbar — Z zu realisieren.
Als Gründe für den Verzicht auf die unmittelbare Zielrealisation, wie sie D vorschlägt, ließen sich etwa erzieherische Absicht, autoritäres Verhalten usw. denken. Bei körperlicher Behinderung, die in dieser Situation die Äußerung von D allerdings ausschließt, gäbe es für H keine Wahlmöglichkeit zwischen mittelbarer und unmittelbarer Zielrealisation; aber gleichwohl hätte er die Wahl zwischen verschiedenen Formen mittelbarer Zielrealisation, angefangen von der Bitte (»Würdest Du bitte...?«) über den Befehl (»Heb' sofort...!«) und die Androhung von Sanktionen (»Wenn Du nicht...!«) bis zur Gewaltanwendung. Daß mit diesen Formen das Repertoire mittelbarer Zielrealisation offensichtlich nicht erschöpft ist, zeigt das Verhalten von D, der Z gegenüber S argumentativ zu begründen versucht. Die argumentative Funktionalisierung der Kommunikation ist daher eine weitere in dieser Situation mögliche Verhaltensweise, um Z zu erreichen. Gelingt dieser Versuch argumentativer Begründung, dann ist S von D überzeugt worden; d. h. S stimmt mit D in der Beurteilung von Z überein.

Die durch überzeugende Argumentation gelungene Übereinstimmung nennen wir Konsens. Der intentionale Akt des Herstellens eines solchen kommunikativ ermittelten Konsens ist die Persuasive Kommunikation. Damit wird die Persuasive Kommunikation als spezifische Form von Kommunikation sowohl von anderen kommunikativen Interaktionen (in der zitierten Si etwa: Bitte, Befehl) unterscheiden, wie die sprachlichen (bzw. symbolischen) Formen mittelbarer Zielrealisation von den nicht-sprachlichen. Die damit für die Bestimmung der Persuasiven Kommunikation zunächst ermittelten Charakteristika: mittelbar, sprachlich und persuasiv lassen sich im folgenden Schema in ihrer hierarchischen Beziehung zueinander veranschaulichen:

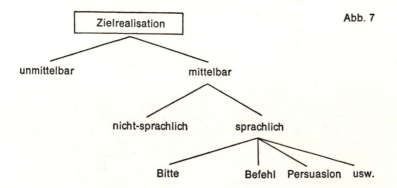

Abb. 7

Die Persuasive Kommunikation als nunmehr dreifach spezifisierte Form einer Zielrealisation läßt sich demnach gegenüber dem ersten Definitionsversuch, wie folgt, genauer bestimmen:

Die Persuasive Kommunikation ist eine
– mittelbare, nämlich
– sprachlich vermittelte und
– argumentativ bestimmte Form der Zielrealisation.

Um diese immer noch vorläufige Definition zu präzisieren, sollen ihre konstitutiven Begriffe durch einige ergänzende Anmerkungen erläutert werden, die zugleich die Bedingungen stufenweise konkretisieren, die Persuasive Kommunikation ermöglichen.

4.3 Differenzierung der drei definitorischen Bestimmungen

4.3.1 Zur Abgrenzung der mittelbaren von der unmittelbaren Zielrealisation

Es ist bei der Erläuterung der eben zitierten Beispielsituation bereits der Fall einer fehlenden Wahl zwischen mittelbarer und unmittelbarer Zielrealisation angesprochen worden. Die offenkundige Begrenztheit individuellen Realisationsvermögens macht diese fehlende Wahl zum Normalfall. Die genannte Begrenztheit ist so eklatant, daß sie – neben der von FRANK-BÖHRINGER erwähnten gesellschaftlichen Natur des Menschen – seit den frühesten anthropologischen Überlegungen in der antiken Sophistik (vgl. PLATO, ›Protagoras‹ 320c) als Begründung des gesellschaftlichen und staatlichen Zusammenschlusses von Menschen diente:

»Es besteht also ... eine Stadt, wie ich glaube, weil jeder einzelne von uns sich selbst nicht genügt, sondern vieler bedarf. Oder glaubst du, daß von einem anderen Anfang aus eine Stadt gegründet wird?« (PLATO, ›Politeia‹ 369b).

Die moderne Philosophische Anthropologie verankert schließlich dieses Angewiesensein des Menschen bereits in seiner »morphologischen Sonderstellung« (GEHLEN 1966, S. 86 ff.), die ihn »von Natur aus« zwingt, »ein Kulturwesen« zu sein (GEHLEN 1961, S. 78 ff.).

Die Vervielfältigung des menschlichen Realisationsvermögens durch den Zusammenschluß von Individuen führt auch die Sozialpsychologie an, um LE BONS These von der – kulturkritisch bis heute noch gern zitierten – intellektuellen Überlegenheit des Individuums gegenüber der unstrukturierten »Masse« zu erschüttern und statt dessen die Gruppe als eine »Aktionsform« zu begreifen, »die sich an Erfolgen auszuweisen vermag« (HOFSTÄTTER 1957, S. 31) und die insofern als »eine oder sogar die menschliche Kulturerfindung« qualifiziert werden kann (ebd.). Insofern diese »Aktionsform« als ziel- bzw. zweckorientiertes soziales System gilt, in dem »eine Mehrzahl von Menschen zur Erreichung eines spezifischen Zieles ... zusammenwirkt«, ist sie Untersuchungsgegenstand der Organisationssoziologie (MAYNTZ 1963, S. 43 ff., 58 ff.).

Der Leistungsvorteil der Gruppe erweist sich — so HOFSTÄTTERS Typologie (S. 33 bzw. S. 58 ff.) — bei Aufgaben des Tragens und Hebens, des Suchens und Beurteilens und des normativen Bestimmens. Daß mit diesen Leistungen zugleich auch Sprache thematisiert ist, liegt auf der Hand. Das gilt besonders für die in der Gruppe zu erzielende Verständigung über die »objektiv nicht mit Sicherheit zu entscheidenden Sachverhalte« (ebd., S. 59), also für den Bereich handlungsleitender Normen.

Trotz dieser angedeuteten Beziehung zwischen Sprache und mittelbarer Zielrealisation ist sprachliches Handeln gleichwohl nur eine Form mittelbarer Zielrealisation und nicht mit ihr identisch. Daher ergibt sich die Notwendigkeit, genauer zwischen sprachlichen und nicht-sprachlichen Formen dieser Zielrealisation zu unterscheiden.

4.3.2 Zur Abgrenzung der sprachlichen von der nicht-sprachlichen Zielrealisation

Die genannte Vervielfältigung individuellen Realisationsvermögens durch den Zusammenschluß von Menschen zu Gruppen, Organisationen, Staaten usw. kommt erst zur Geltung, wenn das Realisationsvermögen vieler in den Dienst gemeinsamer Ziele gestellt wird. Fehlt bei der Vielfalt individueller Interessen eine gemeinsame Zielintention als natürlicher Integrationsfaktor, dann muß dieses gemeinsame Interesse geweckt oder durch funktional gleichwertige Koordinationsmechanismen ersetzt werden. Den Versuch, diese notwendige Voraussetzung zu schaffen, nennen wir allgemein »beeinflussen« und unterscheiden gemäß der oben bereits eingeführten Differenzierung mittelbarer Zielrealisation zwischen sprachlicher und nicht-sprachlicher Beeinflussung. Umgekehrt ließe sich gemeinsames Handeln – abgesehen von natürlicher Interessengleichheit – als das Ergebnis gelungener Beeinflussung verstehen.

In ähnlicher Weise hat DIECKMANN in seiner Untersuchung über die »Sprache in der Politik« (1969) formuliert, daß »jede gesellschaftliche Gleichförmigkeit im Verhalten das Ergebnis gesellschaftlicher Kontrolle (sei), soweit die Gleichheit nicht auf andere Faktoren zurückzuführen (sei)«. (Ebd., S. 28) »Gesellschaftliche Kontrolle« fungiert entsprechend bei DIECKMANN als der »›Druck‹, den eine Gesellschaft ausübt, um die Individuen zu einem gleichförmigen Verhalten zu bewegen« (S. 28)

Schließlich unterscheidet auch DIECKMANN zwischen zwei Formen, deren sich die »gesellschaftliche Kontrolle« zur »Durchsetzung ihrer Zwecke bedient«: »swords and symbols« zitiert er nach MARSHALL, »physische Zwangsmethode oder Symbolmethode« formuliert er selbst (S. 28). In Anlehnung und in Ergänzung seiner weiteren Ausführungen wollen wir unter Zwang die verschiedenen Formen sprachloser (oder zumindest auf Sprache nicht angewiesener) Beeinflussung verstehen, seien sie physischer, psychotechnischer, biotechnischer, ökonomischer, sozialer usw. Natur.

Auf der anderen Seite reicht das Repertoire sprachlicher bzw. symbolischer Beeinflussungsformen vom Befehl als der direktesten Form einer sprachlichen »Handlungsauslösung« (SEGERSTEDT, S. 112 ff.) bis zu den verschiedensten Formen der Erzeugung einer »Handlungsdisposition« (DIECKMANN, S. 34 f.), mag sie über offene Propaganda oder versteckte Manipulation erfolgen, über Sprachbeeinflussung oder Sprachlenkung, über rationale Argumentation oder ideologisch vermittelte Wirklichkeitsauslegung, über erzieherische Steuerung oder die einheitsstiftende Funktion gruppenspezifischer Symbole usw.

Es ist von DIECKMANN mit Recht betont worden, daß diese idealtypische Trennung zwischen Zwang und Sprache nicht deren tatsächliche Verschränkung verstellen darf.[3] Wenn DIECKMANNS Aussage auch überspitzt ist, daß es »der Hauptzweck der symbolischen Methode ist . . ., die Anwendung von physischer und ökonomischen Waffen zu vermeiden und auf den Extremfall einzuschränken« (S. 29), so gilt doch gleichwohl, daß Sprache nicht nur eine substantielle Alternative zu Gewalt und Zwang darstellt, sondern ebenso und noch mehr eine subtile und wirksame Form von Gewalt und Zwang, auf die HABERMAS’ Ausdruck von der »sanften Herrschaft« (1968, S. 98) zielt. Eine Herrschaft *durch* Sprache, wie sie HITLER mit wünschenswerter Deutlichkeit im 6. Kapitel von ›Mein Kampf‹ unter der Überschrift »Der Kampf der ersten Zeit – Die Bedeutung der Rede« beschreibt; eine Herrschaft *über* Sprache, wie sie in G. ORWELLS Entwurf einer ›Utopischen Kommunikation‹[4] in seinem Roman ›1984‹ vorgezeichnet und politisch längst praktiziert wurde, um sich über die Grammatik der Sprache der Logik des Denkens zu bemächtigen; eine Herrschaft schließlich *in* Sprache, wie sie die schichtspezifischen Sprachstrategien verkörpern, insofern sie zumindest im Prozeß des Spracherwerbs »den sozial vorgegebenen Erfahrungshorizont« eines Individuums festschreiben (vgl. OEVERMANN).

Die Grenzen zwischen sprachlicher und sprachloser Beeinflussung sind fließend, und damit verwischt sich auch die Möglichkeit einer eindeutigen qualitativen Unterscheidung zwischen diesen beiden Formen der Beeinflussung. Die Entscheidung darüber, ob Sprache eine Form der Gewalt oder eine Alternative zur Gewalt darstellt, bedarf also anderer Kriterien, als durch Abgrenzung der sprachlichen von nicht-sprachlichen Beeinflussung gewonnen werden können.

4.3.3 *Zur Abgrenzung der Persuasiven von der nicht-persuasiven Zielrealisation*

Wir hatten eben die mittelbare Zielrealisation in Anlehnung an DIECKMANNS Klassifikation gesellschaftlicher Kontrollinstrumente, nämlich Zwang und Symbol, zu beschreiben versucht. Dabei war aber nicht nach der grundsätzlichen Berechtigung des zugrundeliegenden Sprachverständnisses gefragt worden. Diese Frage jetzt aufnehmend scheint es doch zumindest einseitig zu sein, die Analyse der Sprache der Politik im Rahmen eines sprachsoziologischen Programms zu unternehmen, das Sprache ausschließlich instrumentell zu interpretieren erlaubt. Der bereits zitierte Begriff »Druck«, als welcher die gesellschaftliche Kontroll-Leistung der Sprache verstanden wird, intoniert eine funktionale Sprachbeschreibung, die Sprache als das »wichtigste Mittel (!) innerhalb der symbolischen Methode« (S. 30) vorstellt (vgl. S. 38: »Werkzeug der sozialen Kontrolle«).

Gemäß diesem Verständnis und in Anlehnung an SEGERSTEDTS funktionale Sprachklassifikation (direkte Handlungsauslösung, Erzeugen von Handlungsdisposition, emitionale Identifikation) kommt in der weiteren Untersuchung DIECKMANNS auch die uns interessierende hermeneutische Sprachleistung nicht zur Geltung: Sprache im oben erläuterten handlungstheoretischen Sinn, nämlich als Medium intersubjektiver Verständigung ist gegenüber der instrumentellen Leistung von Sprache wie ausgeblendet. Allein DIECKMANNS vierfache Klassifikation der politischen Sprachstile kennt – in Anlehnung an EDELMAN (S. 97 ff.) – die »Sprache der Überredung« (hortatory language), die aber als Medium der politischen Willensbildung institutionell so sehr von DIECKMANN an den antiken Stadtstaat geknüpft wird (vgl. H. MAYER), daß deren Aktualisierungschancen in der Gegenwart gering eingeschätzt werden. Anders die »Mittel« (S. 98) bzw. »rhetorischen Mittel« (S. 35) der diese Willensbildung intendierenden Überredungssprache: Sie gelten aufgrund ihrer instrumentellen Verdinglichung unabhängig von bestimmten institutionellen Bedingungen. Das bedeutet aber, daß entsprechend Rhetorik weithin als »Anweisung« verstanden wird, den »Effekt des Werkzeugs« Sprache steigern zu helfen (S. 38) und Rhetorik damit neben andere Mittel der »Verhaltenssteuerung« (S. 30) zu stehen kommt, wie die bereits erwähnten Eingriffe und gezielten Veränderungen der Sprachstruktur.

Auch eine Eingliederung der Rhetorik zwischen die »Mitteilungsform« des »Befehls« und des »informativen Aussagesatzes« kann dem zugrundeliegenden technologischen Rhetorik-Verständnis nicht entraten: Die den antiken Redegattungen entliehenen Mitteilungsformen des »Zuratens und Abratens, des Lobens und Tadelns, des Verteidigens und Anklagens« (vgl. LAUSBERG 1960, S. 52 ff.), die DIECKMANN durch die verwandten Mitteilungsformen des »Empfehlens, Warnens, Billigens, Kritisierens, Schmeichelns« ergänzt (S. 35), unterscheiden sich nach ihm sowohl vom »Befehl« wie von der »Information« durch ihren »emotiven« Appellcharakter (ebd.). Aufgrund dieses »emotiven« Charakters läßt sich »Überreden« zusammen mit den anderen genannten Mitteilungsformen der letzten der drei Sprachfunktionen SEGERSTEDTS zuordnen: ihre Leistung ist die emotional getragene Integration, nicht die als Konsens gelingende argumentative Verständigung.

So wenig wie GEISSNERS oben erläuterte Rhetorik-Definition eine Unterscheidung zwischen Persuasion und Befehl zuließ, erlaubt DIECKMANNS Klassifikation eine Unterscheidung zwischen »Überreden« und »Schmeicheln«, es sei denn nach den verschiednenen »Nähe und Ferne zum Handeln« bzw. nach dem verschiedenen »Grad an Intensität« (S. 35). Damit wird deutlich, daß eine Differenzierung von »Überreden« bzw. – unserer Terminologie entsprechend – von Persuasiver Kommunikation nicht gelingen kann, wenn diese Kommunikationsform allein auf der Skala sozialer Kontroll-Leistungen der Sprache eingetragen wird.

Persuasion nicht als eine *Form* von sozialem Konformitäts-»Druck«, sondern als eine *qualitative Alternative* zu diesem Druck zu erläutern, bedarf eines anderen Ansatzes, so fruchtbar der horizontale Vergleich zu anderen Sprachleistungen auch sein mag.

»Das Handeln des einzelnen in der Gesellschaft ist weder auf genetische Anlagen rückführbar, noch aus äußerem Zwang allein erklärlich, obwohl genetische Anlagen, z B. für Sprechfähigkeit, vorausgesetzt sind, und soziales Handeln von institutionellen Kontrollen mitbestimmt wird. Der Motivationszusammenhang des Handelns leitet sich vielmehr von der Aneignung einer Kultur durch das Individuum ab.« (LUCKMANN, S. 1050).

Daß diese »Aneignung einer Kultur« nicht mit Unterordnung unter kulturelll überlieferte und gesellschaftlich sanktionierte Normen praktischen Handelns zu verwechseln ist, hat HABERMAS gegenüber GADAMERS Hermeneutik-Verständnis geltend gemacht (1970/72, S. 285):

»Reflexion arbeitet sich an der Faktizität der überlieferten Normen nicht spurlos ab. Sie ist zur Nachträglichkeit verurteilt, aber im Rückblick entfaltet sie zurückwirkende Kraft.«

Diese »Kraft« bewährt sich sowohl in der Problematisierung von wie in der intersubjektiven Verständigung über den Geltungsanspruch praktischer Handlungsnormen: eine Verständigung allerdings, die Sprache nicht als Verfügungsmacht über entmündigte Subjekte, sondern als Voraussetzung verantwortlichen, weil über seine Bedingungen verfügenden Handelns aktualisiert.

»Die Verfügung über Naturprozesse ist von der Verfügung über gesellschaftliche Prozesse wesentlich verschieden; selbst wenn diese am Ende in der gleichen Weise wie jene ausgeführt würden, ... bedarf sie doch einer vorgängigen *Vermittlung* durch das Bewußtsein verhandelnder und handelnder Bürger.« (HABERMAS 1969/1, S. 46)

Daß Sprache diese »Vermittlung« leisten und damit soziale Kontrolle in gemeinsame Überzeugungen transformieren kann, ist ebenso wenig zu leugnen wie die Tatsache, daß empirisch gesehen diese Sprachleistung ein Grenzfall darstellt, insofern hier objektives Handeln mit seinem subjektiv gemeinten und intersubjektiv geltenden Sinn zusammenfällt. Um die idealtypischen Bedingungen aber eines solchen von gemeinsamen Überzeugungen getragenen Handelns geht es in dieser Untersuchung, weil ein solches Handeln nach den bisherigen Erläuterungen als genuiner Gegenstand einer Rhetorik anzusprechen ist. Die Bedingungen dieses Handelns konnten mit den theoretischen Ansätzen der bisher erwähnten Versuche nicht hinreichend geklärt werden. Die in Abb. 7 exemplarisch genannten Formen mittelbarer und sprachlicher Zielrealisation, nämlich Bitte, Befehl, und Persuasion, stehen noch zu undifferenziert nebeneinander.

4.4 Analyse des Persuasiven Sprechaktes

4.4.1 *Sprechakttheorie und Pragmatik*

Die Klärung der genannten Bedingungen für das Zustandekommen von kommunikativen Interaktionen gehört zu einer Frage, die J. L. AUSTIN 1955 in seinen William James Lectures an der Harvard Universität stellte: Was tut man eigentlich, wenn man spricht? In der 1962 posthum veröffentlichten Vorlesungsnachschrift ist die sprachphilosophische Theorie der »Sprechakte« begründet, die seither, besonders durch AUSTINS Schüler J. R. SEARLE, ein ungewöhnlich großes Interesse gefunden hat. Ihre Grundthese – in SEARLES Formulierung – ist, »daß eine Sprache zu sprechen bedeutet, Sprechakte in Übereinstimmung mit Systemen konstitutiver *Regeln* zu vollziehen« (S. 61 u. ö., bes. S. 29 ff.). Dabei darf die Regelorientierung sprachlicher Akte nicht als ein »Unterworfensein« unter die gleichen Regeln verstanden werden, sondern als ein »Verfügen« über die gleichen Regeln (MAAS 1972/2, S. 195). Unter der zwingenden Voraussetzung, daß es keine Privatregeln geben kann (WITTENSTEIN 1971, § 109), ist jedenfalls regelorientierte Handeln stets »kommunikatives Handeln«, weil es auf die intersubjektive Gültigkeit einer Lebensform verweist

(HABERMAS 1970/2, S. 233). Gemäß diesem Verständnis ist es Aufgabe einer entsprechenden Theorie, die sprechaktspezifischen Regeln zu bestimmen, d. h.: die Bedingungen anzugeben, die »notwendig und hinreichend sind«, das Gelingen der jeweiligen Sprechakte zu erklären (SEARLE, S. 84).

Mit dieser Theorie die Analyse der Persuasiven Kommunikation bzw. – wie wir jetzt (zunächst noch ohne ausdrückliche Unterscheidung) sagen können – des Persuasiven Sprechaktes weiterzutreiben, legitimiert sich nicht nur in SEARLES Konzeption einer Sprachtheorie als »Teil einer Handlungstheorie« (S. 31) oder in den verschiedenen erfolgreichen Versuchen, vergleichbare Sprechakte wie Versprechen, Bitten, Befehlen, Fragen usw. auf die Bedingungen ihres Gelingens hin zu beschreiben (SEARLE, S. 100 ff.). Die Legitimität liegt neben den verstreuten expliziten Bemerkungen AUSTINS zum Sprechakt des Überzeugens bes. in der pragmatischen Orientierung dieser Theorie, die das pragmatische Interesse einer sich handlungstheoretisch begründenden Rhetorik auf den Begriff bringt: nämlich Sprechen, in diesem Fall: Persuasives Sprechen/Reden als eine spezifische Form von Handeln zu interpretieren, für deren Gelingen sich entsprechende Bedingungen angeben lassen: »Erfüllt der Sprecher nicht die für den Vollzug erforderlichen Bedingungen, ... so mißlingt seine Äußerung« (AUSTIN 1958, S. 141). Diese Bedingungen sind traditionell fast ausschließlich von der Logik für die Aussagen bzw. – wie AUSTIN sagt – »konstatierenden Äußerungen« (1968) entwickelt worden, um über deren Wahrheit bzw. Falschheit entscheiden zu können (KAMLAH/ LORENZEN, S. 116 ff.). Die Sprechakttheorie ließe sich insofern als eine die konstatierenden Äußerungen überschreitende universale Sprachlogik verstehen. Das damit angedeutete gemeinsame (pragmatische) Interesse der Sprechakttheorie und Rhetorik läßt beide zusammen – wie u. a. WUNDERLICH (1970, S. 7; vgl. APEL 1963, S. 27 ff.) anmerkt – als Traditionsstränge der linguistischen Pragmatik identifizieren. Die oben erwähnte Kritik an der linguistischen Idealisierung einer situativ entbundenen Sprecher/Hörer-Relation ist in der Sprechakttheorie durch ihren Ausgangspunkt bei dem situativ konkreten Sprechakt als der elementaren Einheit kommunikativer Interaktion (SEARLE, S. 30) bereits unterlaufen. Diese Theorie hat das Theorem des späten WITTGENSTEIN ratifiziert, daß nämlich Sprache nur angemessen beschrieben werden kann durch die Deskription der Situationen, in denen sie funktioniert, d. h., »gebraucht« und »verwendet« wird: »Dieser von WITTGENSTEIN neu entdeckte Gesichtspunkt dürfte in der traditionellen ›Grammatik‹ anläßlich ihrer abstraktiven Ablösung aus der Rhetorik verlorengegangen sein.« (APEL 1966, S. 72. Anm. 29)

Mit dieser im Begriff des »Sprachspiels« (vgl. WUCHTERL)[5] konzipierten unauflösbaren Verflechtung von Sprechen, Handeln, Situationsbezug, Lebenspraxis und Wirklichkeitserschließung (1971, § 23) hat WITTGENSTEIN sein früheres Programm einer homogenen Präzisionssprache preisgegeben zugunsten einer Pluralität von historisch und gesellschaftlich veränderbaren »Sprachspielen«, deren Präzision nur in bezug auf ihre spezifischen situativen Leistungen beurteilt werden kann, oder anders gesagt: das »Verstehen von Sinn setzt die Teilnahme an dem Sprachspiel voraus« (APEL 1966, S. 181).

Damit ist zugleich der Ursprung unsinniger Fragestellungen bloßgelegt, wie sie WITTGENSTEIN an der AUGUSTINISCHEN Frage nach dem Wesen der Zeit erläutert (1958, § 89): »Die Sprache läuft leer« (ebd., § 132), d. h., sie ist aus dem ihr Funktionieren überhaupt erst ermöglichenden Situationskontext gelöst. Wenn Sprechen heißt: eine Sprache situationsgerecht zu gebrauchen, dann ist es Aufgabe einer Sprachtheorie, diesen situativen »Verwendungen« von Sprache nachzugehen, d. h. die verschiedenen »Sprachspiele« zu beschreiben, wie sie WITTGENSTEIN exemplarisch (ebd., § 23) aufgezählt hat: Befehlen, Berichten, Darstellen, Bitten, Danken, Fluchen, Grüßen, Fragen usw.

Die pragmatisch interessierte Linguistik hat gerade erst angefangen, dieses Programm ernst zu nehmen, das seit 20 Jahren auf seine Einlösung wartet; sie hat begonnen, anstatt von »Sätzen idealisierter Sprecher ... Äußerungen von Sprechern in idealisierten Sprechsituationen« zu untersuchen (WUNDERLICH 1971, S. 175). Das heißt genauerhin: neben den »Wohlgeformtheitsbedingungen« von Sätzen nach den »Adäquatheitsbedingungen« zu fragen, denen Sprache in bestimmten Sprechsituationen genügen muß, »wenn sie tatsächliche Verständigung erreichen soll« (WUNDERLICH, Ebd. S. 153). Demnach wird als Ausgangspunkt einer pragmatisch orientierten Erhellung des Persuasiven Sprechaktes die ideale Sprechsituation der Persuasion gelten müssen.

4.4.2 Die Doppelstruktur der Kommunikation

Es ist unmittelbar einleuchtend, daß für eine pragmatisch interessierte Sprachtheorie der erläuterten Art zunächst diejenigen Sprachverwendungen von Interesse sein mußten, in denen selbst Handlungen *vollzogen,* statt Tatsachen behauptet werden (Aussagen) oder über Handlungen berichtet wird, d. h.: Sprechakte, die in ihrem Handlungsvollzug abhängig sind von und identisch mit ihrer sprachlichen Formulierung, Akte also, »in denen etwas *sagen* etwas *tun* heißt, in denen wir etwas tun, *dadurch daß* wir etwas sagen oder *indem* wir etwas sagen« (AUSTIN 1972, S. 33). Das Paradebeispiel eines solchen Sprechaktes ist das Versprechen, das schon in der »Hermeneutischen Logik« von H. LIPPS aus dem Jahre 1938 eine große Rolle spielte.

In der verbalen Explikation dieses Aktes, d. h. in der Formulierung: »Ich verspreche Dir (hiermit), daß ...« vollzieht sich zugleich (»hiermit«!) und allein der mit dieser Formulierung signalisierte Akt. Die »Normalform« (AUSTIN 1958, S. 143) solcher Akte ist an diesem Beispiel unschwer abzulesen: es ist die 1. Person, Singular, Präsens, Indikativ, Aktiv bzw. deren passive Transformation. Äußerungen, vermittels deren Handlungen wie die des Versprechens vollzogen werden, nennt AUSTIN entsprechend »performative« Äußerungen. Diese performativen Äußerungen hat AUSTIN zunächst in Abhebung von den »konstatierenden« Äußerungen beschrieben, mit denen keine Handlungen vollzogen, sondern Aussagen über Sachverhalte gemacht werden (AUSTIN 1968, S. 140). Später jedoch hat AUSTIN diese Unterscheidung selbst wieder – mit Recht – relativiert und entsprechend auch vom »Aussageakt« (1968, S. 150) gesprochen als einem dem »Versprechen« analogen Handlungsvollzug.

Wichtig ist nun, daß nicht alle Handlungsvollzüge – sieht man einmal vom Versprechen und analogen Akten ab – in ihrem Gelingen abhängen von ihrer performativen Explikation. Der situativ eingebettete Zuruf »Hund!« läßt sich unschwer performativ in den Satz explizieren: »Ich warne Dich vor dem Hund!«, ohne daß der Satz erst jetzt seinen Handlungscharakter gewinnt. D. h.: es ist anzunehmen, daß es außer der performativen Explikation sehr verschiedene Formen (Indikatoren) eines sprachlichen Handlungsvollzuges gibt, daß aber alle Formen in die genannte Normalform transformierbar sein dürften (AUSTIN 1968, S. 143, 145)[6]. »Es gibt demnach kein rein verbales Kriterium des Performativen« (AUSTIN, Ebd., S. 145).

Damit ist der Weg frei, die in der oben zitierten Beispielsituation fingierten Sprechakte sprachlich zu explizieren, d. h., in ihre performative Normalform zu transformieren:

»Würdest Du bitte die Papiertüte dort aufheben?!«
→ »*Ich bitte Dich, daß* Du die Papiertüte aufhebst.«
»Heb' sofort die Tüte auf!«
→ »*Ich befehle Dir, daß* Du sofort die Tüte aufhebst!«
»Wenn Du nicht sofort die Tüte aufhebst, bringe ich Dich zum Direktor.«
→ »*Ich warne Dich, daß* Du die Tüte (nicht) aufhebst.«

Bevor wir die sich anbietende Formalisierung der diesen drei Sprechakten zugrundeliegenden Struktur vornehmen, sei die fiktive Beispielsituation noch etwas inhaltlich interpretiert.

An dieser Situation ist zumindest zweierlei bemerkenswert: Einmal die Tatsache, daß H mehrere Strategien nacheinander zur Erreichung seines Ziels gegenüber S versucht; zum anderen, daß alle Strategien erfolglos bleiben: S kommt weder der Bitte von H nach, noch folgt er seinem Befehl oder läßt sich durch die Warnung einschüchtern. Gleichwohl aber ist der Grund für die Erfolglosigkeit von H in den verschiedenen Strategien offenkundig verschiedener Natur: S lehnt die Bitte von H z. B. begründend ab (»Ich habe die Tüte nicht hingeworfen«), während er den Befehl von H als sprachliche Interaktionsform zurückweist. Das heißt: der Befehl wird im Unterschied zur Bitte nicht inhaltlich als *unzumutbar* abgelehnt, sondern seiner Interaktionsform nach als *unangemessen* beurteilt: »Sie haben mir nichts zu befehlen!«

Bezeichnenderweise wäre eine solche Antwort von S gegenüber H auf dessen Bitte hin nicht möglich: »Sie haben mich um nichts zu bitten!« beschreibt keine situativ mögliche Reaktion von S, weil die in der Bitte sich sprachlich artikulierende Partnereinschätzung im Unterschied zum Befehl eine Zurückweisung als unangemessen offensichtlich nicht zuläßt. Statt der abwegigen Reaktion von S im eben genannten Sinn wäre allenfalls eine Antwort wie diese möglich: »Sie brauchen mich nicht erst zu bitten«, womit — wie ersichtlich — angezeigt ist, daß sich aufgrund der Beziehung zwischen S und H eine solche förmliche Bitte erübrigt.

Zusammengefaßt heißt das: Bitte und Befehl bleiben erfolglos oder – mit einem Begriff AUSTINS – sie »mißlingen«. Doch diese Aussage ist noch zu ungenau: Der Sprechakt des Bittens mißlingt ja nicht, insofern die mit ihm vom Sprecher artikulierte kommunikative Beziehung vom Partner als unangemessen abgelehnt wird, wie es beim Befehl der Fall ist. Die Bitte wird statt dessen nur nicht *erfüllt*, was den Sprechakt der Bitte als solchen nicht annulliert, sondern vielmehr sein *Gelingen* voraussetzt, da nur eine Bitte inhaltlich abgewiesen werden kann, die als kommunikative Interaktionsform akzeptiert worden ist. Auf die damit angesprochene notwendige Unterscheidung zwischen »Gelingen« und »Erfolg« des Sprechaktes wird unten noch zurückzukommen sein.

So gesehen ist nur der Befehl als Sprechakt im strengen Sinn mißlungen, insofern die in ihm ratifizierte kommunikative Beziehung zwischen H und S auf einer – wie S' Reaktion zeigt – Fehleinschätzung durch H beruhte: »So hat es keinen Zweck zu sagen, ›Ich befehle Ihnen . . ., wenn ich Ihnen gegenüber dazu nicht autorisiert bin; ich kann Ihnen gar nichts befehlen, meine Äußerung ist nichtig, der Akt nur prätendiert.« (AUSTIN 1968, S. 149)

Damit wird deutlich: Die Sprechakte des Bittens und Befehlens setzen, sollen sie gelingen, bereits entsprechend eingespielte Interaktionsmuster voraus. Damit ist nicht geleugnet, daß im Verlauf kommunikativer Interaktionen die Verkehrsform wechseln bzw. überhaupt erst definiert werden kann; damit ist nur betont, daß jede Kommunikation ein zugrundliegendes (oder vermutetes) Interaktionsmuster ratifiziert und daß die Übereinstimmung zwischen diesem geltende Interaktionsmuster und dem gewählten Sprechakt eine Bedingung für dessen Akzeptierbarkeit darstellt.

Die fehlende Übereinstimmung in der fiktiven Beispielsituation, durch welche die Zielrealisation vereitelt wurde, verweist auf eine Unsicherheit von H in der Beurteilung der zugrundeliegenden Beziehung zwischen ihm und S. Solche Unsicherheiten – umgangssprachlich als Unfähigkeit bezeichnet, »den richtigen Ton zu treffen« – sind in Organisationen ausgeschlossen, die wie das Militär etwa eine feste Zuordnung von geltenden Interaktionsmustern und sprachlichen Verkehrsformen kennen. Die diese Organisation charakterisierende strenge hierarchische Struktur bedingt den Befehl als typische sprachliche Verkehrsform, in der die gegebenen Abhängigkeiten sprachlich ratifiziert werden. Bei Beachtung des Geltungsrahmens dieses Interaktionsmusters kann es weder bei dem Befehlenden noch bei dem Befehlsempfänger zu Unsicherheiten über die Gültigkeit des Befehls kommen, was nicht dessen mögliche inhaltliche Infragestellung ausschließt.

Nach diesen Erläuterungen zu zwei Sprechakten der fiktiven Beispielsituation wird ein »pragmatisches Axiom« verständlich, mit dem WATZLAWICK u. a. eine Grundeigenschaft jeder Kommunikation beschreiben: »Jede Kommunikation hat einen Inhalts- und einen Beziehungsaspekt ...« (S. 56). HABERMAS spricht näherhin von der »Doppelstruktur« der Kommunikation, insofern eine Verständigung nur dann zustande kommt, »wenn mindestens zwei Subjekte gleichzeitig beide Ebenen betreten: a) die Ebene der Intersubjektivität, auf der die Sprecher/Hörer *miteinander sprechen,* und b) die Ebene der Gegenstände, *über die sie sich verständigen ...*« (1971, S. 105).

Die Ebene der Intersubjektivität bzw. den »Modus der Kommunikation« (ebd.) nennt HABERMAS in Anlehnung an AUSTIN und SEARLE mit leichter terminologischer Veränderung den »performativen Satz«, der im dominierenden Satzteil zu stehen kommt; die Ebene der Gegenstände, die im abhängigen Satzteil artikuliert wird, nennt er »Satz des propositionalen Gehaltes«:

»Die elementare Einheit der Rede ist aus performativem und abhängigem Satz propositionalen Gehalts zusammengesetzt, weil Kommunikation nur unter der Bedingung gleichzeitiger Metakommunikation, nämlich einer Verständigung auf der Ebene der Intersubjektivität über den bestimmten pragmatischen Sinn der Kommunikation zustandekommt.« (Ebd., S. 106; vgl. WATZLAWICK u. a., S. 55)

Wir werden uns im folgenden allerdings terminologisch näher an SEARLE und seine deutschen Rezeptoren halten und entsprechend »Proposition« die im Sprechakt thematisierten Inhalte und Intentionen (im allgemeinen im abhängigen Satz) nennen im Unterschied zur »Illokution« als die *in* jedem Sprechen (daher Il = In-lokution, vgl. AUSTIN 1972, S. 115) mit definierte personale Interaktions- bzw. Kommunikationsebene (im allgemeinen im dominierenden Satz). Nur die ausdrückliche Verbalisierung dieser Interaktionsebene (in Sätzen etwa wie: »Ich bitte Dich, daß ...«) nennen wir *performative Explikation,* und wir verstehen sie – wie bereits oben betont – als einen Indikator unter anderen für den jeweils geltenden Kommunikationsmodus.

Zieht man jetzt die oben versuchte Transformation der drei Sprechakte in ihre performative Normalform mit in die Betrachtung ein, dann erkennt man sehr leicht, daß die Propositionen (»..., daß Du die Papiertüte aufhebst«) trotz wechselnder Modi der Kommunikation (Bitten, Befehlen, Warnen) unverändert bleiben. D. h., daß erst die Illokution überhaupt den »pragmatischen Verwendungssinn für den abhängigen Satz festlegt« (HABERMAS 1971, S. 105). Auf dieser so genannten »metakommunikativen« Ebene allein unterscheiden sich demnach die drei zitierten Sprechakte der Beispielsituation. Von dorther ist zugleich das dominierende Interesse der Sprechakttheorie an der Illokution verständlich; denn Akt-Charakter haben nicht Propositionen, die autonom gar nicht vorkommen können (SEARLE, S. 48 f.; WUNDERLICH 1972, S. 122), sondern nur die Illokutionen als die »dialogkonstituierenden« Faktoren (HABERMAS 1971, S. 110).

Es ist WUNDERLICH recht zu geben, daß eine vollständige Sprechaktanalyse mit den zwei genannten Kategorien der Proposition und Illokution nicht auskommt, sondern weitere Komponenten mit einbeziehen muß (1971, bes. S. 125 H.). Gleichwohl läßt sich zeigen, daß in der fiktiven Beispielssituation alle von WUNDERLICH ergänzten Komponenten unverändert bleiben, während allein der Kommunikationsmodus von Sprechakt zu Sprechakt wechselt. Es ist daher berechtigt, dieser Dimension von Kommunikation im allgemeinen und gemäß unserem Frageinteresse besondere Bedeutung zuzumessen, zumal viele der anderen Analysekomponenten sich aus ihr ableiten lassen.

4.4.3 *Illokutiver Beschreibungsversuch des Persuasiven Sprechaktes*

In Anlehnung an SEARLE (S. 51 ff.) läßt sich nun die Doppelstruktur von Sprechakten, wie folgt, symbolisieren: F (p). Dabei meint »F« die verschiedenen oben bereits erwähnten Möglichkeiten einer illokutiven Signalisierung des geltenden Kommunikationsmodus, »p« die jeweiligen Propositionen. Die drei bisher besprochenen Sprechakte der fiktiven Beispielsituation lassen sich demnach bei identischem p wie folgt symbolisieren:

»Ich bitte Dich, daß...« → Bi (p)
»Ich befehle Dir, daß...« → Be (p)
»Ich warne Dich, daß...« → Wa (p)

Ergänzen wir nach diesen vorbereitenden Erläuterungen zur Sprechakttheorie die drei zitierten Sprechakte um den vierten, in dem D versucht, S gegenüber die Richtigkeit der Bitte von H argumentativ zu begründen, dann kann die Symbolreihe wie folgt fortgesetzt werden: Üb (p). Doch sobald man versucht, dieses Symbol in die normale Satzform zu explizieren: »Ich überzeuge Dich (hiermit), daß ...«, dann wird sehr schnell die Schwierigkeit deutlich, die ein Beschreibungsversuch des Persuasiven Sprechaktes mit sich bringt. Die gerade unternommene Explikation ist offensichtlich nicht akzeptabel, weil sie dem Regelsystem der deutschen Sprache widerspricht. D. h.: mit dem Wort »Überzeugen« – übrigens gilt das Gleiche für »Überreden« (vgl. Kap. 1, Anmerkung 12) – gelingt die performative Explikation der situationsspezifischen Interaktionsebene nicht, wie sie mit dem Persuasiven Sprechakt beschritten wird. Damit wird auch die symbolische Kennzeichnung des Persuasiven Sprechaktes problematisch: ? Üb (p).

Die naheliegende Beobachtung, daß »Überzeugen/Überreden« in performativen Formeln nicht benutzt werden kann, ist seit AUSTIN (S. 18) immer wieder gemacht worden (vgl. SEARLE, S. 42 u. ö.; WUNDERLICH 1972, S. 132). Eine analoge Regel gilt für Ausdrücke wie »erschrecken«, »demütigen«, »trösten«, »verblüffen«, »beleidigen« usw. Wie ersichtlich handelt es sich bei diesen Ausdrücken nicht um die performative Explikation einer mit ihnen vollzogenen Handlung, sondern um die Kennzeichnung einer durch den Handlungsvollzug erreichten Wirkung bzw. Reaktion. »Überzeugen« beschreibt demnach den Zustand, der aufgrund eines noch näher zu bestimmenden Sprechaktes erreicht worden ist, und auf den etwa Sätze wie der folgende berichtend sich beziehen: »D hat S überzeugt, daß . . .«

AUSTIN und seine Nachfolger haben Ausdrücke, die im Unterschied zu den Illokutiva nicht das Handeln kennzeichnen, das *im* Sprechen sich vollzieht, sondern auf die Wirkungen verweisen, die *durch* Sprechen erreicht werden, »perlokutiv« genannt (1972, S. 121 123 130 ff. u. ö.).

Auf AUSTINS Begriff »perlokutiv« sei hier nicht weiter eingegangen, zumal sowohl der Begriff »Akt« in diesem Zusammenhang wie die Unterscheidung zwischen »illokutiv« und »perlokutiv« recht problematisch bleiben (vgl. VON SAVIGNY, S. 127 ff.). Interessanter für uns ist eine andere Beobachtung AUSTINS, daß nämlich die sogenannten perlokutiven Ausdrücke auch — wie er es nennt — »proleptisch« gebraucht werden können, etwa in Sätzen wie: »Ich versuche (bzw. will, möchte), Dich (zu) überzeugen.«

Mit dieser proleptischen Verwendung von »überzeugen« wird keine Wirkung beschrieben, sondern der diese Wirkung intendierende Sprechakt gekennzeichnet, nämlich ein Handeln, das sich in dem Persuasiven Sprechakt vollzieht, d. h. die oben genannte Illokution. So gesehen beschreibt die proleptische Verwendung von »überzeugen« dessen illokutive Funktion.

Mit der proleptischen Verwendung von »überzeugen« ist zwar eine Möglichkeit angegeben, einen resultativen Ausdruck auch intentional zu verwenden; aber gleichwohl ist damit kein Ausdruck gefunden, der den die Überzeugung intendierenden Sprechakt in seinem Kommunikationsmodus angemessen zu explizieren erlaubt; denn auch die proleptische Verwendung von »überzeugen« vermag AUSTINS Frage nach dem, »was man tut, wenn man spricht«, nicht gültig zu beantworten, wenn man »versuchen zu . . .« nicht als angemessene Handlungsbeschreibung des Persuasiven Sprechaktes mißverstehen will. In diesem Fall wären alle intentionalen Akte aufgrund ihrer analogen Beschreibungsmöglichkeiten, nämlich als »Versuche zu . . .« identisch, und ein Persuasiver Sprechakt ließe sich von einer Beleidigung nicht mehr unterscheiden (vgl. WUNDERLICH 1972, S. 133). Damit scheint AUSTINS Vermutung, daß alle Sprechakte in ihre explizite (also performative) Normalform transformierbar wären (1958, S. 144), d. h., daß die Sprache die Mittel zur Beschreibung aller relevanten Sprechakte bereit hielt, in Frage gestellt (vgl. WUNDERLICH 1972, S. 130 f.). Eine Beschreibung des Peruasiven Sprechaktes kann sich nicht mit der Angabe seiner funktionalen Intentinalität begnügen, sondern muß zugleich das sprachliche Handeln beschreiben, mit dem das entsprechende Sprechaktziel, in diesem Fall: der Überzeugungserfolg, zu erreichen ist. Dieses sprachliche Handeln ist bisher schon mehrfach als Argumentation charakterisiert worden, d. h., als begründende und um Zustimmung werbende Rechtfertigung handlungsleitender Maximen. Diese Beziehug zwischen Argumentation als Persuasiver Handlungsstrategie und Überzeugung als deren erfolgreiche Durchführung kommt in Formulierungen wie der folgenden zum Ausdruck: »D hat S mit seinen Argumenten überzeugt (bzw. nicht überzeugt).«

Unter der Voraussetzung, daß der Persuasive Sprechakt nur durch die ihn spezifisierende Handlungsstrategie der Zielrealisation differenzierend bestimmt werden kann, ließe sich eine verbale Explikation des Kommunikationsmodus finden, und die oben genannte allgemeine Formel F (p) ließe sich in der folgenden Weise differenzieren: »Ich führe (hiermit) Argumente (Gründe) dafür an, daß ...«

Obwohl SEARLE mit einer solchen Formulierung den Sprechakt des »Argumentierens« beschreibt (S. 101), zeigt sich doch sehr schnell, daß auch Ausdrücke wie »Argumente« bzw. »Gründe anführen« oder »argumentieren« bzw. »begründen« eher einen entsprechenden Sprechakt ankündigen bzw. ihn *beschreiben*, als daß dieser Sprechakt mit eben diesen Ausdrücken *vollzogen* würde. D. h., auch die genannten Ausdrücke können nicht als performative Explikation des den Persuasiven Sprechakt konstituierenden Kommunikationsmodus gelten. Sie können aber als angemessene Beschreibungsmöglichkeiten dieses Sprechaktes gelten, der die in ihm ratifizierte Interaktionsbeziehung eher implizit – etwa durch Persuasive Indikatoren wie »weil«, »denn« usw. – signalisiert, als sie explizit verbalisiert. Insofern kann »Argumentation« als angemessene Beschreibung des Persuasiven Sprechaktes angesprochen werden.

Entsprechend hat MAAS (1972/2, S. 260) den argumentativen Sprechakt zu beschreiben versucht, ohne den Begriff »überzeugen« überhaupt als relevante Kategorie einführen zu müssen:

»Eine Argumentationshandlung Z, mit der ein Sprecher A gegenüber dem Partner B argumentiert, hat die Bedeutung, daß B daraufhin seine strittige Behauptung R zugunsten der strittigen Behauptung S von A, die zusammen das Strittige (S, R) von Z ausmachen, aufgibt.«

Trotz des hier eingeführten und in Kapitel 6 aufzugreifenden Begriffs »Argumentation« sprechen wir in dieser Untersuchung weiter von Persuasiven Sprechakten, um die einmal eingeführte und weit verbreitete Terminologie nicht zu unterlaufen. Die ein Gelingen dieses Sprechaktes ermöglichenden Regeln aber sind nur, wie zu zeigen sein wird, aus seiner argumentativen Grundstruktur ableitbar.

In Übereinstimmung mit MAAS (S. 261; vgl. auch S. 294 ff.) können wir weiterhin formulieren, daß diese argumentative Sprechhandlung gelingt, »wenn der Partner sie insoweit annimmt, daß er sie zur Voraussetzung seiner eigenen Sprechhandlung machen kann. Eine Argumentationshandlung muß z. B. glücken, damit der Partner ihr widersprechen bzw. gegen sie argumentieren kann«. Die in diesem Text vorausgesetzte Unterscheidung zwischen »glücken« und – wie es in der weiteren Textfolge heißt – »erfüllen« konvergiert mit der bereits eingeführten Unterscheidung zwischen Gelingen des Persuasiven Sprechaktes und seinem Erfolg bzw. seiner Wirkung, die von der Überzeugungskraft vorgebrachter Argumente abhängt.

Wenn man daher nach dem Gelingen des Persuasiven Sprechaktes fragt und wenn man mit SEARLE unter Sprechakt den Vollzug eines regelgeleiteten Aktes versteht, dann zielt die Frage genauerhin auf die dieses Gelingen ermöglichenden *Regeln*. Unter diesen Regeln kann es nach den bisherigen Erörterungen keine geben, die sich auf den Überzeugungserfolg als der möglichen Wirkung eines Persuasiven Sprechaktes beziehen; denn weder der Sprecher noch sein Kommunikationspartner könnten in einem Persuasiven Sprechakt eine entsprechende Regel überhaupt beachten, die einen Überzeugungserfolg garantieren kann. Eine solche Garantie wäre im Gegenteil die Verhinderung des Persuasiven Sprechaktes, zu dessen Regeln es – ebenso übrigens wie bei den vergleichbaren Sprechakten des Bittens, Ratens usw. – u. a. gehört, daß der Partner des Sprechaktes die vorgebrachte Argumentation als nicht überzeugend ablehnen (bzw. eine Bitte nicht erfüllen oder einen Rat nicht annehmen) kann. Ein Persuasiver Sprechakt, in dem diese Regel von den Kommunikationspartnern nicht beachtet würde, hätte in Wahrheit gar nicht stattgefunden, sondern wäre die verschleierte Form einer den Partner entmündigenden und verdinglichenden Beeinflussung.

Im Unterschied dazu läßt sich das Versprechen als gelungener Sprechakt nicht trennen von der Einlösung der im Vollzug des Sprechaktes implizit gegebenen Verpflichtung, das Versprechen zu halten. Das gleiche gilt für den Sprechakt des Befehlens (falls man ihm überhaupt diese Kennzeichnung zubilligt und nicht mit MAAS (1972/2, S. 210 237) von »pervertiertem Handeln« sprechen will), dessen Gelingen bei sonst geltenden und beachteten Regeln (bes. der Autorisierung zum Befehlen) an die Befehlsbefolgung geknüpft bleibt.

D. h. zusammengefaßt: Die zu ermittelnden Regeln des Persuasiven Sprechaktes müssen sich auf den sprachlichen Handlungsvollzug beschränken, der – gemäß der bisherigen Beschreibung – einen *Dissens* zwischen den Kommunikationspartnern argumentativ abzubauen bzw. in einen *Konsens* zu überführen versucht.

Die Regeln des Persuasiven Sprechaktes können – das sei noch einmal betont – keine Bedingungen eines nur empirisch ermittelbaren Überzeugungserfolges angegeben, sondern nur die idealisierten Bedingungen des Gelingens eines Persuativen Sprechaktes als Voraussetzung eines möglichen Überzeugungserfolges. Auf diese Unterscheidung insistiert übrigens schon ARISTOTELES in seiner ›Rhetorik‹, wenn er – NIETZSCHE

Abb. 8

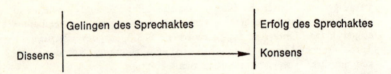

erinnert in seiner Baseler Rhetorik-Vorlesung daran (S. 241) – betont, daß die Rhetorik ebenso wenig vom Überzeugungserfolg her zu bestimmen sei wie die Medizin vom Erfolg der Gesundung. Beide Disziplinen hätten es vielmehr mit dem Wissen um die Bedingungen zu tun, die zur Überzeugung bzw. Gesundheit führen. Allein dieses Wissen unterscheide den Fachmann von dem Stümper, der durchaus auch einmal Erfolg haben kann (1355b 10).

4.5 Regeln des Persuasiven Sprechaktes

Bei der Gegenüberstellung der beiden Sprechakte Bitte und Befehl hatten wir bereits angemerkt, daß in der zitierten Beispielsituation eine Reaktion von S gegenüber H zwar in der folgenden Art möglich sei: »Sie haben mir nichts zu befehlen!«; daß aber eine Reaktion wie diese: »Sie haben mich um nichts zu bitten!« keine situativ angemessene und akzeptable Reaktion darstellt. Ziehen wir in diesen Test den jetzt untersuchten Persuasiven Sprechakt mit ein, dann läßt sich sagen: Eine Reaktion wie diese: »Sie haben mir gegenüber keine Argumente anzuführen!« ist situativ ebenso wenig möglich, wohl aber die Reaktion: »Sie brauchen mich nicht zu überzeugen!« Doch damit wäre nicht der für die Persuasion spezifische Kommunikationsmodus zurückgewiesen, sondern die Notwendigkeit des Überzeugungsversuches – aus welchen Gründen auch immer – bestritten.

Das heißt also, die im Persuasiven Sprechakt gestiftete kommunikative Beziehung läßt eine Zurückweisung als unangemessen gar nicht zu; denn dieser Kommunikationsmodus – im Unterschied etwa zum Sprechakt des Befehlens – beschreibt eine kooperativ-symmetrische (vgl. WATZLAWICK u. a., S. 68 ff.) Interaktionschance, die der Verständigung von Kommunikationspartnern dient, die sich als gleichberechtigte, zurechnungs- und entscheidungsfähige, allein nach Maßgabe überzeugter Einsicht handelnde Subjekte ansprechen.

Das an diese Interaktionsform geknüpfte hohe Maß an wechselseitiger Unterstellung (im Sinne von Antizipation[7]) verpflichtet nun aber die Kommunikationspartner nicht zur gegenseitigen dankbaren Anerkennung dieser Unterstellung, sondern verweist sie im Gegenteil auf die Nachprüfung der Bedingungen, von deren Einlösung ihre wechsel-

seitigen Unterstellungen ja ausgehen. Ein Anzweifeln dieser einge-
lösten Bedingungen heißt demnach nicht ein Zurückweisen des Kommunikationsmodus als unangemessener Interaktionsform, sondern bedeutet vielmehr das Einklagen der für diesen Kommunikationsmodus
unabdingbaren Voraussetzungen.

Ein solches Einklagen ist für eine Sprechaktanalyse heuristisch deshalb so
bedeutend, weil es auf Regeln verweist, die im sprachlichen Handeln — zum
großen Teil unbewußt — befolgt und erst im Moment ihrer Verletzung als
Handlungsregulative bewußt werden. So verweist der Vorwurf: »Sie haben
Ihr Versprechen nicht gehalten!« auf eine im entsprechenden Sprechakt ein-
gegangene Verpflichtung hin, nämlich das Versprechen einzulösen, eine Verpflichtung, die in SEARLES Analyse (S. 88 ff.) allgemeinen »Aufrichtigkeits-
regel« *(sincerity rule)* bzw. — in HARERMAS' Übersetzung — »Ernsthaftig-
keitsbedingung« (1971, S. 132 u. ö.) genannt wird. Sie besagt, daß ein Sprechakt nur ausgeführt werden darf, wenn der Sprecher die Ausführung der damit
eingegangenen Verpflichtung auch beabsichtigt.
SEARLE, der diese Regel u. a. am paradigmatischen Fall des Versprechens ermittelt, hält sie für so konstitutiv, daß er sie als allgemeine Sprechaktregel
interpretiert, die ebenfalls für Sprechakte des Befehlens, Behauptens, Grüßens
u. a. m. (S. 99 f.), ja für jede »regelgeleitete Form des Verhaltens« (S. 29)
schlechthin gültig ist.
SEARLE greift in diesem Zusammenhang eine seit WITTGENSTEIN beliebte
Spielanalogie auf, an der sich regelgeleitetes Verhalten besonders
deutlich ablesen läßt, am Schachspiel (WITTGENSTEIN 1958. § 31
u. ö; SEARLE, S. 63, 85, 98 u. ö.). Dieses Spiel beherrschen heißt: über
die ihm eigenen Regeln verfügen. Wie bei dem genannten Sprachspiel
des Versprechens werden die Regeln des Schachspiels wie jedes Spiels
immer dann expliziert, wenn sie gegenüber einem Mitspieler eingeklagt
werden, etwa in der Form: »Du spielst falsch!« D. h. die gemachten
Fehler verweisen auf die geltenden Regeln.
Wer also einen Sprechakt untersucht, befindet sich in der Lage eines
reflektierenden Mitspielers, der sich die internationalisierten Spielregeln dadurch bewußt zu machen versucht, daß er sich besonders an
die Situation hält, in denen die Spielregeln verletzt und entsprechend
eingeklagt werden.

4.5.1 *Erste Regel des Persuasiven Sprechaktes*

Gemäß der angedeuteten Methode sollen im folgenden die Bedingungen eines gelingenden Persuasiven Sprechaktes – AUSTIN nennt sie
»happiness conditions« (1972, S. 33 ff.; von SAVIGNY, S. 140 ff.) –
ermittelt und in Regeln dieses Sprachspiels umgeformt werden. Die
hier gemeinten Regeln finden sich als meist moralische Postulate in
der Rhetorik-Literatur seit der Antike (vgl. den oben zitierten
›GORGIAS‹-Text), wenn etwa gefordert wird, daß »alles, was er (der
Redner) sagt, seiner wahren Überzeugung entsprechen muß« (DAMA-
SCHKE)[8] bzw. daß die rhetorische Kunst nicht mißbraucht werden

dürfe usw. (vgl. ARISTOTELES ›Rhetorik‹, 1355a). Diese bekannten Postulate werden im folgenden als Hinweise auf entsprechend unterstellte Regeln verstanden und als solche für deren Ermittlung genutzt. Wir beschränken uns bei den zu ermittelnden Regeln auf die für den Persuasiven Sprechakt relevanten und lassen die allgemeinsten Bedingungen kommunikativer Interaktion unberücksichtigt, die SEARLE »normale Eingangs- und Ausgangsbedingungen« nennt (S. 96), worunter er das Fehlen kommunikationsstörender Faktoren wie Taubheit, Aphasie u. a. m. versteht.

Wir wählen als Situationsbeispiel wieder das fiktive Gespräch zwischen D und S, in dem D versucht, S nach den Gründen seines Handelns zu fragen und diese Gründe zugleich in Frage zu stellen, um S schließlich von der Richtigkeit seiner Gegenargumente zu überzeugen und damit ein entsprechend geändertes Verhalten von S zu erreichen.

Auf diesen Versuch von D könnte sich aber S von Anfang an weigern einzugehen, etwa mit dem Argument: »Es lohnt sich nicht, mit Ihnen darüber zu diskutieren!« Damit kann S zum Ausdruck bringen, daß D seiner Meinung nach gar nicht in der Lage ist, seine gegenüber S abweisende Meinung argumentativ zu vertreten. Dieser Vorwurf würde die Zurechnungsfähigkeit von D, die später noch zu erläutern sein wird (vgl. 4.5.4), von Anfang an in Frage stellen. Schließt man diesen Grenzfall einmal aus, dann ist ein solches Urteil über D jedoch erst nach Eintritt in den Sprechakt möglich als eine den Sprechakt abbrechende Feststellung, daß D eine für den Sprechakt konstitutive Bedingung nicht einzulösen vermag.

Doch auch diese Interpretation des zitierten Vorwurfes von S hat gegenüber einer anderen geringere Plausibilität, die in diesem Vorwurf einen Zweifel von S artikuliert sieht an der Fähigkeit von D, mit S überhaupt in eine Persuasive Dialogbeziehung einzutreten, d. h. nach den bisherigen Erläuterungen: ihn als gleichberechtigtes und entscheidungsfähiges Subjekt zu akzeptieren, auf das allein argumentativ Einfluß genommen werden darf. Die Absprache dieser Fähigkeit könnte S u. a. mit dem Hinweis auf das für die Institution Schule grundsätzlich gültige Kommunikations- und Interaktionsnetz begründen, das zwischen D und S eine hierarchische Interaktionsbeziehung vorsieht, die D gar nicht — selbst wenn er es wollte — außer Kraft setzen kann. D kann sie allenfalls nicht wirksam werden lassen, doch nur so lange, als institutionelle Ziele durch Argumentation als funktional äquivalente, wenn nicht wirksamere Mittel erreicht werden.

Gleichwohl gilt, daß die *subjektive* Interpretation der Kommunikationsbeziehung zwischen D und S durch D nach dem Urteil von S eine *faktische* Verschleierung der institutionell geltenden Interaktionsbeziehungen darstellt. Diese faktische Verschleierung kommt darin zum Ausdruck, daß D im allgemeinen gar nicht in der Lage ist, für alle Konsequenzen einzustehen, die ihm ein entscheidungsfähiger Partner S abverlangen könnte. Erst die Reaktion von D auf einen mißlungenen Überzeugungsversuch könnte letztlich Aufschluß darüber geben, ob D die Persuasive Kommunikationsbeziehung eingehen durfte.

Die angedeutete unterschiedliche Einschätzung der kommunikativen Beziehung durch D und S im fiktiven Beispiel ließe sich mit WUNDER-

LICH (1972, S. 149, 154) »Asymmetrie in der Kommunikationseinschätzung« nennen; asymmetrisch, weil D seine Möglichkeiten, persuasiv mit S zu interagieren, subjektiv anders beurteilt als es S aufgrund des institutionell geltenden *Kommunikationsnetzes* tun zu können glaubt. Das von WUNDERLICH gewählte Beispiel der von einer übergeordneten Position ausgesprochenen Bitte, die in der untergeordneten Position als »dringende Aufforderung« verstanden werden muß, gegen die überhaupt kein Einspruch möglich ist, kann die hier gemeinte Spannung zwischen einem institutionell geltenden *komplementären* Kommunikationsnetz und dem eine *symmetrische*[9] Kommunikationsbeziehung fordernden Sprechakt deutlich machen. Eine vergleichbare Spannung gilt natürlich für Bitt- bzw. Persuasive Sprechakte in militärischen Organisationen.

Eine bedingt vergleichbare Asymmetrie in der Kommunikationseinschätzung war übrigens bereits oben als Fehleinschätzung der Kommunikationsbeziehung zwischen H und S durch H erwähnt worden, insofern H sich zu einem Befehl gegenüber S autorisiert glaubte, ohne dazu aufgrund der geltenden Beziehung zwischen H und S faktisch berechtigt zu sein.

Zusammengefaßt läßt sich aus der bisher erläuterten Bedingung, die gewisse Parallelen zu SEARLES »preparatory rule« hat, die erste Regel eines gelingenden Persuasiven Sprechaktes formulieren (wobei D, S wie H natürlich nur Positionen in einem sozialen Interaktionsmuster vertreten sollen):

Regel 1:
Der Persuasive Sprechakt gelingt dann und nur dann, wenn D nicht nur subjektiv willens, sondern auch faktisch in der Lage ist, mit S als gleichberechtigtem Kommunikationspartner zu interagieren.

Diese erste Regel soll – wie ersichtlich – die enge Beziehung zwischen dem Persuasiven Sprechakt und bestimmten Kommunikationsnetzen als geltenden Interaktionsmustern sozialer Systeme betonen. Diese erste Regel greift WUNDERLICHS Frage auf (1972, S. 138): »Wie ergeben sich aus sozialen Beziehungen Bedingungen dafür, wann wer welchen Typ von Sprechakt machen darf . . .?«

Auf diese genannte Beziehung wird zurückzukommen sein, wenn der Persuasive Sprechakt nicht mehr aus methodischen Gründen an einfachen, personal bestimmten Interaktionen analysiert, sondern als Paradigma gesellschaftlicher Verständigung interpretiert wird. (vgl. Kap. 5). Die eben angedeutete Beziehung zwischen Kommunikationsnetz und Sprechakt wird dann als das in der Rhetorik-Tradition oft betonte Junktim zwischen öffentlicher Rede und freiheitlicher Gesellschaftsordnung identifiziert werden.

4.5.2 *Zweite Regel des Persuasiven Sprechaktes*

Vorausgesetzt, daß D tatsächlich in der Lage wäre, mit S in einen Persuasiven Sprechakt einzutreten, so ist damit noch nicht gewährleistet, daß D diesen Sprechakt nicht mißbrauchen wird. Der Begriff »mißbrauchen« greift in negativer Umkehr eine bereits oben erwähnte Kategorie AUSTINS und SEARLES auf, nämlich »Aufrichtigkeit« bzw. »Ernsthaftigkeit« *(sincerity).* Mit ihr ist für den Persuasiven Sprechakt unterstellt, daß D von der Richtigkeit der von ihm vorgebrachten Argumente auch selbst – wie es oben bei DAMASCHKE hieß – überzeugt ist. Diese für das Gelingen jedes Sprechaktes notwendige Unterstellung könnte S in der zitierten Beispielsituation etwa mit folgender Bemerkung in Frage stellen: »Sie müssen ja so reden!«

Der in diesem Satz artikulierte Zweifel an der Aufrichtigkeit von D ließe sich z. B. mit dem Hinweis begründen, daß es D aufgrund seiner Stellung in der Institution Schule mehr darum gehe, das Verhalten des Hausmeisters gegenüber S zu rechtfertigen, als seine eigene, möglicherweise das Verhalten von H kritisierende Meinung gegenüber einem Schüler zu artikulieren. Dieses Beispiel läßt schon erkennen, daß besonders institutionelle Vertreter dem Verdacht ausgesetzt sind, entsprechend institutionelle Positionen zu vertreten (»Ich in meiner Eigenschaft als . . .«), anstatt eigene und damit auch subjektiv verantwortbare Positionen zu beziehen.

Deutlicher noch als die bereits zitierten Begriffe »Ernsthaftigkeit« und »Aufrichtigkeit« betont die von HABERMAS in diesem Zusammenhang eingeführte Kategorie der »Wahrhaftigkeit« eine für jeden Sprechakt gültige Verpflichtung des Sprechenden, daß er die »Intentionen, die er im Vollzug seiner Sprechakte zu erkennen gibt, sich oder anderen nicht bloß vortäuscht, sondern tatsächlich meint« (1971, S. 131). Diese unterstellte »Wahrhaftigkeit der Äußerung«, die auf keine »Wahrheit der Aussage« zu reduzieren ist, verbürgt zugleich für den Kommunikationspartner die »Verläßlichkeit« des Sprechers, ohne die eine Prüfung seiner vorgebrachten Argumente erst gar nicht erfolgen wird. Diese Verläßlichkeit, die in gleichem Maße u. a. etwa bei dem Sprechakt des Ratens zur Geltung kommt (vgl. WUNDERLICH 1972, S. 146 ff.), ist im Persuasiven Sprechakt so wichtig, weil die Aussagekraft von Argumenten im Unterschied zu der von Beweisen in der Unterstellung gründet, daß sie durch die Überzeugung des Sprechenden verbürgt sind. Es gibt keine Argumente, die für eine Sache ins Spiel gebracht werden könnten, ohne daß der Sprecher für ihre jeweilige Aussagekraft subjektiv einzustehen bereit sein müßte.

Dieses subjektive Verbürgtsein der Aussagekraft von Argumenten ist zugleich der Grund für die nur intersubjektiv gelingende Verständigung über die Überzeugungskraft von Argumenten und damit über die Richtigkeit von Handlungsmaximen. Mit der Preisgabe der Wahrhaftigkeit im Sinn subjektiv verbürgter Argumente ist zugleich auch die Wahrhaftigkeit der angestrebten Verständigung mit dem Kommunikationspartner preisgegeben; denn der Konsens als gelingende Verständigung zwischen den Kommunikationspartnern setzt – im Unterschied etwa zum Sprechakt des Ratens – die Identifizierbarkeit der Kommunikationspartner mit den von ihnen vorgebrachten Argumenten voraus, während die Fähigkeit des Ratens gerade die Möglichkeit eines Sprechers meint, sich in die Rolle seines Partners zu versetzen und aus ihr heraus (»Ich an Ihrer Stelle...«) Handlungsorientierungen zu formulieren. Einen solchen Rat formuliert in der zitierten Beispielsituation etwa D gegenüber S mit dem Satz: »Ich an Ihrer Stelle hätte das Papier selbst aufgehoben.« Ein gleiches Sich-Versetzen von D in die Rolle von H in der Beispielsituation würde den Persuasiven Sprechakt zwischen D und S blockieren, insofern es D in diesem Fall gar nicht mehr um einen Konsens mit S über Z ginge, sondern um den Versuch, das Verhalten von H aus dessen Position heraus S gegenüber verständlich zu machen. Aber sowohl dieser Versuch von D, aus der Position von H zu argumentieren, wie der oben erwähnte Versuch, aus der Rolle des Vorgesetzten das Verhalten des Untergebenen H zu rechtfertigen, verhindern eine Identifizierung des Sprechenden mit seinen Argumenten und damit eine intersubjektive Verständigung.

Die angedeutete Diskrepanz zwischen vorgebrachten Argumenten und ihrer mangelnden, weil vom Sprecher nicht verbürgten Aussagekraft ist natürlich aus dem Bereich politischer und werblicher Reklame bekannt, deren ubiquitäre Präsenz nur dadurch offensichtlich erträglich wird, daß man ihren Wahrhaftigkeitsanspruch – trotz ihres »Ehrlichkeitsappell« (HAUG, S. 161) – erst gar nicht unterstellt und sich damit die Prüfung der Argumente von Anfang an erspart.

Als weitere Regel des Persuasiven Sprechaktes läßt sich demnach aus der genannten Bedingung ableiten:

Regel 2:
Der Persuasive Sprechakt gelingt dann und nur dann, wenn D an einer argumentativ erzielten Verständigung (Konsens) mit S ernsthaft interessiert ist.

4.5.3 Dritte Regel des Persuasiven Sprechaktes

Schließlich geht D, vorausgesetzt daß er fähig wie aufrichtig bereit ist, mit S in einen Persuasiven Dialog einzutreten, zugleich gegenüber S eine Verpflichtung ein; die Verpflichtung nämlich, bei einem möglicherweise ausbleibenden Überzeugungserfolg keine persuasionsfremden Repressalien gegenüber S einzusetzen. D. h.: D verpflichtet sich, gegenüber S das Scheitern seines Überzeugungsversuches nicht nur einzukalkulieren, sondern als in der Entscheidungsfreiheit von S liegende Möglichkeit vorbehaltlos zu respektieren.

Diese Verpflichtung ist relevant für die *Sprechakt-Sequenz*, d. h., für die Abfolge verschiedener Sprechakte, aus der sich in der Regel eine kommunikative Interaktion aufbaut. Die in der Beispielsituation angenommene Sprechakt-Sequenz umfaßt die Sprechakte des Bittens, Befehlens und Warnens. Wenn wir einmal den Persuasiven Sprechakt zwischen D und S zwischen H und S sich vollziehen lassen, dann ergäbe sich damit eine Sequenz von Sprechakt des Bittens bis zum Sprechakt der Persuasion; eine Sequenz, die wir oben bereits als Unsicherheit von H interpretiert hatten, seine Beziehung zu S angemessen einzuschätzen. In einem hierarchisch organisierten Sozialsystem – so war weiter gesagt worden – wäre eine solche als Test funktionalisierte Sequenz aufgrund der institutionell standardisierten Interaktionsmuster wenig plausibel. Im Unterschied zu der angenommenen Sprechakt-Sequenz von der Bitte zur Persuasion wäre ihre Umkehrung jedoch nicht möglich. D. h., es ist ausgeschlossen, von der Persuasion zum Befehl überzuwechseln, ohne eine grundlegende Voraussetzung des Persuasiven Sprechaktes im nachhinein zu annullieren, nämlich die Autonomie des Kommunikationspartners zu respektieren, selbst wenn er nicht im Sinne des Sprechers entscheidet.

Damit wird deutlich: der Sprechakt der Persuasion schließt den Befehl als nachfolgenden Sprechakt zwischen den gleichen Kommunikationspartnern aufgrund der unterschiedlichen, ja gegensätzlichen Kommunikationsmodi aus. Die den Persuasiven Sprechakt konstituierende symmetrische Kommunikationsbeziehung kann, falls sie einmal als gültig unterstellt wurde, nicht mehr zurückgenommen werden.

Anders verhält es sich, wenn einer erfolglosen Persuasion eine Bitte als Sprechakt folgt; denn es ist immer noch möglich, einen Kommunikationspartner, den man argumentativ nicht überzeugen konnte, durch Bitten zum Nachgeben zu bewegen (»Ich tue es Dir zuliebe!«). Ein solcher Wechsel des Kommunikationsmodus bedingt zwar auch eine Neudefinition der Kommunikationsbeziehung; doch sie erfolgt – anders als beim Befehl – über die Selbsteinschätzung des Sprechenden als eines Bittenden und damit als eines vom Kommunikationspartner Abhängigen.

Eine genauere Analyse der Sequenzmöglichkeiten von Sprechakten könnte zu einer Klassenbildung aufgrund gemeinsamer Merkmale führen (vgl. SEARLE, S. 99, 110), in diesem Fall etwa zur Klasse der Aufforderungs-Sprechakte (vgl. MAAS 1972/2, S. 202 ff.).

Auf die bisher angesprochene Bedingung eines Persuasiven Sprechaktes könnte in der Beispielsituation S etwa mit der Äußerung verweisen: »Sie behalten doch immer recht!« bzw. »Ich muß es ja doch tun!« Mit einer solchen Äußerung wäre nicht die überragende Überzeugungskraft von D vorbehaltlos anerkannt, sondern auf die Überlegenheit von D aufgrund seiner Stellung verwiesen, die es ihm nach Meinung von S erlaubt, die Persuasion als ein Mittel unter anderen zur Erreichung seiner Ziele einzusetzen. Die Berechtigung die-

ser Beurteilung wäre schon gegeben, wenn D nach ausbleibendem Überzeugungserfolg S Starrköpfigkeit, Undankbarkeit, Stolz usw. vorwerfen würde,
wodurch die erfolglos vollzogene Persuasive Sprechakt im nachhinein von D
als eine eigentlich gar nicht angemessene Interaktionsform zwischen ihm und
S qualifiziert würde.

Die dritte Regel, die sich aus dieser Bedingung des Persuasiven Sprechaktes ableiten läßt, heißt demnach:

Regel 3:
Der Persuasive Sprechakt gelingt dann und nur dann, wenn D
gegenüber S die Verpflichtung eingeht, die Entscheidung von S in
jedem Fall zu respektieren und nicht durch persuasionsfremde
Mittel zu beeinflussen.

Damit sind drei Regeln eines gelingenden Persuasiven Sprechaktes genannt worden, deren Einhaltung nicht nur S unterstellen muß, sondern
deren Einhaltung durch D sowohl subjektiv gewollt wie faktisch möglich sein muß. Ohne diese intersubjektive Gewißheit für jede der drei
genannten Regeln aufzunehmen, ließe sich ein aufrichtiger von einem
unaufrichtigen, d. h. in täuschender Absicht vollzogenen Sprechakt gar
nicht unterscheiden, weil der unaufrichtige Sprechakt ja gerade auf der
mangelnden Übereinstimmung zwischen unterstellten und faktisch ein-
gelösten Bedingungen beruht (vgl. SEARLE, S. 95 f.).

Anstatt weitere Regeln zu formulieren, die diese Übereinstimmung jeweils berücksichtigen, ergänzen wir die drei bisher erläuterten Regeln
in dem Sinn, daß S sowohl die Einhaltung der Regeln 1–3 unterstellen wie daß D diese unterstellten Regeln 1–3 einzuhalten willens
und fähig sein muß.

Die bisher ermittelten Regeln umschreiben allerdings noch nicht das
gesamte Regelrepertoire des Persuasiven Sprechaktes. Wie S von D annehmen muß, daß er die Regeln 1–3 einhält, ebenso muß D seinerseits
von S annehmen, daß er als Kommunikationspartner in einem
Persuasiven Sprechakt bestimmte Regeln einzuhalten imstande ist.
Nur aufgrund einer solchen Annahme wird D überhaupt bereit sein,
die Verbindlichkeit der bisher genannten Regeln anzuerkennen. Die
von S in der bisher interpretierten Beispielsituation zu beachtenden
Regeln seien im folgenden beschrieben.

4.5.4 Vierte Regel des Persuasiven Sprechaktes

D wird sinnvollerweise S nur unter der Voraussetzung von der Richtigkeit seiner Argumente zu überzeugen versuchen, daß er seinerseits
unterstellt, S sei zu verantwortlichem Handeln überhaupt fähig. Verantwortliches Handeln hatten wir oben als ein Handeln beschrieben,
das über seine Bedingungen verfügt und demgemäß im Unterschied
zum reaktiven Verhalten über sich selbst und seine handlungsleitenden Motive Rechenschaft abgeben kann. Die in der Beispielsituation

zitierte Frage von D an S: »Warum wolltest Du die Tüte nicht aufheben?« impliziert ja die Annahme, daß dem Handeln von S eine bestimmte Intention zugrunde liegt, die D mit seiner Frage offensichtlich problematisieren möchte. Eine solche Frage ist Schwachsinnigen gegenüber ebenso sinnlos wie unmündigen Kindern gegenüber.

Die Fähigkeit von S, über seine handlungsleitenden Motive Rechenschaft geben zu können, läßt sich mit dem oben bereits zitierten HABERMASSchen Begriff »Zurechnungsfähigkeit« nennen: »Wir *müssen*, sofern wir uns überhaupt ihm (dem Kommunikationspartner) gegenüber als einem Subjekt einstellen *wollen*, davon ausgehen, daß unser Gegenüber uns sagen *könnte*, warum er in einer gegebenen Situation sich so und nicht anders verhält.« (1971, S. 118) Diese Zurechnungsfähigkeit ist oben bereits als »Intentionalitäts-« und »Legitimitätserwartung« beschrieben worden, d. h. als Unterstellung intentionalen wie überzeugten Handelns.

Doch wir wollen statt von »Zurechnungsfähigkeit« spezifischer von *Überzeugungsfähigkeit* bzw. *Überzeugbarkeit* sprechen. Diese Unterstellung geht davon aus, daß eine den Geltungsanspruch handlungsleitender Motive problematisierende Frage nicht damit abgegolten ist, daß S etwa die Gründe für sein Handeln darlegt. Eine Problematisierung von Geltungsansprüchen ohne gleichzeitige Annahme, daß S möglicherweise zur kritischen Überprüfung und im Grenzfall auch zur Korrektur seiner eigenen Position veranlaßt werden könnte, wäre in sich sinnlos.[10] Die Frage von D (»Warum . . .?«) rechnet von Anfang an mit der Fähigkeit von S, sich durch die Argumente des Kommunikationspartners D gegebenenfalls überzeugen und in seinem Handeln beeinflussen zu lassen.

Das heißt: Aus der »Legitimitätserwartung«, die nach HABERMAS unterstellt, daß »die Geltung einer Norm auf dem Anspruch diskursiver Begründbarkeit beruht« (1971, S. 119), folgt notwendig die weitere Erwartung, daß diese Norm auch nur so lange gilt, als die der argumentativen Problematisierung standhält: »Damit unterstellen wir zugleich, daß Subjekte, denen wir diskursiv zeigen können, daß sie die beiden genannten Bedingungen nicht erfüllen (Intentionalitäts- und Legitimitätserwartung), die entsprechende Norm fallenlassen und ihr Verhalten ändern würden.« (HABERMAS 1971, S. 120)

Die Überzeugungsfähigkeit bzw. Überzeugbarkeit des Menschen ist eine Grundkategorie der Persuasionsforschung (DRÖGE u. a., S. 71 ff.), die später wenigstens umrißhaft noch angedeutet werden soll (vgl. Kap. 7). Doch die am Wirkungsprozeß von Kommunikation und an den ihn bestimmenden Variablen interessierte Persuasionsforschung setzt die grundsätzliche Fähigkeit des Menschen, sich überzeugen zu lassen, bereits voraus: »Der Überzeugbarkeitsfaktor ist . . . ein konstanter Parameter, der nach bestimmten sozio-ökonomischen und psychologischen Variablen unterschiedlich groß, aber bestimmbar ist.« (DRÖGE u. a. 1969, S. 71)

Die Überzeugungsfähigkeit wäre – entsprechend der unter 4.3.2 erläuterten Beziehung zwischen »Überzeugen« und »Beeinflussen« – als eine spezifische Form der allgemeinen Beeinflußbarkeit des Menschen anzusprechen. Diese Beeinflußbarkeit wird heute eher als Manipulierbarkeit gefürchtet, denn als Freiheit im traditionell philosophischen oder als Weltoffenheit im kulturanthropologischen Sinn zum auszeichnenden Distinktiv des Menschen erhoben. Gleichwohl vermag eine systemtheoretische Interpretation die Beeinflußbarkeit des Menschen als Anpassungsfähigkeit dynamischer Systeme einsichtig zu machen, die in gleicher Weise die Existenz von Individuen wie von sozialen Systemen bedingt. Die Sozialkybernetik (DEUTSCH[1]) nennt diese Anpassungsfähigkeit – mit einem schon von N. WIENER benutzten Ausdruck – »Lernfähigkeit«[11].

Insofern ließe sich – ohne im einzelnen Lernfähigkeit von Überzeugungsfähigkeit abzugrenzen[12] – Überzeugungsfähigkeit als ein spezieller Fall von Lernfähigkeit interpretieren; speziell, insofern die im Persuasiven Kommunikationsprozeß ausgetauschten Informationen an die praktische Einsicht handlungsfähiger Subjekte appelieren, die durch überzeugungskräftige und konsensfähige Argumente ihr Handeln wechselseitig beeinflussen.

Aus der erläuterten Überzeugbarkeits-Bedingung für das Gelingen eines Persuasiven Sprechaktes läßt sich jetzt die vierte Regel ableiten:

Regel 4:
Der Persuasive Sprechakt gelingt dann und nur dann, wenn S fähig ist, sich mit den von D vorgebrachten Argumenten auseinanderzusetzen und sich gegebenenfalls durch sie überzeugen zu lassen.

4.5.5 Fünfte Regel des Persuasiven Sprechaktes

Es genügt allerdings nicht, daß der Kommunikationspartner des Persuasiven Sprechaktes zur Überzeugung fähig ist; es muß – wie die Beziehung zwischen Regel 1 und 2 schon andeutet – die Bereitschaft hinzukommen, sich überzeugen zu lassen. Von dieser Beziehung zwischen Überzeugungsfähigkeit und Überzeugungsbereitschaft spricht u. a. SCHNEIDER (S. 3), wenn er von der Zusammengehörigkeit »aktiver und passiver Überzeugungsbereitschaft« spricht. Diese Bereitschaft wird in Formulierungen in Frage gestellt wie: »Sie lassen sich doch nicht überzeugen« bzw. »Sie wollen sich ja nicht überzeugen lassen« u. ä. m.

Musterbeispiele für die fehlende Bereitschaft, sich argumentativ überzeugen zu lassen, liefern PLATOS Frühdialoge. Sie lassen zugleich die Gründe für die fehlende Bereitschaft erkennen, wenn PLATO in der bereits zitierten ›Apologie‹ SOKRATES von dem verärgerten Unwillen berichten läßt, auf den seine ver-

unsichernden Fragen gestoßen seien: »Aus dieser Nachforschung sind mir ...
viele Feindschaften entstanden« (23a).

Man könnte das sich in diesem Unwillen exemplarisch ausdrückende
Verhalten mit dem schon zitierten Begriff LORENZERS als »Desymbolisierung« bezeichnen, d. h. als einen Versuch, die handlungsleitenden
Normen aus ihrem nur diskursiv einlösbaren Begründungsanspruch
auszublenden. Die so ausgeblendeten Normen verdanken sich aber
gleichwohl einer sie legitimierenden Funktion, die – auf den gesellschaftlichen Bezugsrahmen bezogen – *Ideologie* genannt wird. Ihre
Funktion ist Rechtfertigung, doch eine Rechtfertigung, die der kommunikativen Vergewisserung entbunden ist, was ebenso ihren »scheinhaften« Charakter bedingt, wie es die oben genannte Zurechnungsfähigkeit des Handelnden zur Fiktion macht (HABERMAS 1971,
S. 120 f.), indem sie die handlungsleitenden Motive verschleiert und
verstellt.

Das mit dem Begriff »Desymbolisierung« angedeutete Phänomen der ideologischen Ausblendung begründungsnotwendiger Geltungsansprüche hat auch
seinen sozialpsychologischen Aspekt. Er wird in den verschiedenen verhaltens-
wissenschaftlichen Varianten seit F. HEIDERS Gleichgewichtstheorie als Dissonanzreduktion beschrieben (DRÖGE u. a. 1969, S. 53 ff.) Der Versuch der Dissonanzreduktion besteht u. a. darin, daß ein Individuum, um seine kognitive
Konsonanz zu wahren, sich abweichenden Meinungen erst gar nicht aussetzt
(Prinzip der »Selektion«) bzw. sich ihrem Einfluß durch deren Disqualifikation entzieht. Diese für eine Persuasionsforschung wichtigen Fragen, die seit
L. FESTINGER besonders als »Theorie der kognitiven Dissonanz« bekannt sind,
werden in Kapitel 7 noch einmal kurz aufgegriffen.

Die einen Meinungswandel abblockenden oder zumindest erschweren-
den Immunisierungsstrategien, ob man sie nun als Mechanismen ko-
gnitiver Dissonanzreduktion oder als Ideologien beschreibt, sollten nur
als mögliche Kommunikationssperren erwähnt werden, um vor einer
moralistisch verengten Interpretation des hier eingeführten Begriffs
»Überzeugungsbereitschaft« zu warnen. Die Bereitschaft, sich argumentativ überzeugen zu lassen, impliziert mehr als moralische Integrität;
sie ist ein Stück gelungener individueller wie gesellschaftlicher Aufklärung, d. h., sie antizipiert ebenso wie die übrigen genannten Regeln
eine »ideale Sprechsituation« (HABERMAS 1971, S. 136 ff.), in der
nur die Überzeugungskraft des besseren Arguments meinungsbeeinflus-
sendes Gewicht hat.

Als fünfte Regel eines gelingenden Persuasiven Sprechaktes können wir
demnach formulieren:

Regel 5:
Der Persuasive Sprechakt gelingt dann und nur dann, wenn S bereit ist, sich gegebenenfalls von den Argumenten des Kommunikationspartners überzeugen zu lassen.

4.5.6 *Sechste Regel des Persuasiven Sprechaktes*

Schließlich geht auch S gegenüber D im Persuasiven Sprechakt eine Verpflichtung ein, und zwar in dem Sinn, daß er sein zukünftiges Handeln von den Normen leiten läßt, die im Persuasiven Akt als Ergebnis diskursiver Prüfung ermittelt oder bestätigt worden sind, d. h., er läßt sein Handeln von der Überzeugung bestimmt sein, die er aufgrund des Argumentationsprozesses gewonnen hat. Diese Verpflichtung entspricht funktional der im Sprechakt des Versprechens eingegangenen Verpflichtung, das Versprechen einzulösen. Auf diese Regel verweisen Ausdrücke wie: »Er hätte eigentlich anders handeln müssen«, bzw.: »Man hätte ein anderes Handeln erwarten können« u. ä. m.

Diese Regel kommt, wie der Modellfall des gegen seine Überzeugung handelnden Pilatus zeigt, sehr oft mit anderen Regeln in Konflikt, die ein Einhalten der sprechaktspezifischen Regel verhindern. Soweit es sich dabei um klassische Wertkonflikte handelt, sollen sie hier ausgespart bleiben. Soweit aber eine im Persuasiven Sprechakt subjektiv übernommene Verpflichtung durch gesellschaftspolitische Handlungsbedingungen an ihrer Einlösung gehindert wird, sind Fragen nach der schon öfter angesprochenen Beziehung zwischen Persuasion und Gesellschaftsordnung genannt, die in Kapitel 5 noch etwas genauer behandelt werden sollen. Hier sei zunächst die sechste Regel des Persuasiven Sprechaktes formuliert:

Regel 6:
Der Persuasive Sprechakt gelingt dann und nur dann, wenn S sich verpflichtet, gemäß seiner Überzeugung zu handeln.

Zu den genannten Bedingungen, deren Einlösung durch seinen Kommunikationspartner D im Persuasiven Sprechakt unterstellen muß, kommen – wie zu den Regeln 1–3 bereits erwähnt – die faktische Fähigkeit und Bereitschaft von S, diesen Unterstellungen von D zu entsprechen. Wie oben angemerkt, müssen die Regeln 3–6 um diesen Aspekt erweitert werden.

Weiter ist modifizierend zu ergänzen, daß der Persuasive Sprechakt bisher als ein kommunikativer Überzeugungsversuch interpretiert wurde, der einseitig von D ausgeht. Daß diese Interpretation eine allein heuristisch zu rechtfertigende Vereinfachung war, liegt auf der Hand; denn jede Kommunikation, die nicht unter rigiden Randbedingungen zur komplementären Rollenaufteilung degeneriert, rechnet mit dem reziproken Rollentausch zwischen Kommunikator und Rezipient. Das heißt im speziellen Fall der Persuasiven Kommunikation, daß die bisher ermittelten Regeln, die für D als Sprecher und für S als Adressat des Persuasiven Kommunikationsaktes formuliert wurden, für beide Kommunikationspartner verbindlich sind, je nach der Rolle, die sie im Kommunikationsprozeß abwechselnd spielen.

4.5.7 *Siebte Regel des Persuasiven Sprechaktes*

Persuasive Kommunikation hatten wir bisher funktional als Versuch der Kommunikationspartner beschrieben, einen zwischen ihnen bestehenden Dissens argumentativ in einen Konsens zu überführen. Weil der Konsens aber als Überzeugungserfolg nur *eine* mögliche Wirkung des gelingenden Sprechaktes darstellt, hatten wir ihn aus dem Ensemble sprechaktbezogener Regeln ausgeschlossen. Zu fragen bleibt jetzt aber, ob der Dissens zwischen D und S über Z als allgemeinste Voraussetzung eines Überzeugungsversuches zwischen den Kommunikationspartnern ebensowenig in eine Regel des gelingenden Persuasiven Sprechaktes übersetzt werden kann.

Eine entsprechende Überlegung macht sehr schnell deutlich, daß eine solche Regel nicht den Dissens selbst als Resultante divergierender Meinungen zwischen D und S über Z betreffen, sondern nur die Bedingungen der Möglichkeit eines solchen Dissens angeben kann. Diese Bedingungen der Möglichkeit eines Dissens liegen aber in Z selbst begründet, d. h. genauerhin: in der *Problematisierbarkeit* des praktischen Geltungsanspruches handlungsleitender Normen, die verschiedene und gegebenenfalls sogar kontroverse Beurteilungen zulassen.

Auf die damit angedeutete Bedingung eines gelingenden Sprechaktes hat neben Austin (1968, S. 141) besonders Searle (S. 89, 96 u. ö.) mit der »Regel des propositionalen Gehaltes« *(propositional content rule)* hingewiesen. Nach dieser Regel läßt ein Sprechakt nur bestimmte Propositionen zu, d. h., je nach der konkreten Ausfüllung der Variable »F« in der allgemeinen Sprechaktformel: F (p) wird auch das Ensemble möglicher Propositionen »p« determiniert. Wie z. B. ein Versprechen sich nicht ohne Regelverletzung auf Vergangenes beziehen, sondern nur zukünftiges Handeln verpflichten kann, ebenso können in einem Persuasiven Sprechakt nicht Meinungen mit Argumenten gestützt werden, die sich auf Sachverhalte beziehen, die – wie etwa naturwissenschaftliche oder logische Gesetze – gar nicht strittig sein können. Als allgemeine Bestimmung von »p« in der Persuasiven Sprechaktformel: Üb(p) kann daher die Kategorie des *Strittigen* gelten.

»Strittig« soll dabei die *Problem-Struktur* eines Sachverhaltes (vgl. Hennis 1963, S. 93; Fischer 1972, S. 120 f.) als eines uneindeutigen und insofern offenen kennzeichnen, wobei sowohl der griechische Begriff »próblema« wie sein lateinisches Pendant »controversia« bereits von der antiken Rhetorik-Theorie zur Bestimmung der in der gerichtlichen Modellsituation verhandelten Sachverhalte verwendet wurde (Lausberg 1960, S. 51 u. ö.). Der Begriff »controversia« hat übrigens noch bis in die Spätantike eine besondere Form deklamatorischer Redeübung gekennzeichnet, in der — meist fiktive — Rechtsfälle zur Entscheidung und argumentativen Begründung vorgelegt wurden (Clarke, S. 113 ff.), eine Übung, die als »ars disputatoria« noch die Artistenfakultät der späteren Universitäten bestimmte (Barner 1970, S. 393 ff.).

»Strittig« soll dagegen nicht — so der Wortgebrauch bei MAAS (1972/2, S. 259 f.) — auf ein »Paar widerstreitender Behauptungen« bzw. »auftretende Widersprüche« verweisen.[3] Denn »Widersprüche« sagen als solche noch nichts über die mögliche Problemstruktur des zugrundeliegenden Sachverhaltes aus, sondern können u. a. auch auf das Fehlen von Methoden zurückzuführen sein, die eine geeignete Nachprüfung und damit eine mögliche Entscheidung über den jeweiligen Wahrheitsanspruch der vorliegenden Behauptungen nicht zulassen. Zum anderen meint der Begriff »Behauptung« im allgemeinen eine Existenz-Aussage über Sachverhalte, deren Wahrheitsanspruch durch eine intersubjektiv mögliche Nachprüfbarkeit sich ausweisen muß (vgl. Kap. 6).

Das Strittige aber als Problemstruktur der im Persuasiven Sprechakt thematisierten Sachverhalte ist nicht Objekt widerstreitender Behauptungen, sondern *kontroverser Argumentationen*. Argumente in dem hier verstandenen Sinn enthalten keine die Existenz von Sachverhalten behauptende bzw. — wie AUSTINs oben zitierter Begriff lautete — »konstatierende« Aussagen, sondern sie enthalten Gründe, die normative Einstellungen und Meinungen über Sachverhalte überzeugend rechtfertigen. Rechtfertigende Argumente aber, da sie keine Existenzaussagen machen, können weder wahr noch falsch sein, sondern aufgrund ihrer Überzeugungskraft nur als gültig anerkannt bzw. aufgrund ihrer fehlenden Überzeugungskraft als ungültig verworfen werden. Daher spricht man gemeinhin auch nicht von »wahren« und »falschen«, sondern von »starken« und »schwachen« Argumenten. Entsprechend ist es nicht das Ziel der Persuasion, widerstreitende Behauptungen auf die Berechtigung ihres Wahrheitsanspruches hin zu prüfen, sondern bestimmte praktische Handlungsnormen im Spannungsfeld kontroverser Geltungsansprüche argumentativ zu begründen und für ihre Ratifikation durch die überzeugte Zustimmung der Kommunikationspartner zu werben.

Im Bereich widerstreitender Behauptungen impliziert die möglicherweise gelingende Übereinstimmung, insofern sie sich als intersubjektiv nachprüfbare ausweist, zugleich die Widerlegung und Außerkraftsetzung der widerstreitenden Behauptung. Diese Zwangsfalsifikation leistet aber gerade die gelungene Übereinstimmung, die aufgrund von Argumenten zustandekommt, nicht. Sie vermag keine Gegenargumente zu widerlegen, sondern allenfalls ihnen ihre Überzeugungskraft zu bestreiten: »Der praktische Diskurs zielt … auf überzeugende Rechtfertigung, und nicht auf wahre Behauptungen.« (HABERMAS 1971, S. 130)

Die Rhetorik hat seit der Antike — freilich oft genug aufgrund ihres technologischen Selbstverständnisses — die Technik des Pro-et-Contra-Argumentierens als rednerische Höchstleistung verstanden und entsprechend zu vermitteln versprochen. Als Klärungsmethode im Meinungsstreit hat sich diese Methode jedoch — jenseits aller artistischen Selbstgenügsamkeit — bis in die Gegenwart in allen Bereichen bewährt, die es nicht mit der Prüfung des *Wahrheitsanspruches von Be-*

hauptungen, sondern mit der Prüfung des *Geltungsanspruches von Argumenten* zu tun haben.[14]

Bevor diese Bemerkungen (in Kap. 5) weitergeführt werden, sei zuvor die Erörterung dieses Abschnittes in der siebten Regel eines gelingenden Persuasiven Sprechaktes zusammengefaßt:

Regel 7:
Der Persuasive Sprechakt gelingt dann und nur dann, wenn die Proposition sich auf Sachverhalte bezieht, deren strittiger Charakter einen Dissens zwischen den Kommunikationspartnern zuläßt.

4.6 Persuasiver Sprechakt – Persuasive Kommunikation

Wir hatten in diesem Kapitel den Versuch unternommen, im Sinne der Sprechakt-Theorie den Persuasiven Sprechakt als »regelgeleitetes Verhalten« (SEARLE) zu interpretieren. Dabei war besonders im letzten Abschnitt dieses Kapitels deutlich geworden, daß das Gelingen des Persuasiven Sprechaktes nicht allein an Regeln geknüpft ist, für deren Einlösung die Kommunikationspartner gegenseitig einstehen. Die Kategorie des »Strittigen« hat auf Bedingungen verwiesen, die der Persuasive Sprechakt inhaltlich, d. h. hinsichtlich seiner Proposition zu erfüllen hat. »Strittig« war in diesem Zusammenhang nicht als Kennzeichnung des Dissens zwischen den Kommunikationspartnern verstanden worden, sondern als Kennzeichnung der Problemstruktur des zugrundeliegenden Sachverhaltes, der einen solchen Dissens überhaupt erst objektiv möglich macht.

Die vorläufige (und in Kap. 5 zu erweiternde) Charakteristik dieser Problemstruktur verwies auf den Bereich praktischen Handelns, dessen begründbare Rechtfertigung die subjektive Orientierung an handlungsleitenden Normen voraussetzt. Diese Normen bestimmen Handeln aber nicht im Sinne determinierender Gesetze, sondern im Sinne frei bejahter Maximen, deren objektive Voraussetzung die eine Entscheidung überhaupt erst ermöglichende Offenheit des Handlungsspielraumes darstellt. Die Gültigkeit dieser handlungsleitenden Maximen liegt im Unterschied zur Wahrheit von Existenzaussagen in der Überzeugungskraft der sie stützenden Argumente begründet. Das Medium, in dem diese Überzeugungskraft erprobt wird, ist die Sprache, insofern sie handlungsleitende Normen symbolisch zu verselbständigen, d. h. zu reflektieren und zu problematisieren erlaubt. Entsprechend ist die spezifische Qualität sprachlichen Handelns in der Ermöglichung verantwortlichen Handelns zu sehen, wobei »verantwortlich« nicht nur die Fähigkeit meint, die handlungsleitenden Normen rechtfertigen zu können, sondern diesen Normen aufgrund ihrer konsensfähigen Überzeugungskraft auch intersubjektive Geltung zu verschaffen. Der Akt, in dem diese Geltung argumentativ zu begründen versucht wird, ist der Persuasive Sprechakt, den wir jetzt als ein Paradigma verantwortlichen Handelns in dem bereits genannten Sinn interpretieren dürfen (vgl. oben S. 44).

Wenn es richtig ist, daß in der Regel beide Partner eines Persuasiven Sprechaktes ihre handlungsleitenden Normen nicht nur zu rechtfertigen, sondern diesen Normen intersubjektive Geltung zu verschaffen versuchen, dann kann ein solcher kommunikativer Versuch auch nicht als *ein* Sprechakt angemessen beschrieben werden, wie es bisher aus methodischen Gründen vereinfachend geschehen ist. Vielmehr handelt es sich – wie schon MAAS für die von ihm untersuchte »Argumentationshandlung« betont (1972/2, S. 260) – um eine Sequenz von verschiedenen Sprechakten, in denen eine wechselseitige prozessuale Aufklärung handlungsleitender Normen mit dem Ziel intersubjektiver Verständigung versucht wird.

Diese Sequenz erlaubt zwar nur – wie bereits betont wurde (vgl. zur 3. Regel) – eine bestimmte Bandbreite kommunikativer Interaktionen; gleichwohl kann diese Sequenz aber auch nicht-persuasive Sprechakte enthalten, die – wie etwa Behauptungen – innerhalb der Sprechakt-Sequenz als argumentationsstützende Akte funktionalisiert und insofern für den Persuasiven Prozeß relevant werden können (vgl. Kap. 6).

Als eine solche Persuasive Sprechakt-Sequenz läßt sich nun endlich auch die begrifflich schon öfters benutzte »Persuasive Kommunikation« interpretieren, und entsprechend können die früheren Definitionsversuche wie folgt verändert werden:

> Die persuasive Kommunikation ist eine persuasiv funktionalisierte Sequenz von Sprechakten, in denen vermittels sprachlicher Argumente die Kommunikationspartner sich wechselseitig zu beeinflussen versuchen mit dem Ziel, durch adäquaten Meinungswandel einen Konsens herzustellen.

Der Konsens als ein mögliches Ergebnis einer solchen Kommunikation muß nicht identisch sein mit den ursprünglichen Persuasiven Zielen der Kommunikationspartner. Die hermeneutische Leistung der Persuasiven Kommunikation, verstanden als Chance, das Ensemble geschichtlich-situativer Möglichkeiten bewußt zu machen und eine entsprechende Entscheidung motivational zu begründen, diese hermeneutische Leistung macht eine Korrektur des in Abbildung 6 schematisierten Modells der Persuasiven Kommunikation nötig. Diese Kommunikation kann nicht allein aus der Perspektive von A konzipiert werden, der B zur Erreichung von Z (genauer von: Z_A) zu gewinnen versucht. Zum Modell der Peruasiven Kommunikation wird diese Abbildung erst, wenn A und B reziproke Funktionsrollen darstellen, so daß jeder der am Kommunikationsprozeß beteiligten Partner zugleich Subjekt und Objekt der Überzeugungsintention ist. Die in diesem dynamischen Prozeß immanent geleistete hermeneutische Aufklärung geschichtlich-situativer Möglichkeiten fungiert zugleich als Horizont neuer oder zumindest modifizierter Zielvorstellungen (Z_N). Diese Dialektik zwischen Persuasion als *mittelbare Realisation* intendierter

Zielvorstellungen und Persuasion als *hermeneutischer Aufklärung* über mögliche Zielvorstellungen ist konstitutiv für das in dieser Untersuchung explizierte Rhetorikverständnis.

Abb. 9

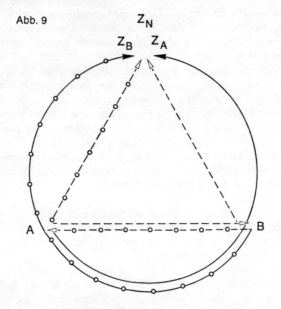

Diese konstitutive Dialektik wird einseitig aufgelöst etwa in AUSTINs oben zitierter Formel für die von ihm so genannten »perlokutiven Akte« (*»dadurch daß* ich x getan habe, habe ich y getan«, S. 121 u. ö.). Diese Formel verengt die Überzeugungsrede instrumentell, indem sie die Persuasion zu einem Mittel der Realisation von Zielen nivelliert,[15] die — so AUSTIN (1972, S. 132) — »zusätzlich oder ganz und gar durch außersprachliche Mittel erreicht werden« können: »Sogar die Ziele des Überzeugens ... kann man außersprachlich erreichen.« (Ebd.)

Das Spezifische der Persuasiven Kommunikation, nach dem hier als Distinktiv zu anderen Formen sprachlicher Beeinflussung gefragt war, ist also nicht *instrumentell*, sondern nur *hermeneutisch* zu bestimmen. Denn das Ziel Persuasiver Kommunikation ist nur über den gelingenden Konsens der Kommunikationspartner zu erreichen, d. h. über die Ratifikation wechselseitig erhellter und zustimmungsfähiger Normen. Diese Ratifikation durch das Bewußtsein handelnder Subjekte aktualisiert die dem Handeln eigene und an Sprache als Explikationsmedium gebundene Rationalität, die wir beschrieben haben als Orientierung des Handelns an Normen, deren intersubjektiver Geltungsanspruch durch überzeugende Rede motiviert werden kann (vgl. HABERMAS 1970/ 1, S. 75).

5 Ideale Sprechsituation – Ideale Lebensform

5.1 Aristoteles' Kategorie der »Möglichkeit des Andersseins«

Die eben erläuterte Kategorie des »Strittigen« (*próblema, controversia*) als Struktur der im Persuasiven Sprechakt thematisierten Sachverhalte war bereits von VICO mit dem Begriff des »Ungewissen« (*incerta*) vorweggenommen: »Gewisses« und »Ungewisses« kennzeichneten nach VICO unterschiedliche Objektbereiche, deren Erkenntnis verschiedene Methoden verlangt und zu verschiedenen Gewißheitsgraden des Erkannten führt. Es war in diesem Zusammenhang auch schon auf die ARISTOTELISCHE Quelle dieser Unterscheidungen hingewiesen worden, die hier durch einige ergänzende Anmerkungen noch etwas genauer bestimmt werden soll (vgl. GADAMER 1965, S. 297 ff.; HENNIS 1963, S. 36 ff.; RIEDEL, S. 85 ff.):

»Wir haben schon eingangs ausgesprochen, daß die Form der Untersuchung, die wir verlangen dürfen, dem Erkenntnisgegenstand entsprechen muß. Im Bereich des Handelns aber ... gibt es keine eigentliche Stabilität.« Der weitere Text aus ARISTOTELES' ›Nikomachischer Ethik‹ (= NE, 1104a) gibt die einzelnen Gründe an, warum sich menschliches Handeln der exakten wissenschaftlichen Objektivierung entzieht: Die Vielfalt der Handlungen, ihre Verflechtung in je verschiedenen situativen Kontexten, ihre Abhängigkeit von Personen, Zeit, Ort, Ziel, Mittel usw., die Fülle der Einzelfälle, die Undurchdringlichkeit der Intentionen, die Unsicherheit der Handlungsausgänge sowie die Ungewißheit der Nebenwirkungen — kurz: die mangelnde Stabilität oder positiv: die Veränderlichkeit praktischen Handelns machen es unmöglich, über Handeln irgend etwas dauerhaft Gültiges auszusagen.

Damit zeichnet sich eine Klassifikation von Erkenntnisobjekten ab, die eine entsprechende Klassifikation von Erkenntnisstrukturen zur Folge hat, deren zwei (es sind bei ARISTOTELES insgesamt fünf) uns hier allein interessieren (NE, 1139b): Unveränderliche, d. h. zeitlose, ungewordene, unzerstörbare, ewige und notwendige, jede Möglichkeit des Andersseins ausschließende Objekte sind allein Gegenstände wissenschaftlicher Erkenntnis (*epistéme*), die auch Prinzipienwissenschaft heißt. Veränderliche jedoch, d. h. in der Zeit ablaufende und von ihr abhängige, vergängliche und nicht-notwendige, das Anderssein als Möglichkeit einschließende Gegenstände lassen kein methodisch gesichertes Wissen zu und sind daher nicht Gegenstände wissenschaftlicher Erkenntnis, sondern, soweit sie das verändernde Herstellen betreffen, Objekte technischen Könnens (*téchne*), soweit die das verändernde Handeln betreffen, Objekte sittlicher Einsicht bzw. praktischer Klugheit (*phrónesis*). Damit ist die oben bereits erwähnte und schematisch veranschaulichte Trichotomie zwischen wissenschaftlichem Erkennen, technischem Können und praktischer Einsicht aufgegriffen, deren letztes Glied für unsere Frage hier allein von Bedeutung ist.

An der eben erläuterten ontologisch (veränderlich – unveränderlich) und logisch (notwendig – nicht notwendig) orientierten Unterscheidung zwischen dem Bereich außermenschlichen Seins und menschlichen Handelns ist von besonderem Gewicht der den Bereich des Handelns näher bestimmende und für die NE zentrale Begriff der »Möglichkeit des Andersseins«.[1] Diese Möglichkeit des Andersseins, d. h. die in der mangelnden Determination menschlichen Handelns begründete Veränderlichkeit ist nach ARISTOTELES überhaupt erst die *objektive* Voraussetzung für die *subjektive* Möglichkeit des verändernden Handelns, die als »Freiheit« (RIEDEL, S. 88) zur Entscheidung und damit zu verantwortlichem Handeln ermächtigt. »Denn Gegenstand des Handelns und Gegenstand der Entscheidung sein ist ein und dasselbe.« (ARISTOTELES, ›Metaphysik‹, 1025b).

Damit wird unter dem Aspekt der Möglichkeit des Andersseins das jeweilige Sosein abhängig von und bedingt durch menschliches Handeln, insofern Handeln im Akt der Entscheidung bestimmte Möglichkeiten realisiert. Die Möglichkeit des Andersseins und damit die Voraussetzung für menschliches Handeln bietet nach ARISTOTELES weder logische, mathematische, physikalische, meteorologische u. a. Gesetzmäßigkeiten noch historisch vergangene Ereignisse (NE, 112b), sondern allein das, »was in unserer Macht steht und verwirklicht werden kann« (NE, 1112a). ARISTOTELES bestimmt diesen Bereich allgemein mit dem Begriff »menschliche Angelegenheiten« (*prágmata*). Er versteht darunter Handlungen, deren bedingendes Prinzip im Unterschied zu den genannten Gesetzmäßigkeiten der Mensch ist als bewußt und »vorsätzlich« (*prohaíresis*) handelndes Wesen. Das letzte Ziel dieses Handelns ist das Glück als die sittliche Vollkommenheit des Menschen. An diesem »obersten Prinzip der praktischen Philosophie« (M. RIEDEL, S. 87) orientiert sich menschliches Handeln, das aufgrund dieser Orientierung normativ motiviertes Handeln ist; denn Handeln hat es mit dem zu tun, »was für den Menschen wertvoll oder nicht wertvoll ist« (NE, 1140b). Wer im Bereich des Handelns jeweils Rat weiß, »Mittel und Wege zum guten und glücklichen Leben aufzuzeigen« (NE, 1140a), der heißt »einsichtig«.

Die damit angedeutete Verankerung der subjektiven Fähigkeit des Handelns in der objektiven Möglichkeit des Andersseins hebt bei ARISTOTELES aber nicht die grundsätzliche ontologische Differenz zwischen Theorie und Praxis auf, zwischen dem ewig Seienden und dem veränderlich Kontingenten. Daraus ergibt sich eine eigentümliche Aporie: ». . . Von Gegenständen, die veränderlich und unselbständig sind und somit auch eine Veränderung durch Handeln zulassen, gibt es kein methodisch gesichertes Wissen, die Gegenstände hingegen, die ein solches Wissen zulassen, sind infolge ihrer Beschaffenheit . . . nicht zu verändern.« (M. RIEDEL, S. 88; HENNIS, S. 38 ff.). Diese Aporie, die ein sowohl für die antike wie nachantike Philosophiegeschichte gültiges »ontologisches Vorurteil« (M. RIEDEL, S. 89) beschreibt, hat der praktischen Philosophie lange den Wissenschaftscharakter abgesprochen und die mögliche Rationalität der Praxis zu reflektieren verhindert.

Gleichwohl verurteilt das Fehlen »methodisch gesicherten Wissens« praktisches Handeln (abgesehen von Fällen situativen Handlungszwangs) nicht zur dezisionistischen Willkür: »Zu Entscheidungen von großer Tragweite ziehen wir Ratgeber *(sýmbuloi)* bei, weil wir uns nicht die Kraft zutrauen, allein zu einer Lösung zu kommen.« (ARISTOTELES, NE, 1112b) D. h.: die objektive Möglichkeit des Andersseins als Voraussetzung der subjektiven Fähigkeit des Handelns verweist zugleich auf die Korrelation zwischen mangelnder Handlungsdetermination und notwendiger Handlungsaufklärung, die im Akt der Beratung *(Deliberation)* potentiell gelingt. Die Beratung, von ARISTOTELES als ein »Suchen« nach Problemlösungen beschrieben (NE, 1112b), trägt der Tatsache Rechnung, daß die »Notwendigkeit zu handeln weiter reicht, als die Möglichkeit zu erkennen« (GEHLEN 1966, S. 303); entsprechend ist ihre Funktion, »die Schärfe der fälligen Entscheidung zu mildern« (LÜBBE 1971, S. 20), indem sie durch diskursive Aufhellung aller entscheidungsrelevanten Handlungsaspekte die Einsicht vermittelt, die zur begründeten und damit der Verantwortung fähigen Wahl ermächtigt.

Die angedeutete Beziehung zwischen mangelnder Handlungsdetermination und deliberativer Handlungsaufklärung wird für ARISTOTELES besonders relevant im Bereich der Handlungen, die sich nicht so sehr auf den einzelnen *(Ethik)* oder die Haus- und Familiengemeinschaft *(Ökonomik)* beziehen, sondern auf die politische Existenzform des Menschen *(Politik)*. Zwar wächst mit dem Gewicht der Entscheidung die Erfahrung des ungenügenden Wissens und der Unsicherheit *(amphidoxein,* ARISTOTELES, ›Rhetorik‹, 1356a); doch mit der Anzahl der »Suchenden« wächst auch das Vermögen der praktischen Einsicht. Die Gemeinschaft der öffentlich beratenden Bürger wird so zum Vollzugsorgan öffentlicher Einsicht, die – ebenso wie im Fall des eben erwähnten individuellen Ratgebens – in der Fähigkeit besteht, Problemlösungen unter dem Aspekt der Zielorientierung praktischen Handelns zu beurteilen bzw. zu entwickeln. Die Zielorientierung öffentlich-politischen Handelns ist mit der Zielorientierung individuellen Handelns identisch (NE, 1094a), d. h. das Ziel des politischen Handelns ist an die Idee des »guten Lebens« gebunden, weil der Staat *(pólis)* »zwar um des bloßen Lebens willen entsteht, aber nur um des vollendeten Lebens willen *(eu zen)* besteht« (›Politik‹, 1252b, 1280b). Daher definiert sich die politische Gemeinschaft auch nicht schon durch die Gemeinsamkeit des Wohnortes, sondern allein durch die Gemeinsamkeit der Vorstellungen über das, was ein vollendetes Leben ausmacht (›Politik‹, 1253a, 1280b).

Aufgrund der in öffentlicher Beratung potentiell zu leistenden Handlungsaufklärung entscheidet sich ARISTOTELES bei der Frage, wer im Staat die Macht haben soll, für das Volk. Der Text, den u. a. HOFSTÄTTER zur Stützung seiner These von dem »statistischen Charakter der Besonnenheit« anführt (S. 38 f.), lautet:

»Denn es ist ja möglich, daß die große Volksmasse, wenn auch die einzelnen, aus denen sie besteht, keine besonders tüchtigen Leute sind, doch in ihrem Zusammentreten besser ist als eben diese besonders tüchtigen Leute, wenn man eben dabei nicht auf die einzelnen als solche, sondern auf die Gesamtheit sieht . . .« (›Politik‹, 128b)

Der griechische Ausdruck für Beraten *(buleúesthai)* verweist nicht nur terminologisch auf eine entsprechende rhetorische Gattung, die sogenannte beratende bzw. symbuleutische Rede (vgl. LAUSBERG 1960, S. 54 f.). ARISTOTELES setzt vielmehr die Rhetorik explizit mit der in der Beratung strittiger Sachverhalte potentiell gelingenden Handlungsaufklärung in Beziehung, wenn er den Gegenstandsbereich der Rhetorik zumindest strukturell zu bestimmen versucht:

»Die Rhetorik hat es mit Problemen zu tun, die wir zum Gegenstand von *Beratungen* machen und für die wir keine Fachwissenschaften besitzen . . . Wir beraten aber nur über Probleme, die offenkundig die *Möglichkeit des Andersseins* zulassen; denn über Probleme, die diese Möglichkeit nicht zuließen noch zulassen werden oder zulassen, berät man nicht . . . Fragen des *Handelns* sind Probleme solchen Beratens.« (›Rhetorik‹, 1359a; NE 1112a/f 1140a/f)

Die spätere Rhetorik hat die so geartete Struktur rhetorischer Sachverhalte u. a. unter der Kategorie der »res dubia« zusammengefaßt,[2] deren diskursive Aufklärung eine hermeneutisch verstandene Rhetorik zu leisten hat und auch zu leisten vermag, weil — so ARISTOTELES (›Rhetorik‹, 1353a) — die besseren und zutreffenderen Argumente auch die überzeugungsfähigeren sind. Die Probleme einer hermeneutisch funktionalisierten Rhetorik sind praktischer Natur: Was ist in einer bestimmten Situation nützlich oder schädlich, gerecht oder ungerecht, gut oder schlecht? (Ebd., 1358b)

Insofern die »res dubia« von allgemeinem Interesse ist, leistet die Rhetorik mit dieser diskursiven Aufklärung die öffentlich-politische Aktualisierung der praktischen Einsicht. Nicht zufällig definieren sich bei ARISTOTELES die Bestimmung des Menschen als eines »politischen Wesens« und seine Bestimmung als eines »sprach- und denkfähigen Wesens« gegenseitig (›Politik‹ 1253a), und nicht zufällig bezeichnet der Name »Redner« *(rhétor)* im Griechischen auch den Politiker.

Die überzeugungsfähige Argumentation ist die Form, in der sich diese politische, weil öffentliche Einsicht verwirklicht. Die Rhetorik war die Schule, in der sie gelehrt und eingeübt wurde:

»So diente zwar Rhetorik der wirksamen Empfehlung und Warnung; sie zielte auf Entscheidung ab, auf das Handeln der Bürger. In Fällen aber, in denen sie sich auf die verhandelte Sache selbst einläßt, übte der Redner geradezu das philosophische Geschäft praktischer Klugheit auf dem bestimmten Gebiet der Politik.« (HABERMAS 1969/1, S. 50)

Darin liegt ihre Eignung begründet »zur Hermeneutik gelebter Situationen und zur Erzielung eines Konsensus politisch handelnder Bürger«. (Ebd.)

Das heißt: Die Rhetorik wird – so NEUMEISTER (S. 29) – »aus einer Überredungstechnik in eine *Methode der Wahrheitsfindung* umgedeutet«. Ob ARISTOTELES damit, wie der gleiche Autor meint (S. 22), die Rhetorik in ihrem »Wesen mißversteht«, kann von dem in dieser Arbeit explizierten Selbstverständnis der Rhetorik nur bezweifelt werden.

Die bisherigen Erläuterungen zu ARISTOTELES lassen dessen grundsätzliche Bedeutung für eine sich hermeneutisch verstehende Rhetorik unschwer erkennen; nur aus diesem Grunde sind sie auch so ausführlich geworden. Diese Erläuterungen verweisen nicht nur auf eine interessante Beziehung zwischen der normativen Struktur praktischen Handelns *(Ethik),* seinem vorrangig öffentlichen Geltungsbereich *(Politik)* und seinem Vollzug im Akt öffentlich-beratender Rede *(Rhetorik).* Diese Erläuterungen legen darüber hinaus ein Begriffsgefüge frei, in dem das Strittige – die Struktur persuasiv thematisierbarer Sachverhalte – als jederzeit aktualisierbare Freilegung der objektiven Möglichkeit des Andersseins interpretiert wird; ein Begriffsgefüge, in dem zugleich die Beratung als Versuch plausibel wird, die Offenheit des Handlungsraumes einzuschränken zugunsten einer präferierten und im Entscheidungsakt zu ratifizierenden Handlungsmöglichkeit; ein Begriffsgefüge schließlich, in dem die Beratung als Persuasive Kommunikation fungiert, insofern die Entscheidung – idealtypisch – die Problemlösung ratifiziert, die sich als argumentativ überzeugendste durchsetzen konnte:

Möglichkeit des Andersseins → Strittiges → Beratung (Persuasive Kommunikation) → Entscheidung.

5.2 Die argumentative Einschränkung möglicher Handlungsalternativen

Es ist eben versucht worden, in dem Begriffsgefüge, das im Anschluß an ARISTOTELES entwickelt wurde, die hermeneutische Leistung der Rhetorik genauer zu bestimmen als »Methode der Wahrheitsfindung«, und zwar im Bereich strittiger Sachverhalte, die nach der oben erläuterten 7. Regel die thematische Struktur des Persuasiven Sprechaktes ausmachen. Aufgrund dieser Erläuterungen ist nun eine Differenzierung des in Abbildung 8 schematisierten Persuasiven Kommunikationsprozesses möglich, den wir als einen Versuch der Kommunikationspartner interpretiert hatten, den zwischen ihnen bestehenden handlungsstörenden Dissens abzubauen bzw. in einen handlungsermöglichenden Konsens zu überführen.

Die genannte Differenzierung besteht darin, daß der Dissens jetzt genauer als personale bzw. parteiliche Aktualisierung eines zugrundeliegenden, objektiv strittigen Sachverhaltes interpretiert werden kann. Entsprechend wäre die Formulierung der 7. Sprechakt-Regel insofern zu präzisieren, daß nicht schon der objektiv strittige Sachverhalt als solcher eine den kommunikativen Konsens intendierende Persuasion motiviert, sondern nur unter der Voraussetzung, daß dieser objektiv strittige Sachverhalt als Dissens aktualisiert ist. Demgemäß kann der Konsens als gelungene Klärung des strittigen Sachverhalts nun genauer bestimmt werden als das Ergebnis der erfolgreichen, weil überzeugenden Reduktion der verschiedenen, von den betreffenden Kommunikationspartnern vertretenen Handlungsalternativen zugunsten einer argumentativ präferierten und zustimmungsfähigen Problemlösung. Diese Interpretation entspricht – wie ersichtlich – weithin der in Kapitel 2 erfolgten Erläuterung des praktischen Diskurses, der im Sinne von HABERMAS als Versuch interpretiert wurde, die Problematisierung normativer Geltungsansprüche argumentativ aufzuheben.

An die Stelle des vereinfachten Schemas in Abbildung 8 kann demnach folgende Differenzierung treten (vgl. auch Abb. 6):

Abb. 10

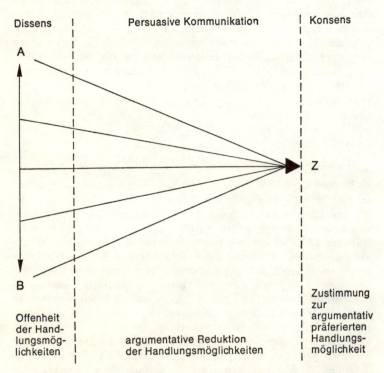

Es ist kein Zufall, sondern in der Sache begründet, wenn dieses differenziertere Modell des Persuasiven Kommunikationsprozesses Kategorien enthält, die offensichtlich einige Grundkategorien des politischen

Handlungsfeldes beschreiben (vgl. bes. NARR, S. 24 ff.); denn im politischen Handelns artikuliert sich das Strittige des persuasiv thematisierten Sachverhaltes aufgrund seiner jeweils parteilichen Vertretung als besonders ausgeprägter Dissens, wie die Notwendigkeit seiner Auflösung durch zustimmungsfähige Argumentation besonders zwingend erfahrbar wird: Jede Entscheidungssituation, zumal die politische, ist zeitlich befristet (LÜBBE 1971, S. 20), insofern sie die Frage beantwortet: Was sollen wir tun (BERGSTRAESSER).[3] So verweist die bisher verwendete Kategorie »Dissens« auf die entsprechende soziologische und politologische Grundkategorie des »Konflikts«, eine Kategorie, die heute weithin – entgegen harmonistischen Gesellschaftskonzeptionen – zur Beschreibung gesellschaftlicher Beziehungen schlechthin dient[4], wodurch allerdings nicht die Möglichkeit und Notwendigkeit eines Einverständnisses darüber negiert wird, was »in einer Gesellschaft unumstritten (ist) und ... was legitimerweise umstritten ist oder werden kann«. (GIESECKE, S. 117)

Des weiteren verweist die den Dissens objektiv ermöglichende Kategorie der »Möglichkeit des Andersseins« auf die »Kategorie der jeweils realen Möglichkeit«, die als »Offenheit des sozialen Handlungsraumes« die Voraussetzung für unterschiedliche und den Konflikt provozierende alternative Handlungsentwürfe darstellt; nur der »grundsätzliche Alternativcharakter« gesellschaftlicher Wirklichkeit läßt überhaupt den Konflikt zu (NARR, S. 24). Schließlich verweist die Kategorie des »Konsens« auf die Notwendigkeit einer »Entscheidung« des Strittigen; diese Notwendigkeit macht die Tatsache bewußt, daß Handeln nicht nur Wahlmöglichkeiten voraussetzt, sondern ebenso unter Vollzugszwang der Wahl steht (LÜBBE 1971, S. 12f.). Weil es kein unentschiedenes Handeln gibt, ist zugleich deutlich, daß jedes Handeln als entschiedenes auch die Wahlmöglichkeiten, die es voraussetzt, verbraucht; d. h., es schöpft, da alternative Handlungsentwürfe nicht zugleich durchführbar sind (»Knappheit« NARR, ebd.), den Handlungsspielraum mehr oder weniger aus.

Daraus ergibt sich mit dem Zwang zur Selektion zwischen z. T. alternativen Handlungsmöglichkeiten die Frage nach der Vollzugsform der Selektion. Sie ist seit der antiken politischen Theorie immer wieder als Distinktiv zwischen politischen Systemen zu aktualisieren versucht worden, und zwar in der Weise, daß die Zahl der am Selektionsprozeß Beteiligten als charakteristisches Merkmal der jeweiligen Staatsform fungierte. So beschreibt THUKYDIDES diese Vollzugsform aus der Sicht der athenischen Polis-Demokratie als »Partizipation aller Bürger am diskutant aufzuhellenden Entscheidungsprozeß.« (EUCHNER)[5]

Die diesen rational bestimmten Entscheidungsprozeß von blinder Dezision abhebende diskursive Handlungsaufklärung nannte ARISTOTELES in den oben erläuterten Texten »Beratung«, eine Kategorie, die auf den für die Parlamentarismus-Theorie grundlegenden Begriff der »Deliberation« verweist. Ihre Sprache, die »lingua deliberativa« (STORZ 1966), ist die »Sprache der gemeinsamen öffentlichen Beratung in Rede und Gegenrede« (S. 90); ihr Ziel: *die Räson zum Reden zu bringen,* anstatt die Rede – totalitaristisch – zur Räson zu bringen. Diese Sprachlichkeit macht den politischen Charakter des Handelns aus, das so gesehen nur »so lange politisches Handeln (ist), als es sprachliches Handeln bleibt«. (Ebd., S. 89)

Die Sprachlichkeit des politischen Handelns trägt der Tatsache Rechnung, daß »das öffentliche und historische Sollen nicht unmittelbar einsichtig (ist), nicht auf der Hand liegt; es muß enthüllt werden«. (MARCUSE 1967, S. 101). Die Deliberation ist eine Form dieses Enthüllens, insofern sich die Angemessenheit politischer Handlungsmöglichkeiten und der sie stützenden Werturteile in Rede und Gegenrede ausweisen muß. Ihr Ziel ist »Wahrheitsfindung« (vgl. DIECKMANN 1969, S. 100); ihre Voraussetzung Toleranz bzw. Freiheit als deren politische Übersetzung:

– Freiheit zur diskursiven Explikation objektiv gegebener Handlungsmöglichkeiten,
– Freiheit zur argumentativen Prüfung diskursiv artikulierter Handlungsalternativen.

Demokratie war und ist ein Name für die politische Ermöglichung dieser Freiheit. Diese Freiheit hieß in der Antike »Redefreiheit« *(parrhesia);* sie heißt seit dem Kampf um die klassischen Freiheitsrechte »Pressefreiheit«; sie läßt sich heute mit HABERMAS' Begriff der »herrschaftsfreien Kommunikation« beschreiben.

Die genauere Aktualisierung der Persuasiven Konsensbildung im politischen Handeln soll hier nicht weiter verfolgt werden, weil sie Thema einer Sektoralen, nämlich Politischen Rhetorik ist. Die bisherigen Erläuterungen sollten einmal in Ergänzung zu der in Kapitel 4 sehr kurz bestimmten 7. Regel des Persuasiven Sprechaktes die allgemeine Struktur der Sachverhalte klären, die überhaupt nur mögliche Gegenstände Persuasiver Konsensbildung werden bzw. als »p« in die allgemeine Persuasive Sprechakt-Formel Üb(p) eingesetzt werden können. Darüber hinaus sollte aber auch deutlich werden, daß die Aktualisierung des Strittigen im Dissens nicht privatistisch verengt werden darf, sondern als gesellschaftliches und politisches Faktum *(Konflikt)* begriffen werden muß, weil einmal Handlungsalternativen und die ihnen zugrundeliegenden alternativen Zielvorstellungen normativer und damit gesellschaftlich wie historisch vermittelter Natur sind; weil zum anderen Möglichkeiten, objektiv strittige Sachverhalte im Dissens bzw. Konflikt zu aktualisieren, nicht unabhängig von entsprechenden gesellschaftlichen und politischen Voraussetzungen gedacht werden können, die mit dem Begriff »Freiheit« wenigstens angesprochen wurden.

5.3 Gründe für das öffentliche Schweigen

5.3.1 *Politische Unfreiheit*

Vor diesem angedeuteten Hintergrund ist ein beiläufig schon erwähntes Axiom der traditionellen Rhetorik-Theorie verständlich, daß nämlich die Rhetorik – so NIETZSCHE – »eine wesentlich republikanische Kunst« sei. Man könnte auch vom *öffentlichen* Charakter vernünftiger Rede sprechen, die als private – im strengen lateinischen Wortsinn – sich selbst preisgibt: *privatisierte Vernunft ist eingeschränkte Vernunft.*

Die Bedingungen für den öffentlichen Charakter vernünftiger Rede sind im Kapitel 4 bei der Analyse des Persuasiven Sprechaktes aus methodischen Gründen weithin ausgeblendet geblieben, um das »regelgeleitete Verhalten« (SEARLE) leichter beschreiben zu können, das diesen Sprechakt bestimmt. Die im einzelnen ermittelten und in Regeln formalisierten Bedingungen eines gelingenden Persuasiven Sprechakts wie Zurechnungsfähigkeit, Überzeugungsfähigkeit, Überzeugungsbereitschaft, Verpflichtungsübernahme usw. wären aber mißverstanden, wenn man sie als ideale Persönlichkeitsmerkmale von Kommunikationspartnern verstehen würde. Die genannten Bedingungen sind einzig und allein aus den idealisierten Strukturmerkmalen des Persuasiven Sprechakts abgeleitet, und sie sind als solche für alle Kommunikationspartner bindend, die in einen entsprechenden Sprechakt eintreten wollen. Erst bei der Analyse empirischer Sprechakte kommen individuelle Persönlichkeitsmerkmale ins Spiel, die u. a. etwa zur Erklärung eines mißlungenen oder erfolglosen Sprechakts herangezogen werden können.

Es ist allerdings schon bei der Erläuterung der 1. Regel und bei der Abhebung der Persuasion von Bitte, Befehl und Warnung betont worden, daß der im Persuasiven Sprechakt aktualisierte Kommunikationsmodus eine symmetrische Interaktionsbeziehung zwischen den am Sprechakt beteiligten Partnern voraussetzt, die als soziale Gleichberechtigung zunächst einmal beschrieben wurde. Da bestimmte Kommunikationsnetze aber nur bestimmte Interaktionsbeziehungen zulassen, ist damit auf die Interdependenz zwischen Kommunikationsnetz und Sprechakt verwiesen (vgl. ZIEGLER, S. 44ff.).

Ein Beispiel aus der Kleingruppenforschung mag das Gemeinte kurz erläutern[7]: Zählt man die kommunikativen Chancen nach der Zahl der direkten Kommunikationsmöglichkeiten zwischen zwei Punkten in den unten als Graphen formalisierten Kommunikationsnetzen, dann ergibt sich eine eindeutige Zunahme dieser Chancen von der »Kette« zur »Vollstruktur«: Die »Kette« erlaubt maximal 2, die »Vollstruktur« 5 direkte Kommunikationsmöglichkeiten. Im Unterschied zur vertikal organisierten und auf komplementäre Interaktionsbeziehungen abonnierte »Kette« hat die »Vollstruktur« als horizontal organisierte Kommunikationsform ein weit vielfältigeres Beziehungsmuster. Jedes Element steht mit jedem anderen in direkter Beziehung, was einen gleichen Informationsstand der Kommunikationspartner ermöglicht. Die gleiche Distanz — sie beträgt als kürzeste Verbindung zwischen zwei Punkten in diesem Fall 1 — ermöglicht eine symmetrische Interaktion im Sinne des gleichberechtigten Wechsels kommunikativer Aktivitäten und verhindert

Abb. 11

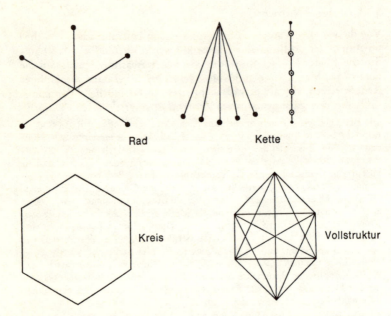

gleichzeitig bzw. erschwert zumindest strukturell die Ausprägung von Führungsrollen. Die Komplexität dieses Netzwerks korreliert allerdings auch mit seiner mangelnden Stabilität bzw. dynamischen Offenheit, die zugleich die Leistungsfähigkeit dieses Kommunikationsnetzes beeinträchtigen kann.
Der Leistungsvorsprung zentraler Kommunikationsnetze gilt allerdings nur bei Aufgaben, deren geringer Schwierigkeitsgrad keine umfassende Verständigung zwischen den einzelnen Kommunikationspartnern nötig macht. Bei Aufgaben größeren Schwierigkeitsgrades versagt dieses Kommunikationsnetz: »Je komplexer eine Aufgabe ist, desto schlechter ist die Indexleistung einer zentralisierten Struktur im Vergleich zu einer dezentralisierten.« (ZIEGLER, S. 98)
Das gilt besonders für Aufgaben, deren Lösung von der Gruppe eine Konsensbildung verlangt, die nur über eine Intensivierung kommunikativer Interaktionen möglich ist: »Je mehr sich ein Kommunikationsnetz einer Vollstruktur annähert, desto größer wird die Chance eines allgemeinen Konsenses.« (ZIEGLER, S. 186)
Somit läßt sich die »Vollstruktur« als Modell kommunikativer Problemlösungen ansprechen, die eine erfolgreiche Konsensbildung zwischen den Kommunikationspartnern verlangen. Als Probleme dieser Art haben wir die in der Persuasiven Kommunikation problematisierten normativen Geltungsansprüche praktischen Handelns beschrieben.

Die bereits eben als »symmetrisch« charakterisierte Interaktionsbeziehung, wie sie das Kommunikationsnetz »Vollstruktur« erlaubt, erfüllt weithin die »Symmetrie«-Forderung, die HABERMAS für zwanglose

herrschaftsfreie Kommunikation geltend macht: »Die Kommunikationsstruktur produziert dann und nur dann keine Zwänge, wenn für alle
möglichen Beteiligten eine symmetrische Verteilung der Chancen,
Sprechakte zu wählen und auszuüben, gegeben ist.« (1971, S. 137)
Diese symmetrische Chancenverteilung, kommunikativ aktiv zu werden, ist nach HABERMAS die Gewähr dafür, daß mit einem zwischen
Subjekten ermittelten kommunikativen Einverständnis der Anspruch
auf einen »wahren Konsensus« überhaupt verbunden werden kann.
Das heißt mit anderen Worten: Jeder Sprechakt, in dem sich Kommunikationspartner argumentativ um ein Einverständnis bemühen und es
im Konsens möglicherweise finden, stellt notwendigerweise einen »Vorgriff« dar auf die genannte zwanglose und herrschaftsfreie Kommunikation. HABERMAS nennt die so qualifizierte Kommunikation »ideale
Sprechsituation« (ebd., S. 136 ff.), die selbst wieder einen Vorgriff auf
eine »ideale Lebensform«[8] impliziert:

»Wahrheit ist der eigentümliche Zwang zu zwangloser universaler Anerkennung; diese aber ist gebunden an eine ideale Sprechsituation, und das heißt
Lebensform, in der zwanglose universale Verständigung möglich ist. Insofern
muß sich kritisches Verstehen die formale Antizipation richtigen Lebens zumuten.« (HABERMAS 1970/1, S. 100)

Ob diese »ideale Lebensform« als »Idee der Mündigkeit« (ebd.) oder
als »Idee der Wahrheit, Freiheit und Gerechtigkeit« (1971, S. 139)
näherhin bestimmt wird, die gesellschaftlichen und politischen Implikationen dieser Kategorien sind offenkundig. Diese Kategorien beschreiben zwar »keine historische Gesellschaft« (ebd., S. 140), aber sie
nennen in idealtypischer Reinheit die Bedingungen, unter denen Persuasive Kommunikation als Regelform gesellschaftlicher Konsensbildung zur Geltung kommt. Es sind die Bedingungen, auf die
NIETZSCHE in dem oben erwähnten Zitat verwies, als er von der Republik als der politischen Ermöglichung der Rhetorik sprach, insofern
in ihr der Konsens als Ergebnis überzeugungsfähiger Argumentation
erzielt wird.[9] Diese Beziehung beschreibt – wie es oben hieß – ein
Axiom, weil die Wahrheit des erzielten Konsens abhängig ist von der
Chance, alle den strittigen Sachverhalt betreffenden Meinungen zu explizieren, abhängig ist weiter von der zwanglosen Prüfung ihrer argumentativen Überzeugungskraft und schließlich von der Freiheit einer
auf Überzeugung beruhenden Zustimmung.
Doch dieses Axiom, in der Rhetorik-Tradition seit der Antike – von
wenigen Ausnahmen abgesehen (etwa MONTAIGNE[10]) – unangefochten gültig, darf nicht den »Strukturwandel« unterschlagen, den auch
eine republikanische »Öffentlichkeit« durchgemacht hat. Anderfalls
bindet man Rhetorik dogmatisch an eine bestimmte historische Erscheinungsform von Republik – etwa an die antike Polisdemokratie –
und verstellt sich den Blick für andere Aktualisierungsformen öffentlicher Vernunft.

So meint etwa H. MAYER (S. 122), daß im Unterschied zur Propaganda die
»Kunst der Rede ... kleine politische und gesellschaftliche Verhältnisse voraussetzt und ein öffentliches Leben, das noch mit Individuen als politischen
Willensträgern zu rechnen vermag, wie das von der griechischen Polis und den
italienischen Stadtstaaten der Renaissance bis zu den schweizerischen Kanto-
nen mit ihren Landgemeinden der Fall war ...« Wäre wirklich die Überschau-
barkeit der gesellschaftlichen und politischen Verhältnisse die entscheidende
Bedingung für die Möglichkeit von Rhetorik als ein »auf Argumentation und
Widerlegung gegnerischer Gesichtspunkte gerichtetes Reden« (ebd., S. 122),
dann hätte Rhetorik keine Chance mehr in den modernen Massendemokratien
mit deren unumgänglicher Entscheidungsdelegation. Ist dagegen Rhetorik an
die Deliberation als Voraussetzung einer rational motivierten Entscheidung
geknüpft, dann stellt sich die Frage nach den Institutionen einer Gesellschaft,
deren Kommunikationsnetze Interaktionsmuster vorzeichnen, die Persuasive
Kommunikation ermöglichen.

Eine solche Institution ist das Parlament heute sicherlich nicht mehr,
obwohl sein Name anderes verspricht (»parliamentary government is
government by talking«, MACAULAY). Es »ist aus einer diskutierenden
zu einer demonstrierenden Körperschaft geworden« (HABERMAS
1969/2, S. 225). Doch die »lingua deliberativa« hat das Parlament bei-
behalten. Sie suggeriert der Öffentlichkeit ein in Rede und Gegenrede
die Argumente wechselseitig prüfendes und den Konsens anstrebendes
Diskutieren, während gleichzeitig elementare Bedingungen dieser Persuasiven Kommunikation gar nicht erfüllt werden können, etwa die
oben genannte Bereitschaft, sich überzeugen zu lassen bzw. gemäß der
gewonnenen Überzeugung zu handeln. Die vorparlamentarisch bereits
gefällten und durch Fraktionszwang weithin verbindlich gemachten
Entscheidungen täuschen Deliberation vor, während es sich in Wirklichkeit um eine »Demonstration des Parteiwillens nach außen«
(HABERMAS 1969/2, S. 225) handelt; d. h. Deliberation wird – einer
»entpolitisierten Öffentlichkeit« entsprechend – publizistisch um-
funktioniert. »Die Rhetorik der Parlamentsrede will den politischen
Gegner nicht (mehr) überzeugen, sondern in Verteidigung und Rechtfertigung einer eingenommenen Haltung vor der Öffentlichkeit oder
vor der Presse und Rundfunk als ihren Vertretern.« (DIECKMANN
1969, S. 101)
Gleichwohl gibt es das deliberative Element in der politischen Auseinandersetzung; doch die Orte, an denen es zur Geltung kommt, haben sich verlagert. Es sind die Fraktionen, die Parlamentsausschüsse,
die Parteitage und deren Gremien usw. Der Mangel dieser »Intim-
Diskussion« (SCHNEIDER, S. 41) jedoch ist ihre Nicht-Öffentlichkeit,
was einer Eingrenzung und Begrenzung argumentativer Diskussion
gleichkommt. Denn als »Substitute des öffentlich räsonierenden Parla-
ments« können diese deliberativen Gremien nicht fungieren, weil sie
»dessen Öffentlichkeitsverlust nicht kompensieren«. (HABERMAS
1969/2, S. 226 Anm. 71)

Der damit angesprochene »Strukturwandel der Öffentlichkeit« entspricht offenkundig ein Strukturwandel öffentlicher Rede, insofern der »Zustand der Rede immer vom Zustand der Gesellschaft und ihren Einrichtungen abhängt«. (DIECKMANN 1969, S. 97) Die weitere Reflexion dieser Beziehung sei der Politischen Rhetorik vorbehalten. Hier war allein nach der politischen Voraussetzung von Rhetorik gefragt; als Freiheit bestimmt ermöglicht sie Deliberation und bringt damit tendenziell Vernunft zur öffentlichen Geltung.

Die angedeutete enge Beziehung zwischen Rhetorik einerseits und Freiheit als ihrer politischen Ermöglichung andererseits impliziert eine ebenso enge Beziehung zwischen dem »öffentlichen Schweigen« und seiner Erzwingung durch politische Repression in den verschiedenen Formen ihrer Erscheinung; denn die freie und öffentliche Rede – so sieht es schon eine antike Fabel über den Tyrannen[11] – macht sich jeder Gewalt verdächtig. »Herren und Knechte sind selten gute Redner« (JOCHMANN[12]) – die einen bedürfen der Rede nicht, die anderen sind ihrer nicht fähig; was auf der Strecke bleibt, ist allemal mehr als Rhetorik.

5.3.2 Monologischer Gewißheitsanspruch

Zum öffentlichen Räsonnement gehört, so haben wir gesagt, seine mit dem Begriff »Freiheit« angesprochene politische Ermöglichung im Sinne öffentlicher Artikulation und Deliberation realer Handlungsmöglichkeiten. Doch das öffentliche Schweigen begründet sich nicht allein im Verbot freier Rede; das öffentliche Schweigen kann ebenso Ausdruck des Mißtrauens sein gegenüber der freien Rede als Medium öffentlicher Vernunft. Zur öffentlichen Rede gehört demnach nicht nur ihre freiheitliche Ermöglichung, sondern in gleichem Maß ein allgemeines Einverständnis darüber, daß es keine kommunikationslose Gewißheit praktischen Handelns geben kann, oder anders gesagt: daß die Rationalität praktischen Handelns an öffentlicher Artikulation und kritischer Prüfung handlungsleitender Normen geknüpft ist. Dieser Voraussetzung widerspricht ein monologischer Gewißheitsanspruch, der Reden als »lästigen Umweg« (MAGASS, S. 46) denunziert und es damit, wenn auch nicht politisch verhindert, so doch funktional entwertet:

»Die Unterworfenen zum Schweigen zu bringen ..., ist immer das Ideal des Tyrannen gewesen. Wie aber, wenn sich die Menschen selbst um die Sprache bringen, weil sie ihr nicht mehr zutrauen, daß man über sie der Wahrheit näher kommen könnte?« (HENNIS 1963, S. 107)

Von dieser gewaltlosen Verhinderung der Rhetorik als Konsequenz ihrer funktionalen Entwertung spricht bereits ein Text, der zunächst noch ganz in der Tradition der umfangreichen Auseinandersetzung ›Über den Verfall der Beredsamkeit‹ (so der Titel einer verlorenen Monographie QUINTILIANS) zu stehen scheint (SCHÖNBERGER). Seine These ist eben bereits erwähnt worden: Rhetorik als »republikanische Kunst« ist in einem autoritären politischen System nicht möglich, mag sich dieses System auf Gewalt, Verbrechen oder – so die hier interessierende Ergänzung – auf Wissens- und Erkenntnisanspruch gründen. Genauerhin lautet der betreffende Text des kaiserzeitlichen Historikers TACITUS in seinem ›Dialog über den Redner‹ (›dialogus de oratoribus‹);

»Was sind denn lange Meinungsabgaben im Senat nötig, da die Besten schnell im Einverständnis sind? Was viel reden vor dem Volke, da über das Gemeinwesen nicht die Unerfahrenen und Vielen beraten, sondern der Weiseste und der Eine? . . .« (Kap. 41)

Die hintergründige Ironie dieses Textes muß mitgehört werden, selbst wenn die Abschaffung der Rhetorik bzw. ihre »Befriedung« (Kap. 38) nach TACITUS dem Staat »Ruhe« *(pax)* und »Ordnung« *(ordo)* beschert. Das heißt mit anderen Worten: Es gibt einen Preis für politische Selbstbestimmung; sie vollzieht sich nur in der ständigen, nie abgeschlossenen und damit auch immer wieder revidierbaren argumentativen Diskussion einer Gesellschaft. Politische Selbstbestimmung in und durch öffentliche Rede setzt demnach nicht nur »Freiheit« *(libertas)* voraus, sondern sogar eine gewisse öffentliche »Unruhe« *(licentia)*, die dem strittigen Charakter öffentlicher Sachverhalte entspricht (Kap. 40). Ohne CATILINA kein CICERO! (Kap. 37).

Die Unsicherheit und Zügellosigkeit öffentlichen Redens durch die Verbindlichkeit des Erkennens zu ersetzen, ist in dem bedeutendsten Entwurf politisch-utopischen Denkens, in PLATOS ›Staat‹ versucht worden:

»Wenn im Staat nicht die Philosophen Könige werden oder die heutigen so genannten Könige und Fürsten sich nicht aufrichtig der Philosophie ergeben, . . . so ist des Elends kein Ende . . .« (›Politeia‹, 473a).

Ein philosophisches Wissen, das sich nicht der öffentlichen Kommunikation verdankt, sondern der auf reiner Schau gegründeten Weisheit *(sophía)*, vermag dem Handeln nur die gesuchte Sicherheit geben, wenn »das Tun im Modus des Herstellens an die Stelle des Handelns« tritt (ARENDT, S. 214). Der Versuch, dem Handeln die Sicherheit, Planbarkeit und Zuverlässigkeit herstellenden Produzierens zu geben, ist geschichtlich u. a. von ARENDT (S. 214 ff.) und HABERMAS (1969/1, S. 13 ff.) überzeugend beschrieben worden. Die Grundstruktur so verschiedener politischer Entwürfe wie die PLATOS, MORUS', MACHIAVELLIS und HOBBES' ist demnach, daß sie die »unaufhebbare Schranke zwischen Praxis und Poiesis durchbrechen« (HABERMAS, ebd., S. 31), praktische Einsicht durch »technisches Können« und politische Fragestellungen in sozialtechnologische übersetzen.

Dadurch verändert sich notwendig auch die Fragestellung der traditionellen Politik, wie HOBBES' ›Leviathan‹ zeigt: Der Staat wird als sozial- und organisationstechnisches Konstrukt verstanden, dessen Solidität und Dauerhaftigkeit von der Fähigkeit und dem Wissen seiner Konstrukteure abhängt. Dies

Wissen der »Ingenieure der richtigen Ordnung« (HABERMAS 1969/1, S. 15) besteht in der Kenntnis der »Naturgesetze« menschlichen Verhaltens, aus denen sich die entsprechenden Gesetze, Regeln und Institutionen ableiten lassen, welche die dauerhafte Funktionsfähigkeit des Staates als Garanten für Frieden und Ordnung sichern. Den immanenten Widerspruch zwischen dem Trieb der Selbsterhaltung und der totalen Selbstzerstörung (»Krieg aller gegen alle«), zu der dieser Trieb als generelles Gesetz führen muß, diesen Widerspruch dauerhaft aufzulösen im Frieden (als »Schutz aller gegen alle«), ist Sache einer auf entsprechender kausalanalytischen Kenntnissen beruhenden politischen Technik.

Daß sich damit auch das Ziel des Staates grundlegend ändert, zeigt ein entsprechender Vergleich zwischen ARISTOTELES und HOBBES mühelos: Die ARISTOTELISCHE Unterscheidung zwischen dem Ursprung (Notwendigkeit) und dem Zweck (Eudaimonie) des Staates ist für HOBBES nicht mehr nachvollziehbar: »Die letzte Ursache *und* der Hauptzweck des Zusammenlebens der Menschen in einem Staat ... ist der Selbsterhaltungstrieb und der Wunsch nach einem gesicherten Leben.« (›Leviathan‹, II 17) Die Aufgabe des Staates ist demnach Daseinsvorsorge, nämlich »Ermöglichung des Wohllebens in einer richtig hergestellten Ordnung« (HABERMAS 1969/1, S. 15; HENNIS 1963, S. 49).

Politik verliert mit ihrer normativen Bindung zugleich ihren pädagogischen Charakter; sie wird zur »social philosophy«, welche die Regeln des gesellschaftlichen Verkehrs untersucht und lehrt. Diese Regeln motivieren nicht — ähnlich den Normen — praktisches Handeln, sondern sie determinieren dessen Gesetzmäßigkeit. Ihre Kenntnis bedeutet Macht (BACON).

Mit der Preisgabe des Unterschieds zwischen Praxis und Poiesis verwischt sich notwendig auch der Unterschied zwischen handlungs- und herstellungsspezifischer Rationalität, und zwar zugunsten eines monistischen Rationalitätsbegriffs, dessen Exaktheitsideal seine Herkunft gar nicht verleugnet:

»Fürwahr, aus alledem folgt, nicht zwar, daß man allein Arithmetik und Geometrie betreiben soll, aber doch, daß diejenigen, die den rechten Weg zur Wahrheit suchen, sich mit keinem Gegenstand beschäftigen dürfen, von dem sie nicht eine den arithmetischen und geometrischen Beweisen gleichwertige Gewißheit zu erlangen im Stande sind.«

Wenn DESCARTES aufgrund dieses wissenschaftstheoretischen Anspruchs in der 2. Regel seiner ›Regulae ad directionem ingenii‹ das praktische Handeln aus dem Fragehorizont der Wissenschaften ausschließen würde, so befände er sich damit in völliger Übereinstimmung mit der Tradition politischen Denkens, die eine der spezifischen Objektstruktur (Veränderliches) entsprechende Erkenntnisstruktur *(phrónesis)* annahm, die an dem wissenschaftlichen Exaktheitsgrad *(epistéme)* nicht zu messen ist. Doch DESCARTES' scharfe Polemik gegen die »wahrscheinlichen Syllogismen« (ebd.) und die dialektische Logik (d. h. die das Gespräch und die Diskussion, allgemein: die Kommunikation als Weg der Wahrheitsfindung aktualisierende Logik) läßt gar keinen Zweifel daran, daß es ihm nicht um die Abgrenzung verschiedener Erkenntnisobjekte geht, sondern um die Zurückweisung der traditionellen Methode kommunikativer Wahrheitsfindung im Bereich praktischen Handelns:

»Wir weisen also ... alle bloß wahrscheinlichen Erkenntnisse zurück und stellen fest, daß man nur denen Glauben schenken darf, die vollkommen erkannt sind und an denen sich nicht zweifeln läßt.« (Ebd.)

Daß diese Sätze u. a. an die Adresse der Rhetorik als Methode kommunikativer Gewißheitsfindung adressiert sind, belegt schon die terminologische Signifikanz von »wahrscheinlich«. Ähnlich hat auch VICO in der bereits erwähnten Rede von 1708 die Zielrichtung der cartesianischen Argumentation verstanden:

»Da heute das einzige Ziel der Studien die Wahrheit ist, richten wir unsere Forschung auf die Natur der Dinge, weil sie gewiß zu sein scheint; die Natur der Menschen erforschen wir aber nicht, weil sie durch Willkür völlig ungewiß ist ... Da nun, um von der Klugheit im bürgerlichen Leben zu sprechen, die menschlichen Dinge unter der Herrschaft von Gelegenheit und Wahl, die beide höchst ungewiß sind, stehen ..., so verstehen diejenigen, die allein das Wahre im Auge haben, nur schwer die Wege, die sie nehmen, und noch schwerer ihre Ziele ...« (S. 59)

Wie eine exemplarische Illustration dieser Warnung liest sich nach diesem Text DESCARTES' 3. Kapitel aus seinen ›Discours de la méthode‹:

»Mein zweiter Grundsatz war, in meinen Handlungen so fest und entschlossen wie möglich zu sein und den zweifelhaften Ansichten, sobald ich mich einmal dafür entschieden, nicht weniger standhaft zu folgen, als wenn sie ganz sicher gewesen wären, indem ich hierin wie die Reisenden verfuhr, die, wenn sie sich im Walde verirrt finden, nicht bald hierhin bald dorthin schweifen, noch weniger auf der Stelle stehen bleiben, sondern immer so viel wie möglich gerade und nach derselben Richtung fortgehen müssen und diese nicht aus schwachen Rücksichten verändern dürfen, auch wenn es anfänglich vielleicht bloß der Zufall war, der sie bestimmt hat, diese Richtung zu wählen; denn so werden sie, wenn auch nicht wohin sie wollen, doch wenigstens an irgendein Ziel kommen ...«

Das heißt: Hilflosigkeit, Ohnmacht und dezisionistische »Entschlossenheit« (HENNIS 1963, S. 106) sind die Konsequenzen eines Gewißheitsanspruchs, der das Exaktheitsideal einer »mathesis universalis« (Regel 4) monopolisiert und ihr zuliebe eine Isomorphie von Erkenntnisobjekten unterstellt, die eine strukturelle Unterscheidung zwischen empirischen oder logischen Gesetzen und handlungsleitenden Normen nicht mehr zuläßt; sie sind die Konsequenz eines Gewißheitsanspruchs, der die subjektive und monologische Gewißheitsmethode evidenter Intuition und schlüssiger Deduktion verabsolutiert (Regel 2) und damit die Regeln einer kommunikativen bzw. dialektischen Gewißheitsmethode ignoriert, mit der die Rhetorik eine Rationalität praktischen Handelns ermöglichte (vgl. unter Kap. 6).

Es ist in der Tat schwer, diese Einwände gegen den CARTESIANISCHEN Methodenmonismus zu entkräften, der weithin den »antirhetorischen Methodologismus der Neuzeit« (GADAMER 1965, S. 17) begründet hat; denn mit seiner Konzeption einer »provisorischen Moral« (morale par provision, ›Discours‹, Kap. 3) gesteht DESCARTES, wie der eben zitierte Text zu erkennen gab, seine eigene Aporie ein, zwischen dem Entscheidung fordernden Handeln und der seinen methodischen Ansprüchen nicht genügenden Gewißheit vermitteln zu können. Ob diese provisorische Moral einen »breiten Spielraum offenhält, über den hinweg die Theorie es in ihrem eigenen Interesse erträgt, daß es in der Praxis anders zugeht« (LÜBBE 1971, S. 27), dürfte mehr als zweifelhaft sein, zumal für DESCARTES dieses »Anderszugehen« in der Praxis keine grundsätzliche »Differenz« (ebd.) zwischen ihr und der Theorie beschreibt, sondern eine im Erkenntnisprozeß begründete theoretische Insuffizienz: Eine Ethik ist erst in Kenntnis aller anderen Wissenschaften möglich.[13]

VICOS Kritik – darauf war bereits in Kap. 2 verwiesen worden – ist keine Kritik an der methodologisch interessierten Frage DESCARTES' nach der Möglichkeit richtigen Erkennens und ihrer regelhaften Bestimmung; VICOS Kritik ist die Reklamierung der für die Möglichkeit von Rhetorik grundlegenden Unterscheidung zwischen theoretischer und praktischer Gewißheit und ihrer jeweiligen methodischen Gewinnung. Diese Kritik ist ineins damit die Reklamierung von Sprache, insofern sie in Überwindung des »methodischen Solipsismus« (APEL 1968, S. 164) Wahrheit an den Konsens kommunizierender Subjekte bindet, ein Verständnis von Wahrheit, das in der Gegenwart erst wieder freigelegt wurde und im Begriff »Homologie« über den Bereich praktischer Handlungsnormen hinaus Gültigkeit gewonnen hat (KAMLAH/LORENZEN, S. 116 ff.).

5.3.3 Sachlogischer Rationalitätsbegriff

Zwei Formen öffentlichen Schweigens und damit zwei mögliche Gründe der Verhinderung von Rhetorik sind angesprochen worden: ein Schweigen das sich in dem politischen Verbot der Rede begründet, und ein Schweigen, das durch die funktionale Entwertung der Rede motiviert ist. Eine letzte Form öffentlichen Schweigens ist zu ergänzen: Die öffentliche Rede ist weder politisch verboten noch funktional entwertet, sondern objektiv überflüssig. Sobald nämlich die Handeln ermöglichende Entscheidung als Fiktion entlarvt, d. h. als Vollzug alternativloser Sachzwänge verstanden wird, erübrigt sich mit der Leugnung real gegebener Handlungsmöglichkeiten auch deren diskursive Prüfung und Deliberation. Diese heute als »technokratisch« (KOCH/ SENGHAAS; LÜBBE 1962; 1971) bestimmte »Schweige-Räson« (MAGASS, S. 53 u. ö.) ist nicht nur gewaltlos, sie liquidiert vielmehr – gemäß ihrem eigenen Selbstverständnis – Gewalt,[14] indem sie die Irrationalität politischer Herrschaft und den dezisionistischen Charakter ihrer Entscheidungen freilegt und statt dessen den »Sachverstand« inthronisiert, »der zu lesen versteht, was die Logik der Verhältnisse verlangt« (LÜBBE 1962, S. 21). Deren »immanente Vernunft« läßt gar keinen »Widerspruch« zu (ebd., S. 19), und die »Evidenz des Richtigen« macht Entscheidungen weithin zu »nominalistischen« Akten:

»In der technokratischen Ordnung werden Debatten und Abstimmungsdezisionen überflüssig. Sie fallen der Logik der Sachen in derselben Weise zum Opfer wie die scholastisch-dialektische Methode des Zitierens pro et contra der experimentellen Wissenschaft. Das technokratische System ist das *System des Schweigens* über alles, in bezug worauf noch verschiedene Meinungen möglich sind. Es erzieht zu solchem Schweigen.« (Ebd., S. 38)

In der Konsequenz dieses sachlogisch erzwungenen Schweigens liegt der obsolete Charakter des Politischen schlechthin wie eines politischen Systems im besonderen, das die Rede-Räson als Chance praktischer Handlungsaufklärung institutionalisiert:

»In einer Ordnung, die vom Sachzwang diktiert wird, erübrigt sich, insoweit, eine Konfrontation verschiedener Meinungen im Räsonnement, das der Mehrheitsentscheidung vorangeht ... Die technokratische Ordnung ist strukturell undemokratisch ...« (Ebd., S. 38)

Oder mit den Worten eines anderen renommierten Technokratie-Theoretikers:

»Der technische Staat entzieht, ohne antidemokratisch zu sein, der Demokratie ihre Substanz.« (SCHELSKY 1965, S. 459)

Die in der Logik der angesprochenen Technokratie-These liegende Konsequenz für die Rhetorik ist offenkundig: Zusammen mit der freigelegten Fiktionalität des unterstellten Alternativcharakters praktischer Problemstruktur gerät auch die Persuasive Kommunikation, die nach der oben erläuterten 7. Regel die Offenheit des Handlungsspielraums zu bedingenden Voraussetzung ihrer Möglichkeit hat, zur Fiktion; sie wird bestenfalls, selbst wenn sie es nicht merkt, zum Vollzugsorgan einer sprachlosen Vernunft, deren Logik sie – ähnlich der Ideologie im »technischen Staat«[15] – im nachhinein zu rechtfertigen hätte.

Die Auseinandersetzung mit dieser Theorie interessiert hier nur insoweit, als sie deren zentrale Prämisse betrifft, daß nämlich die zunehmende Verwissenschaftlichung der Politik und der wachsende Einfluß von Sachverständigen auf den Entscheidungsprozeß Politik in dem Maße durch Sachkompetenz ersetzt werden, als der Scheincharakter unterstellter Alternativen die dezisionistische Struktur politischer Entscheidungen entlarvt. Die in diesem Zusammenhang vorgebrachten Argumente haben nicht nur empirisch, sondern auch entscheidungslogisch die Haltbarkeit der angenommenen Beziehung zwischen Wissenschaft und Politik in Zweifel gezogen; sie haben die Möglichkeit, aus der sachlogischen Evidenz politische und praktische Ziele abzuleiten, ebenso in Frage gestellt, wie das unterstellte »Kontinuum der Rationalität in der Behandlung technischer und praktischer Fragen« (HABERMAS 1968, S. 123) und die darin begründete Annahme einer automatischen Freisetzung substantieller Rationalität im Zuge sachlogischer Ausweitung.

In Ablehnung sowohl der dezisionistischen wie technokratischen These entwickelt HABERMAS (1968/3, S. 120 ff.) ein sogenanntes »pragmatistisches Modell« der Beziehung zwischen Wissenschaft und Politik im Sinne einer »Dauerkommunikation« zwischen ihnen. Es ist der Versuch, auf der Grundlage der essentiellen Doppelstruktur von Rationalität deren beide Formen funktional miteinander zu verbinden, d. h. statt der resignierten Kapitulation vor der technischen Rationalität (These von der »Eigengesetzlichkeit« und »Superstruktur« der Technik bei GEHLEN, These vom »technischen Staat« bei SCHELSKY, These von zweckentbundenen technischen »Potenzen« bei FREYER) [16] und der Preisgabe technologischer wie strategischer Entscheidungshilfen zugunsten eines irrationalen Willensaktes wird eine Dialektik umrissen, aufgrund deren angestrebte Ziele im Rahmen technisch vorhandener Möglichkeiten hermeneutisch aufgeklärt und entwickelt wie umgekehrt technische Möglichkeiten auf ihren funktionalen Wert zur Erreichung hermeneutisch aufgeklärter Ziele qualifiziert werden (vgl. KRAUCH, S. 199 ff.). HABERMAS spricht abgekürzt von der »Dialektik von aufgeklärtem *Wollen* und selbstbewußtem *Können*« (ebd., S. 135). Das konkrete Einholen dieser Dialektik aber ist konstitutiv an Kommunikation gebunden:
»Es gilt vielmehr, eine politisch wirksame Diskussion in Gang zu bringen, die das gesellschaftliche Potential an technischem Wissen und Können zu unserem praktischen Wissen und Wollen rational verbindlich in Beziehung setzt.« (Ebd., S. 118)
Der Ort, an dem diese Kommunikation gelingen kann, ist die Öffentlichkeit; denn das »pragmatistische (Modell) ist auf Demokratie notwendig angewiesen« (ebd., S. 137).

Wenn GADAMERS oben zitierte These gültig ist, daß nämlich »alle Wissenschaft, welche praktisch werden soll, auf Rhetorik angewiesen ist«, und daß durch sie »Wissenschaft erst zu einem gesellschaftlichen Faktor des Lebens wird«, dann dürfte HABERMAS' »pragmatisches Modell« zugleich den Rahmen kennzeichnen, in dem die von der Rede-Räson beanspruchte praktische Handlungsaufklärung zur Geltung kommen kann.

LÜBBE (1962) verfolgt den genannten Konflikt zwischen Wissenschaft bzw. Sachkenntnis und Politik über SAINT-SIMON und BACON zurück bis zur »Platonischen Kritik an der sophistischen Rhetorik« (S. 21). Dieser Hinweis mag daran erinnern, daß in den traditionellen Auseinandersetzungen mit der Rhetorik modellhaft Positionen sich artikulieren (vgl. VICO-DESCARTES), die in ihrer Aktualität nur verständlich sind, wenn man Rhetorik als Rede-Räson, d. h. als Methode praktischer Gewißheitsfindung qualifiziert. Entsprechend diesem Verständnis ist in diesem Kapitel versucht worden, über die Skizzierung der verschiedenen Formen der Verhinderung von Rhetorik die Bedingungen zu reflektieren, unter denen diese Methode praktischer Gewißheitsfindung überhaupt nur zur Geltung kommen kann. Diese Bedingungen beschreiben keine zusätzlichen Regeln eines gelingenden Persuasiven Sprechaktes; sie präzisieren vielmehr die Implikationen der mit der Kategorie des »Strittigen« in der 7. Sprechaktregel erläuterten Voraussetzung Persuasiver Kommunikation. Um Implikationen handelt es sich, insofern diese Regel unterstellt,

– daß das Strittige die objektive Problemstruktur praktischer Sachverhalte darstellt (←→ sachlogische Alternativblindheit),

– daß der Dissens als mögliche Aktualisierung des Strittigen nur im Akt kommunikativer Verständigung abgebaut werden kann (←→ monologischer Gewißheitsanspruch),

– daß das Gelingen einer solchen Verständigung auf öffentliche und herrschaftsfreie Kommunikation angewiesen ist (←→ politische Unfreiheit).

Diese Implikationen der 7. Persuasiven Sprachaktregel antizipieren – darauf war oben bereits hingewiesen worden – eine »ideale Sprechsituation«, deren Ermöglichung selbst wieder nach HABERMAS an eine »ideale Lebensform« geknüpft ist. Die damit angesprochene Beziehung zwischen Sprechsituation und Lebensform bringt die in diesem Kapitel erläuterte Interdependenz zwischen Rhetorik und Demokratie, wie es in der Rhetorik-Theorie traditionell heißt, auf den Begriff: *Praktische Vernunft*, soll sie zur Geltung kommen, ist *öffentliche Vernunft*.

6 Argumentation als Begründungsverfahren Persuasiver Kommunikation oder: »Die Wahrheitsfähigkeit praktischer Fragen«*

6.1 Überzeugungskraft als Schlüssigkeit der Argumentation

Zu den größten Vorteilen der menschlichen Sprachfähigkeit zählt HOBBES die Tatsache, daß die Menschen »Befehle geben und Befehle verstehen können«. Zusammen mit der Qualifikation der Redekunst als allgemeiner Eigenschaft von Rebellen und der Verdächtigung der Disputation als Mittel der Unruhestiftung signalisiert HOBBES' Urteil ein Sprachverständnis, das für die in dieser Arbeit erläuterte hermeneutische Leistung der Sprache als Medium kommunikativer Verständigung blind sein mußte.[1] Daß der gleiche HOBBES 1637 einen kurzen Abriß der Rhetorik verfaßte (›A brief of the art of rhetoric‹) wäre nur dann unverständlich, wenn eine technologisch interessierte Rhetorik nicht gerade diesen sprachtheoretischen Rahmen als Bedingung ihrer Möglichkeit voraussetzte: »eloquence is nothing else but the power of winning belief of what one say.«[2]

Diese Definition sowie der Satz, daß »the end of rhetoric is victory«[3], stehen dem sophistischen Rhetorik-Verständnis näher, als daß sie an ARISTOTELES erinnern, dessen Rhetorik HOBBES doch als Vorlage diente. Denn nicht von »power« spricht ARISTOTELES in seiner berühmten Rhetorik-Definition (1355b 25), sondern von der »Fähigkeit *(dýnamis)* zu erkennen, was bei jedem einzelnen Sachverhalt an überzeugungsstarken Gründen *(pithanón)* angeführt werden kann«. Diese Definition interpretiert Rhetorik — wie ersichtlich — nicht instrumentell als eine bestimmte Technik der Persuasion, sondern eher kognitiv *(theoreīn, ideīn* 1355b 25, b 32 bzw. b 10 u. ö.) als eine bestimmte Weise des Erkennens, das entsprechend seinem Erkenntnisobjekt (Praxis, Veränderliches) nur zu einem eingeschränkten Gewißheitsgrad (Wahrscheinliches) gelangt.

Diese Fähigkeit des Erkennens hatten wir oben (vgl. 4.4.3) als ein Verfügen über die Bedingungen interpretiert, deren Einlösung die Voraussetzung, aber nicht die hinreichende Erklärung eines möglichen Überzeugungserfolges darstellt. In den beiden letzten Kapiteln dieser Arbeit sind ausschließlich diejenigen Bedingungen zu Regeln formalisiert worden, die sich auf das Gelingen des Persuasiven Sprechaktes beziehen, d. h. auf den Versuch von Kommunikationspartnern, den objektiv in einem strittigen Sachverhalt begründeten Dissens zwischen ihnen argumentativ abzubauen und in einen Konsens zu überführen. Dabei war betont worden, daß das Gelingen dieses Versuches eine Regel ausschließt, die sich auf den Erfolg als ein mögliches, aber nicht notwendiges Ergebnis dieses Versuches bezieht. Gleichwohl gibt es aber doch

---

* HABERMAAS 1973, S. 140.

offenkundig zusätzliche Bedingungen, die zwar nicht zur Voraussetzung eines gelingenden Persuasiven Sprechaktes gemacht werden können, wohl aber als Voraussetzung seines Erfolges fungieren.

Von diesen zusätzlichen Bedingungen war implizit schon immer dann die Rede, wenn vom Konsens als der Ratifikation überzeugungskräftiger Argumente gesprochen wurde. Explizit ließe sich demnach in Ergänzung zu den erläuterten Bedingungen eines gelingenden Persuasiven Sprechaktes die genannte *Ratifikation überzeugungskräftiger Argumente* als allgemeinste Bedingung eines erfolgreichen Persuasiven Sprechaktes bezeichnen. Doch ist es unschwer zu erkennen, daß diese Ratifikation ebenso etwa wie die Bereitschaft, einen Rat anzunehmen oder eine Bitte zu erfüllen (SEARLE, S. 105; WUNDERLICH 1972, S. 148 f.), selbst wieder von Bedingungen abhängt, deren erfolgte Einlösung die Ratifikation wie die genannte Bereitschaft nur bestätigen. Diese Bedingungen ließen sich im Fall des erfolgreichen Persuasiven Sprechaktes als *Überzeugungskraft* der eine bestimmte Problemlösung stützenden Argumente bezeichnen. Doch auch diese Bedingung hat offenkundig nur geringe Erklärungskraft, weil sie den Überzeugungserfolg tautologisch aus der Überzeugungskraft von Argumenten ableitet. Es scheint daher plausibler zu sein, die Überzeugungskraft als Eigenschaft der in Persuasiven Sprechakten geäußerten Argumente in Analogie zur Wahrheit als der Eigenschaft der in Behauptungs-Sprechakten artikulierten Aussagen (vgl. SEARLE, S. 38 ff., 114 ff., 150 ff.; MAAS 1972/2, S. 224 ff.) bzw. zur Akzeptierbarkeit eines Rates und Erfüllbarkeit einer Bitte zu verstehen und entsprechend nach den *Bedingungen der argumentativen Überzeugungskraft* zu fragen.

Diese die Überzeugungskraft von Argumenten bedingenden Voraussetzungen beschreiben ebensowenig wie die vergleichbaren Wahrheitsbedingungen einer Behauptung den Kommunikationsmodus als die Beziehungsebene, auf der die Kommunikationspartner interagieren; diese Voraussetzungen betreffen vielmehr die Eigenschaft von Sätzen, in denen die Kommunikationspartner über strittige Sachverhalte zur Verständigung gelangen. In Anlehnung an die oben (vgl. 4.4.2) vorgenommene Unterscheidung könnten wir auch von der Überzeugungskraft als einer Eigenschaft des propositionalen Gehaltes eines erfolgreichen Persuasiven Sprechaktes sprechen. Diese propositionale Voraussetzung eines erfolgreichen Persuasiven Sprechaktes entspricht der oben erläuterten Kategorie des »Strittigen« als der propositionalen Voraussetzung eines gelingenden Persuasiven Sprechaktes. Der Versuch, die hier terminologisch eingeführte Kategorie »Überzeugungskraft« etwas genauer zu erläutern, dient zugleich der Klärung eines Schlüsselbegriffes dieser Arbeit, der bisher schon mehrfach zur definitorischen Bestimmung von Persuasion funktionalisiert wurde; gemeint ist der in der Rhetorik-Tradition durchaus geläufige Begriff »Argument« (vgl. LAUSBERG 1960, S. 197 ff.).

Unter »Argument« war in der bisherigen Untersuchung die begründende Rechtfertigung handlungsleitender Normen verstanden, wie sie in praktischen Diskursen zur Geltung kommt (vgl. Kap. 2). Insofern der problematisierte Geltungsanspruch handlungsleitender Normen die Voraussetzung solcher Diskurse darstellt, konnte deren Strukturbeschreibung weithin für die Erläuterung der Persuasiven Kommunikation genutzt werden; denn der Dissens zwischen den Kommunikationspartnern als eine der Voraussetzungen Persuasiver Kommunikation gründet ebenfalls in einer Problematisierung praktischer Geltungsansprüche, die zu unterschiedlichen bzw. entgegengesetzten Zielintentionen führt. Die tendenziell gelingende Aufhebung des Dissens verdankt sich der im Akt der Zustimmung ratifizierten Überzeugungskraft von Argumenten, mit denen die Kommunikationspartner ihre unterschiedlichen Zielintentionen begründend rechtfertigen bzw. — so HABERMAS' Terminus — »stützen«[4]. Insofern konnten wir im argumentativen Charakter einer den Konsens anstrebenden Kommunikation das entscheidende Distinktiv zwischen Persuasiver und nicht-persuasiver Form der Beeinflussung erkennen (vgl. Kap. 4) und entsprechend die Kategorie »Argument« in die definitorische Bestimmung der Persuasiven Kommunikation aufnehmen.
Der in der Persuasiven Kommunikation aufgrund ihres argumentativen Charakters erhobene Anspruch der Kommunikationspartner, intendierte Ziele durch Angabe handlungsleitender Normen rechtfertigen und stützen zu können, setzt die Argumente — im Unterschied zu Befehlen etwa — der »rationalen Diskussion« aus (ALBERT 1971/2, S. 494), in der die »Schlüssigkeit« des argumentativen Begründungsverfahrens (Argumentation) geprüft wird. In diesem Anspruch — so war oben gesagt — gründet die Möglichkeit verantwortlichen, weil über seine Gründe verfügenden Handelns.

Auf die der Argumentation eigene »Schlüssigkeit« verwies schon HABERMAS' zitierte paradoxe Formulierung, in der er vom »zwanglosen Zwang des besseren Arguments« sprach (HABERMAS 1971, S. 137 u. ö.). Dieser aus der Stringenz eines kohärenten Begründungsverfahrens resultierende »zwanglose Zwang« ist von uns eben mit der Kategorie der »Überzeugungskraft« angesprochen worden, so daß wir jetzt die Überzeugungskraft als die spezifische *Schlüssigkeit* des argumentativen Begründungsverfahrens bezeichnen dürfen. Damit läßt sich die eben gestellte Frage nach den Bedingungen der Überzeugungskraft noch genauer in die Frage nach den Bedingungen der Schlüssigkeit der Argumentation übersetzen.
Eine als spezifisches Begründungsverfahren qualifizierte Argumentation muß methodologisch ebenso zugänglich sein wie die Begründungsverfahren, die gemeinhin von der formalen Logik in der Lehre von den Schlüssen (Beweisen) und deren zwei Grundformen (Deduktion, Induktion) behandelt werden. Wenn das argumentative Begründungsverfahren aber nicht nur defensiv gegenüber den zwei genannten wissenschaftlichen Begründungsverfahren als den Elementarformen mittelbarer Erkenntnisgewinnung abgesetzt, sondern als eigene sachadäquate *Methode der Gewißheitsfindung* legitimiert werden soll,

dann muß der Sachbereich angebbar sein, in dem diese Methode ihren Rationalitätsanspruch nachweislich einlösen kann.

Um diese Frage geht es u. a. in der Auseinandersetzung zwischen HABERMAS und POPPER bzw. ALBERT über die Möglichkeit und Notwendigkeit einer »nicht-deduktiven Rechtfertigung« von methodologischen Entscheidungen, wie sie etwa der von POPPER und ALBERT vertretene »Kritische Rationalismus« bzw. »Kritizismus« darstellt (HABERMAS 1970/2, S. 56 u. ö.). »Nicht-deduktiv« meint in diesem Zusammenhang, daß der »Kritische Rationalismus« als eine bestimmte Verhaltensentscheidung sich selbst zwar nicht mehr theoretisch zwingend begründen kann, daß sich eine solche Entscheidung damit aber noch nicht im Sinne POPPERs als Glaubensakt interpretieren muß. Der von HABERMAS an dieser Stelle eingeführte Begriff »Argumentation« meint die genannte »nicht-deduktive Rechtfertigung«, der zwar die Stringenz (S. 55) und Schlüssigkeit (S. 56) wissenschaftlicher Begründungsverfahren abgeht, die aber zugleich die einzige Möglichkeit bietet, über solche Begründungsverfahren überhaupt zu reflektieren, ihre Kriterien der Kritik zu unterziehen bzw. sie aufgrund »rationaler Motivation« zu akzeptieren.

Versteht man solche methodologische Reflexion als Reflexion über den Geltungsanspruch von Regeln, dann wird leicht erkennbar, daß die angesprochene Auseinandersetzung einen exemplarischen Fall nicht-deduktiver, nämlich argumentativer Rechtfertigung thematisiert, die entsprechend auch für Regeln gilt, die praktische Handlungsnormen betreffen. Die grundsätzliche Analogie zwischen metatheoretischer bzw. methodologischer und praktischer Entscheidung ist bei HABERMAS explizit angesprochen:

»... die Zustimmung zu einer Verfahrensweise und die Annahme einer Regel (kann) mit Argumenten gestützt oder geschwächt, jedenfalls rational abgewogen und beurteilt werden. Dies ist die Aufgabe der Kritik, im Hinblick auf praktische wie auf metatheoretische Entscheidungen.« (Ebd., S. 55)

Insofern eine solche Argumentation sich nicht selbst wieder innerhalb eines gewählten deduktiven Zusammenhangs schlüssig begründen, sondern ihren Rationalitätsanspruch nur im Prozeß einer repressionsfreien und uneingeschränkten Diskussion einlösen kann, sprengt sie den Rahmen einer nur systemimmanenten Rationalität:

»Die Argumentation nimmt, sobald sie über die Nachprüfung deduktiver Systeme hinausgeht, einen *reflexiven* Gang; sie verwendet Standards, die sie erst in der Anwendung selber reflektieren kann ... Das ist die Dimension umfassender Rationalität, die, einer Letztbegründung unfähig, sich gleichwohl in einem Zirkel der reflexiven Selbstrechtfertigung entfaltet.« (Ebd., S. 58)

Was POPPER nach HABERMAS unterläßt, nämlich »die logische Beziehung dieser nicht-deduktiven Form der Argumentation zu untersuchen« (ebd., S. 55), das sieht HABERMAS mit WITHE in der »alten Topik und Rhetorik« geleistet; insofern beide die Diskussion als eine »hermeneutische Form der Argumentation« entfaltet haben, »die sich den starren Monologen deduktiver Aussagesysteme entzieht« (ebd.,

S. 54), haben sie Formen einer sich dialogisch bzw. kommunikativ reali-
sierenden Rationalität geschaffen und eingeübt, deren Schlüssigkeit der
»zwanglose Zwang«, d. h. die Überzeugungskraft des besseren Arguments ist.

6.2 Das rhetorische Schließverfahren

Die von HABERMAS vorgenommene Unterscheidung zwischen einer
monologischen Rechtfertigung »im Sinne eines deduktiven Beweises«
und einer dialogisch-kommunikativen Rechtfertigung »in Form einer
unterstützenden Argumentation« (HABERMAS 1970/2, S. 56) ist nur
ein Beispiel für das gegenwärtig verbreitete Interesse an der Argumentation als einem Begründungsverfahren eigener Art, dessen methodologische Aufhellung allerdings erst begonnen hat.[5] Die von HABERMAS
in diesem Zusammenhang in Erinnerung gebrachte »alte Topik und
Rhetorik« steht ebenso beispielhaft für das schrittweise Freilegen einer
verschütteten Tradition, die Methoden praktischer Gewißheitsfindung
bereithielt, deren Stringenz sich an der hermeneutisch aufzukärenden
Sache und nicht an einem sachfremden wissenschaftlichen Exaktheitsideal orientierte.

Daß das Freilegen dieser Tradition zugleich »une rupture avec une
conception de la raison et du raisonnement, issue de DESCARTES« bedeutet, haben PERELMAN/OLBRECHTS-TYTECA in ihrem für die Ar-
gumentationsforschung grundlegenden Werk ›Traité de l'argumentation‹ betont (S. 1). DESCARTES steht in diesem Zitat für ein an mathematischer Stringenz orientiertes Exaktheitsideal, das methodologisch
ebenso monistisch zu verfahren gezwungen ist, wie es praktisch die methodisch zugänglichen Sachbereiche restriktiv einschränkt:

»Um nicht in denselben Irrtum zu verfallen, sollen hier alle Tätigkeiten unse-
res Intellekts aufgezählt werden, durch die wir ohne jede Furcht vor Täuschung zur Erkenntnis der Dinge zu gelangen vermögen: es sind aber nur
zwei zulässig, nämlich *Intuition* und *Deduktion* ... Diese zwei sind nun die
sichersten Wege, die zur Wissenschaft führen, und man darf auch von seiten
des Geistes keine weiteren zulassen, vielmehr sind alle übrigen als verdächtig
und irreführend zurückzuweisen.« (Reg. 2)

Dabei meint »Intuition« ein zweifelsfreies Erfassen der ersten Prinzipien, die
als solche auf andere Prinzipien nicht zurückgeführt werden können, sondern
aufgrund ihrer Selbstevidenz so zwingend sind (etwa die Selbstgewißheit),
daß aus ihnen die Sicherheit abgeleiteter Erkenntnisse gewonnen werden
kann.

Wer wie DESCARTES den Dissens schon als Zeichen fehlenden oder
falschen Wissens wertet (›Discours‹, Kap. 1), muß auch dem argumentativ erzielten Konsens jeden Kredit nehmen. Doch es gab auch andere
Stimmen; z. B. BACON[6]: Wenn sein vorrangiges Interesse auch der
methodologischen Aufklärung wissenschaftlicher (induktiver) Erkennt-

nisgewinnung galt, so sprach er doch den traditionellen Methoden meinungswissenschaftlicher Rationalität (speech and argument) ihre Gültigkeit nicht ab; oder PASCAL[7] und seine Unterscheidung zwischen der Methode geometrischer Beweisführung (l'esprit géométrique) und der Kunst, die Zustimmung seiner Hörer zu finden (l'art de persuader); oder VICO mit seiner schon oben genannten behutsamen Differenzierung zwischen kritischer und topischer Methode und den ihnen entsprechenden Objektbereichen, u. a. m. Gleichwohl − das Exaktheitsmodell wissenschaftlicher Erkenntnismethode blieb der »mos geometricus«, bis in die Ethik hinein (SPINOZA).

Der genannte Bruch mit DESCARTES heißt daher: Aufgeben eines seit P. RAMUS und der Logik von Port Royal spätestens geltenden Axioms,[8] daß nämlich die Einheit der Logik in der Uniformität ihrer methodischen Operationen bestehe. Der Bruch mit DESCARTES heißt schließlich positiv: Freilegen eines argumentativen Begründungsverfahrens, dessen Rationalität nur dialogisch(oder genauer: dialektisch)[9]-kommunikativ eingelöst werden kann. Nicht zufällig nämlich nennen PEREIMAN/OLBRECHTS-TYTECA ihren ›Traité de l'argumentation‹ im Obertitel ›La nouvelle rhétorique‹. Dieser Titel soll − so die Verfasser (S. 6 ff.) − an eine Disziplin erinnern, die an dem argumentativen und um die Zustimmung der Hörer (»l'adhésion des esprits«) werbenden Begründungsverfahrens im bisher erläuterten Sinn ein fundamentales Interesse hatte, jedenfalls wenn man Rhetorik in der Nachfolge von ARISTOTELES als Theorie einer bestimmten Art von Beweisführung versteht (vgl. EMRICH, S. 22; FISCHER 1972, S. 121 f.; VIEHWEG, S. 13 u. a. m.):

»Es ist klar, daß die wissenschaftliche Rhetorik es mit überzeugungsstarken Argumentationen *(písteis)* zu tun hat; eine überzeugungsstarke Argumentation ist eine Art von Beweis *(apódeixis).*« (›Rhetorik‹, 1355 a 3)

Die Methodik dieser von uns als Argumentation bezeichneten Beweisführung ist in einer − später von CICERO übersetzten − Schrift, nämlich in der ›Topik‹, entwickelt, die zusammen mit weiteren fünf ARISTOTELISCHEN Schriften das sogenannte ›Organon‹ (logisches Werkzeug) bildet. Schon der erste Satz dieser lange Zeit auffällig vernachlässigten Schrift macht deutlich, daß es ARISTOTELES in ihr um eine Methode dialektisch-kommunikativer Gewißheitsfindung geht, insofern sich nämlich die Kommunikationspartner erst jeweils gegenseitig der Gültigkeit ihrer argumentativen Voraussetzungen vergewissern müssen:

»Unsere Arbeit stellt sich die Aufgabe, eine Methode *(méthodos)* zu finden, aufgrund deren wir über jedes gestellte Problem *(próblema)* aus geltenden Meinungen *(éndoxa)*[10] Schlüsse bilden können . . .« (›Topik‹, 100a)

Die hier angesprochene Methode der Problemlösung scheint zunächst nur die von ARISTOTELES in den ›Analytiken‹ theoretisch begründete Form mittelbarer Erkenntnisgewinnung zu beschreiben, die besonders

in den formalen Wissenschaften (Logik, Mathematik) angewandt wird.
Bei dieser Form mittelbarer Erkenntnisgewinnung handelt es sich um
ein Schließverfahren (Syllogismus, Deduktion), nämlich »Urteile aufgrund anderer Urteile (zu) behaupten, sie als in diesen anderen
logisch bereits enthalten (zu) verstehen« (FREYTAG-LÖRINGHOFF,
S. 81).

Doch genauer betrachtet zeigt der eben zitierte Text aus der
ARISTOTELISCHEN ›Topik‹, daß das Spezifische der in dieser Schrift ab-
gehandelten Methode nicht von den formallogischen Operationen des
Schließverfahrens her zu bestimmen ist, nämlich aus vorausgesetzten
Urteilen *(Prämissen)* unter Beachtung von Regeln Schlußfolgerungen
(Konklusionen) abzuleiten; das Spezifische besteht offensichtlich nicht
in den *formallogischen Operationen,* sondern in der *materialen Qualität* der vorausgesetzten Prämissen. Dies wird noch deutlicher, wenn
ARISTOTELES im folgenden auf der unterschiedlichen materialen Qualität von Prämissen seine zwei grundlegenden Arten von Schließverfahren aufbaut:

»Ein Syllogismus (Deduktion) ist ein Beweis, bei dem auf der Grundlage bestimmter Voraussetzungen (Prämissen) etwas anderes als das Vorausgesetzte
mit Notwendigkeit folgt. Von einem wissenschaftlichen Beweis spricht man,
wenn der Syllogismus von *wahren und ersten Sätzen* ausgeht oder von solchen Sätzen, deren Erkenntnis aus wahren und ersten Sätzen abgeleitet ist;
dialektisch nennt man einen Syllogismus, wenn er von *geltenden Meinungen*
ausgeht. Wahre und erste Sätze sind solche, die nicht durch andere, sondern
durch sich selbst evident sind ...; geltende Meinungen sind solche Sätze, die
allen oder den meisten oder den Verständigen ... wahr erscheinen.« (›Topik‹,
100a 25)

Nach diesem luziden Text ist das Spezifische der dialektischen Methode
genauer zu bestimmen: Das entscheidende Distinktiv zwischen wissenschaftlichem und dialektischem Schließverfahren ist nicht die verschiedene *Stringenz* der formalen Operationen, sondern die verschiedene
Evidenz der vorausgesetzten Prämissen. Selbst wenn beide Schließverfahren mit der gleichen »Notwendigkeit« folgern, so erreichen sie
dennoch nicht den gleichen Gewißheitsgrad für ihre Konklusionen.
Der Evidenzcharakter wissenschaftlicher Prämissen kann durch keine
noch so große Meinungsübereinstimmung ersetzt werden; denn die
»Wahrheit« dialektischer Prämissen ist an ihre Geltung geknüpft, die
nur über die Zustimmung der kommunizierenden Partner zu ermitteln
ist. Mit anderen Worten: Die »Wahrheit« dialektische Prämissen beruht auf ihrer *sozialen Gewißheit*. Die Schlüssigkeit der SOKRATISCHEN
Dialektik gründet weithin in dieser sozialen Gewißheit ihrer Prämissen:

»Wenn Sokrates selber etwas erklären wollte, begann er mit Voraussetzungen,
welche die größte Wahrscheinlichkeit einer Übereinstimmung boten; denn er
hielt das für den sichersten Weg, miteinander zu argumentieren.« (Xenophon
›Memorabilien‹, IV 6.15)

Auf die in der ›Topik‹ vorgenommene grundlegende Unterscheidung zwischen streng wissenschaftlichen (bzw. apodiktischen) und dialektischen Schließverfahren, die in der formelhaften Unterscheidung zwischen der Analytik als »logica verorum« und der Dialektik als »logica verisimilium« fortlebte, nimmt ARISTOTELES in seiner ›Rhetorik‹ öfter Bezug, wenn er z. B. zwischen »logischem« und »rhetorischem Syllogismus« differenziert (1355a 13, 1356b 5 u. ö.). Die grundsätzliche Analogie dieser verschiedenen Differenzierungen verbürgt nicht nur die in der ›Rhetorik‹ immer wieder betonte Korrespondenz zwischen Rhetorik und Dialektik (vgl. u. a. 1354a), sondern auch der explizite Verweis auf die in der ›Topik‹ abgehandelte dialektische Methode (bes. 1365b) sowie der gemeinsame Schlüsselbegriff »geltende Meinungen« *(éndoxa)*. Der fehlende Evidenzcharakter dialektischer wie rhetorischer Prämissen beschreibt damit eine grundlegende Gemeinsamkeit dieser beiden argumentativen Begründungsverfahren, die in ihrer gemeinsamen dialektisch-kommunikativen Verankerung gründet.

Gegenüber dieser gemeinsamen Verankerung ist der unterschiedliche Grad beider Begründungsverfahren an formaler Explikation relativ nebensächlich: Im Unterschied zum dialektischen verkürzt der rhetorische Syllogismus, der terminologisch auch »Enthymem« heißt, das argumentative Begründungsverfahren dadurch, daß nicht alle für die Konklusion notwendigen Prämissen verbal expliziert werden, wenngleich sie erschlossen werden können (vgl. LAUSBERG 1960, S. 199 f.).

Abschließend sei neben dem bisher behandelten Syllogismus (Deduktion) die bei ARISTOTELES ebenfalls theoretisch reflektierte zweite grundlegende Form mittelbarer, nämlich erschließender Erkenntnisgewinnung herangezogen, die Induktion *(epagogé)*. Ihr rhetorisches Pendant ist das »Beispiel« *(parádeigma)*; seine argumentative Funktion besteht darin, aus situativ verwandten Fällen ein allgemeines und damit auch für den gegenwärtigen Problemfall aktualisierbares Orientierungsmodell zu liefern (vgl. ARISTOTELES ›Rhetorik‹ 1356b 12 ff.). Zusammengefaßt ergeben sich damit folgende Korrelationen zwischen wissenschaftlichem, dialektischem und rhetorischem Schließverfahren (vgl. KAPP, S. 101 f.).

6.3 Die Konsensustheorie der Wahrheit

Die eben versuchte und zunächst an ARISTOTELISCHEN Texten orientierte Erörterung läßt auf die Ausgangsfrage dieses Kapitels nach den Bedingungen der Überzeugungskraft als der argumentativen Schlüssigkeit folgende Antwort zu: Der den Prozeß der Persuasiven Kommunikation intentional charakterisierende Versuch, einen Konsens zwischen den Kommunikationspartnern über ihre jeweiligen Handlungsziele zu erreichen, kann grundsäzlich als ein Schließverfahren, d. h. als ein Verfahren mittelbarer Erkenntnisgewinnung beschrieben und als solches mit den streng wissenschaftlichen Schließverfahren verglichen werden. Insofern kann ARISTOTELES die entsprechende Ter-

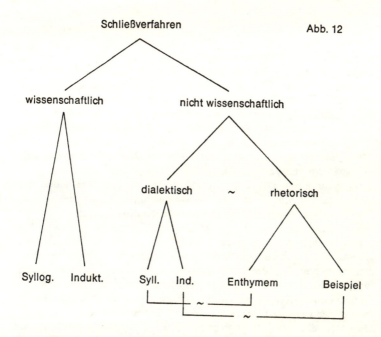

Abb. 12

minologie der Schließlehre auf die rhetorische bzw. Persuasive Argumentation übertragen und z. B. von »rhetorischen Prämissen« (*rhetorikaí prótaseis*, ›Rhetorik, 1959a 8) sprechen. Die grundsätzliche Formalisierbarkeit der Persuasiven Argumentation verweist nicht nur auf eine diesem Schließverfahren mögliche, bisher »Überzeugungskraft« genannte, Schlüssigkeit; sie verweist gleichermaßen auf entsprechend mögliche Regelverletzungen, die sich Kommunikationspartner immer dann vorwerfen, wenn sie ihre Argumentationen wechselseitig widersprüchlich nennen (vgl. MAAS 1972/2, S. 264 ff; HARE S. 45 f.).

Doch ungeachtet der grundsätzlich möglichen Formalisierung der Persuasiven Argumentation gilt – wenn wir uns auf das besonders relevante syllogistische Schließverfahren beschränken – ARISTOTELES' Interesse mehr der *materialen* Gültigkeit der Prämissen als der *formalen* Richtigkeit von Schließoperationen (vgl. VIEHWEG, S. 8); denn der qualitative Unterschied der Prämissen wird als Einteilungsprinzip der verschiedenen Arten von Schließverfahren funktionalisiert und begründet deren verschiedenen Grad an zwingender Evidenz. Diese zu konstatierende Aspektverlagerung ist – so können wir jetzt ergänzend hinzufügen – zwingend aufgrund der logischen Struktur deduktiv erschlossener Urteile, die ihrem Gehalt nach nichts anderes enthalten können, als was zumindest implizit in der Konjunktion der Prämissen bereits enthalten ist. Diese Konklusionsstruktur beschreibt – wie er-

129

sichtlich – den Charakter deduktiver Begründungsverfahren als analytisch.

Der analytische Charakter eines solchen Begründungsverfahrens bedeutet einmal, daß die Schlüssigkeit der Argumentation weithin eine Resultante der materialen Gültigkeit von argumentativen Prämissen ist; entsprechend wird die Frage nach den Bedingungen der *argumentativen Schlüssigkeit* primär zu einer Frage nach den Bedingungen der *materialen Gültigkeit* vorausgesetzter Prämissen.[11] Über diese Bedingungen wird unten noch zu sprechen sein.

Noch eine weitere, hier zunächst zu behandelnde Konsequenz leitet sich aus dem analytischen Charakter der Deduktion ab: Wenn 1. die Konklusion einer Deduktion gehaltlich nichts enthalten kann, was nicht in der Konjunktion ihrer Prämissen impliziert ist, wenn 2. die Konklusion einer Persuasiven Argumentation ihrer intentionaler Funktion gemäß Handlungsziele durch die Überzeugungskraft ihrer begründenden Rechtfertigung stützen soll, wenn 3. Handeln entsprechend der bisherigen Erörterung als Handeln unter geltenden Normen zu gelten hat, dann bedeutet dies unter dem Aspekt eines analytischen Schließverfahrens, daß die argumentative Konklusion nur dann ein normatives Urteil enthalten kann, wenn die Prämissen bereits entsprechend normativ strukturierte Urteile enthalten.

Damit ist ein Problem angesprochen, das – im Zusammenhang mit dem sogenannten Werturteilsstreit – als Frage nach der Struktur von Werturteilen und deren Beziehung zu Sachurteilen thematisiert wird (vgl. ALBERT/TOPITSCH). Die umfängliche Diskussion, die terminologisch mit Korrelatbegriffen wie »Tatsache-Entscheidung«, »Indikativ-Imperativ«, »Aussagesatz-Forderungssatz«, »Aussage–Imperativ«, »deskriptiv-präskriptiv« usw. geführt wird, artikuliert das Interesse an einer »Logik«, die man entsprechend »imperativ«, »präskriptiv«, »normativ« usw.[12] oder allgemein »Logische Grammatik der praktischen Sprache« nennen kann (ALBERT 1971/2, S. 487 ff.). Diese »Logik« hat für unsere derzeitige Fragestellung insofern eine klärende Funktion, als die in der Persuasiven Kommunikation argumentativ gestützten Handlungsziele eine Sprache bedingen, die – ob man sie mit HARE »präskriptiv« oder mit ALBERT »praktisch« nennt – als Teilmenge der eben genannten »Logik« zugeordnet werden muß.

Die normative Logik bestätigt einmal, daß die allgemein für Aussagesätze geltenden Regeln des Schließens auch auf Forderungssätze (um zunächst DUBISLAVS Terminologie zu übernehmen) übertragbar sind und daß entsprechend argumentative Begründungszusammenhänge nach bestimmten »normativ-logischen Regeln« (FRANK-BÖHRINGER, S. 33) formalisiert werden können. So ließe sich beispielsweise die in der biblischen Passionsgeschichte referierte Argumentation des Hohen Rates (MARKUS, 14. 43 ff.) folgendermaßen zusammenfassen:

Wer sich zum Sohn Gottes macht, der soll sterben!	$p \rightarrow q$ (!)
Jesus hat sich zum Sohn Gottes gemacht.	p
Also soll er sterben!	q (!)

Zum anderen bekräftigt die normative Logik ein seit HUME gültiges Axiom der Heterogenität von Erkenntnis- und Wertsphäre, nach dem es ohne naturalistischen Fehlschluß nicht möglich ist, aus der *Beschreibung* dessen, was ist, eine *Forderung* abzuleiten nach dem, was sein soll.[13] Allgemeiner formuliert bedeutet dies, wie die eben versuchte Transskription der biblischen Argumentation bereits erkennen läßt: »Kein Schlußsatz im Imperativ kann gültig aus einer Prämissenmenge gefolgert werden, die nicht mindestens einen Imperativ enthält.« (HARE, S. 50; DUBISLAV, S. 454). Daraus folgt, daß Imperative bzw. Forderungssätze »lediglich relativ zu anderen Forderungen, aber nicht letztinstanzlich begründbar sind« (DUBISLAV, S. 453). Die Tatsache, daß Imperative bzw. Forderungssätze durch keine ethische Intuition »unstrittig demonstrabel« zu machen sind (DUBISLAV, S. 449), beschreibt nicht so sehr den insuffizienten Charakter von Normen, sondern im Gegenteil deren funktionale Leistung; Normen, die aufgrund ihres Evidenzcharakters einer Zustimmung ebenso entraten könnten, wie sie einer Ablehnung unfähig wären, verlören ineins damit auch ihre Fähigkeit, wie u. a. HARE gegen DESCARTES betont (S. 60 ff.), praktischem Handeln Orientierung geben zu können, d. h. auf Fragen zu antworten, die offensichtlich die Möglichkeit von Handlungsalternativen unterstellen.

Forderungssätze allgemeiner Natur, aus denen wieder — durchaus unter Zuhilfenahme von Aussagesätzen — Forderungssätze abgeleitet werden können, lassen sich aufgrund ihrer Vergleichbarkeit mit den Axiomen wissenschaftlicher Deduktion »Postulate« nennen; sie sind zwar nicht »letztinstanzlich« begründbar, doch innerhalb einer Ideologie können sie, falls diese ein kohärentes System wirklichkeitsinterpretierender Sätze darstellt, einen angebbaren Stellenwert besitzen.

Insofern sich nun eine Argumentation darauf beschränkt, die Problematisierung von Geltungsansprüchen dadurch tendenziell aufzuheben, daß sie deren Übereinstimmung mit geltenden Bewertungsstandards (Postulaten) nachweist, wird sie weithin deduktiv verfahren können; d. h. sie wird die ein bestimmtes Handlungsziel stützenden Argumente auf nicht problematisierte Grundwerte (der Kommunikationspartner, der Gruppe usw.) zurückzuführen versuchen, um dadurch die Argumente wie das durch sie gestützte Handlungsziel zustimmungsfähig zu machen. Daß eine solche als »Validation« zu kennzeichnende Art von Argumentation (vgl. FEIGL, S. 417 ff.) ohne einen verbindlichen Rahmen geltender Bewertungsstandards nicht möglich ist, liegt ebenso auf der Hand wie ihre dogmatische Anfälligkeit.

Wäre Argumentation auf den validierenden Nachweis systemimmanenter Stimmigkeit abonniert, dann würde ihre Rationalitätsleistung mit dem Regreß auf allgemeine Bewertungsstandards erschöpft sein, die »als unkorrigierbare letzte Stellungnahmen« (vgl. ALBERT 1971/2 S. 229 ff.) sich einer weiteren stützenden Rechtfertigung entzögen.

Verschiedene und antagonistische Bewertungsstandards innerhalb einer Gesellschaft wären einer kritischen Prüfung unzugänglich; die Bewertungssysteme würden die Grenzen möglicher Argumentation und damit gesellschaftlicher Rationalität abstecken.

H. ALBERT (u. a. 1971/1, S. 11 ff; 1971/2, S. 229 ff.) hat versucht, die eben skizzierte WEBERsche Position aus dem klassischen Rationalitätsverständnis abzuleiten, für das methodologisch das »Prinzip der zureichenden Begründung« noch galt. Die wissenschaftstheoretisch notwendige Preisgabe dieses Prinzips zugunsten eines am »Prinzip der kritischen Prüfung« orientierten Kritischen Rationalismus bedeutet zugleich die Ausweitung der argumentativen Kompetenz auf die stützenden Rechtfertigung allgemeiner Bewertungsstandards. Diese Art rechtfertigender Argumentation läßt sich im Unterschied zur »Validation« als »Vindikation« charakterisieren (FEIGL) bzw. kritisch im Unterschied zu dekuktiv nennen (vgl. HABERMAS 1970/2, S. 55).

Insofern Persuasive Kommunikation sich der Argumentation zur intentionalen Beeinflussung praktischen Handelns bedient und insofern der uneingeschränkte Wille zum Rechenschaftgeben *(lógon didónai)* das »verbindliche Prinzip der Argumentation« darstellt (HÜLSMANN, S. 233), ist Persuasive Kommunikation auf beide Arten von Argumentation angewiesen. Die Aristotelische Qualifikation der praktischen Postulate jedoch als den theoretischen Axiomen analoge Ausgangspositionen *(archaí)*, die weder »durch schlußfolgerndes noch durch beratendes Denken« gefunden werden können (›Eudemische Ethik‹, 1227b 24), schließt die vindizierende Argumentation als Form Persuasiver Begründung weithin aus. Ebenso kommt die u. a. von BRÜGGEMANN formulierte (und für die antike Rhetorik sicherlich zutreffende) Bedingung, daß Rhetorik ohne common sense, d. h. ohne den »Schatz an nicht weiter in Frage gestellten Vorurteilen einer Gesellschaft« nicht möglich ist, einer Restriktion Persuasiver Kommunikation im doppelten Sinn gleich: Einmal unterstellt diese Bedingung, daß eine gelingende Persuasive Argumentation zwischen Kommunikationspartnern mit unterschiedlichen und entgegengesetzten Bewertungsstandards a limine ausgeschlossen ist; zum anderen legt diese Bedingung die der Argumentation tendenziell mögliche Aufklärungsleistung praktischen Handelns auf hermeneutische Rahmenbedingungen fest, innerhalb deren Argumentation affirmativ in Dienst genommen werden kann.

Wenn dagegen die Persuasive Kommunikation die Gültigkeit ihrer normativen Voraussetzungen im gekennzeichneten uneingeschränkten Sinn von Argumentation nachzuweisen beansprucht und wenn weiter auf dem Gelingen dieses Nachweises primär die Schlüssigkeit des argumentativen Begründungsverfahrens beruht, dann stellt sich erneut die eben bereits formulierte Frage: Woran bemißt sich die Gültigkeit handlungsleitender Normen, wenn unter Gültigkeit nicht restriktiv die Übereinstimmung mit bestimmten Bewertungsstandards verstanden wird, sondern die *zustimmungsfähige Rechtfertigung* dieser Bewertungsstandards selbst?

Zwei mögliche Antworten seien kurz umrissen: Die eine läßt sich grundsätzlich als Versuch interpretieren, den klassisch-ontologischen Begriff von Wahrheit als Korrespondenz zwischen Sachverhalt und Aussage auf normative Aussagen zu übertragen und entsprechend deren Gültigkeit davon abhängig zu machen, inwieweit sie auf die »objektiven gesellschaftlichen Sachverhalte, die ihnen zugrundeliegen, zutreffen« (HOFMANN, S. 78). Wie die *Wahrheit* des Sachurteils sich an dem beurteilten Sachverhalt auszuweisen hat, so muß die *Gültigkeit* des Werturteils daraufhin »überprüfbar« sein (S. 77), ob es für eine bestimmte Gesellschaft bzw. für deren Subsysteme angemessen ist und ihnen »entspricht« (S. 78). Dabei meint »entsprechen« keine Übereinstimmung mit den Wertvorstellungen bestimmter Individuen oder gesellschaftlicher Gruppen (»Die bloß geltende Wertung ist noch nicht gültig«, S. 74), sondern eine Übereinstimmung mit dem, was nach dem Stand sozio-ökonomischer wie kultureller Möglichkeiten zu einem bestimmten Zeitpunkt für eine bestimmte Gesellschaft möglich wäre: »Nicht die *Existenz*, sondern die *Potenz* einer Gesellschaft begründet die Objektivität ihrer Wertbegriffe.« (S. 81)

Das kritizistische Pendant zur wertsoziologischen Kategorie »Zutreffen« bzw. »Entsprechen« heißt »Bewähren«. Wie nach HOFMANN die Gültigkeit eines Werturteils »zwar nicht ein ›Wahr-Sein‹, aber doch ein ›Zutreffen‹ anderer Art« meint (S. 75), so müssen sich nach ALBERT auch ethische Systeme (als exemplarische Teilmenge normativer Systeme verstanden) »bewähren, wenn auch in anderer Weise als die der Wissenschaft« (1971/2, S. 512):

»Auch ethische Systeme sind prinzipiell überprüfbar, und zwar nicht nur hinsichtlich ihrer logischen Widerspruchslosigkeit, sondern darüber hinaus hinsichtlich der Realisierbarkeit der in ihnen enthaltenen Forderungen und der Konsequenzen, die aus ihnen folgen.« (Ebd.)

Auf diese »andere Weise« des Bewährens bzw. Zutreffens kommt es nun aber gerade bei der praktischen Funktionalisierung einer im Grunde naturwissenschaftlichen Hypothesenprüfung an. Was heißt Scheitern und Erfolg im Bereich handlungsleitender Normen, ohne daß gesellschaftliche Praxis als Prüfungsfeld hypothetischer Annahmen mißdeutet würde?

Zwei Kriterien der Bewährung sind im Zitat eben bereits erwähnt: »Realisierbarkeit« und »Konsequenzen«. Nimmt man noch »die Befriedigung menschlicher Bedürfnisse, die Erfüllung menschlicher Wünsche, die Vermeidung unnötigen menschlichen Leidens, die intrasubjektive und intersubjektive Harmonisierung menschlicher Bestrebungen« u. a. m. (S. 512) hinzu, dann wird leicht erkennbar, daß diese kriteriellen Maßstäbe einer Bewährung selbst schon wieder ein Vorverständnis über die gesellschaftliche wie individuelle Funktion von Normen artikulieren. ALBERT dazu: Diese Kriterien »sind nicht der Wirklichkeit zu entnehmen« (S. 516), sie müssen vielmehr »erfunden und festgesetzt werden« (S. 513) als »Vorschläge«, die »hypothetisch zu akzeptieren« sind und damit diskutabel und revidierbar bleiben (S. 516).

Demgegenüber bleibt aber doch anzumerken, daß kritielle Bewährungsmaßstäbe ebensowenig »erfunden« werden, wie sie hypothetisch sich akzeptieren lassen; die kritiellen Bewährungsmaßstäbe können auch nur die Wertvorstellungen konkreter gesellschaftlich-historischer Subjekte ratifizieren; und das Akzeptieren dieser Kriterien dürfte schwerlich etwas anderes sein als das Feststellen ihrer Zustimmungsfähigkeit aufgrund argumentativ gerechtfertigter bzw. gestützter Standards. Dieser Zirkel, den auch ALBERTS gelungenes Wortspiel zwischen kritischer »Bewährung« und kritikimmunisierender »Bewahrung« nicht durchbricht (1971/1, S. 35), beschreibt eine in der Hermeneutik reflektierte Erfahrung, daß die Angemessenheit kritieller Maßstäbe sich erst im Prozeß ihrer Anwendung erweisen kann (HABERMAS 1970/2, S. 59 ff.). »Reflexive Selbstrechtfertigung«, die HABERMAS (ebd.) der nicht-deduktiven Argumentation zutraut, ist zugleich eine Absage an ein »externes Kriterium der Wahrheit« (HABERMAS 1972, S. 1268): »Die Bedingung für die Wahrheit von Aussagen ist die potentielle Zustimmung aller anderen.« (HABERMAS 1971, S. 124; 1973, S. 140 ff.).
Diese von KAMLAH/LORENZEN (S. 116 ff.) skizzierte und von HABERMAS rezipierte »Homologie« bzw. »Konsensustheorie der Wahrheit« muß zwar nicht wie die Korrespondenztheorie das »Zutreffen« von Aussagen reflektieren, wohl aber die Bedingungen der Konsensbildung, um überhaupt zwischen einem wahren und falschen Konsens unterscheiden zu können. HABERMAS' bereits erwähnte »ideale Sprechsituation« als begrifflicher Kennzeichnung einer unverzerrten und insofern zwanglose Argumentation ermöglichen Kommunikation (vgl. u. a. 1972, S. 1268) war der Versuch, situative Bedingungen eines wahren Konsens zu formulieren, ohne mit der Kategorie der »Sachkunde« (KAMLAH/LORENZEN) ein Persönlichkeitsmerkmal idealer Sprecher einführen zu müssen. Außerdem macht die »Sachkunde«, mit der KAMLAH/LORENZEN das Gewicht der Übereinstimmung von der Kompetenz einer geeigneten Nachprüfung abhängig machen (S. 121 ff.), selbst schon wieder ein Einverständnis darüber nötig, wem sie zuzusprechen ist. Das heißt: die Sachkunde als Voraussetzung eines gültigen Konsens ist bereits eine *konsensabhängige* Bedingung; mit anderen Worten: Es gibt kein »unabhängiges Kriterium für die Unterscheidung des wahren vom falschen Konsensus« (HABERMAS 1971, S. 134).
Ohne diese Überlegungen im einzelnen jetzt weiterzuführen, dürfte doch deutlich geworden sein, daß die »Konsensustheorie der Wahrheit« in ihrer Applikation auf den Gültigkeitsanspruch normativer Aussagen für einen Kommunikationstyp von besonderer Bedeutung ist, als dessen Ziel der argumentativ erzielte Konsens zwischen den Kommunikations-

partnern beschrieben wurde. Dabei ist der Konsens als Resultante der Überzeugungskraft vorgebrachter Argumente verstanden und diese selbst als spezifische Schlüssigkeit argumentativer Begründungsverfahren interpretiert worden. Die Frage nach den Bedingungen der argumentativen Schlüssigkeit führte zurück zur Frage nach den Bedingungen der materialen Gültigkeit argumentativer Prämissen sowie nach nicht-deduktiven Rechtfertigungsmöglichkeiten allgemeiner Bewertungsstandards. Wenn es richtig ist, daß der Wahrheits- bzw. Gültigkeitsanspruch eines argumentativ erzielten Konsens nicht an einem *unabhängigen* Kriterium gemessen werden kann, sondern nur an dem Maß eingelöster Bedingungen argumentativer Konsensbildung, dann läßt sich auf die Ausgangsfrage dieses Kapitels antworten: für die Bedingungen der Überzeugungskraft einer Argumentation lassen sich keine »externen« Kriterien finden; d. h.: die Überzeugungskraft der Argumentation ist nicht unabhängig von denjenigen zu bestimmen, die im Akt der Zustimmung eine Argumentation als überzeugungskräftig qualifizieren und dadurch zu einer übereinstimmenden Beurteilung eines bestimmten Sachverhaltes gelangen. Diese übereinstimmende Beurteilung ist eben »Homologie« genannt worden. Mit diesem Begriff haben KAMLAH/LORENZEN bewußt an die SOKRATISCHE Dialogik erinnert (S. 120), d. h. an eine Methode kommunikativ-dialogischer Wahrheitsfindung, die sich in der Vergewisserung der übereinstimmenden Beurteilung einer Sache dieser Sache selbst vergewissert: »Miteinander redend müssen wir auch miteinander nachforschen können, wie es sich mit diesen Gegenständen jeweils verhält« (S. 125). Mit dieser Bezugnahme entgehen sie sowohl DESCARTES' methodischem Solipsismus wie einem szientistisch verengten Wissenschaftsbegriff, der praktischen Fragen als der interpersonalen Verfikation unzugänglich ausblendet: »Diese Beschränkung ist … eine geschichtliche Besonderheit der modernen Wissenschaft.« (S. 125)
In Anlehnung an eine entsprechende Formulierung bei KAMLAH/ LORENZEN (S. 120) läßt sich demnach formulieren: Die Überzeugungskraft einer Argumentation wird erwiesen durch Homologie.
Wenn die Güte einer Homologie aber nicht von der Qualifikation der Zustimmungsberechtigten (so KAMLAH/LORENZEN), sondern nur von den situativen Bedingungen ihrer Genese abhängig gemacht werden kann (so HABERMAS), dann stellt auch jeder Anspruch auf eine erfolgreich erzielte Übereinstimmung zwischen den Partnern der Persuasiven Kommunikation einen *Vorgriff* dar auf die »ideale Sprechsituation« und ihre Verankerung in einer entsprechenden »ideale Lebensform«. Ohne die »praktische Hypothese« (HABERMAS 1971, S. 141), eine Übereinstimmung unter Bedingungen erzielt zu haben, die nur den »zwanglosen Zwang des besseren Arguments« zur Geltung kommen lassen, kann keine Rhetorik auskommen. Die zu Regeln formalisierten Bedingungen einer *gelingenden* Persuasiven Kommunikation bleiben

also zugleich auch die Bedingungen für die Güte einer *erfolgreichen* Persuasiven Kommunikation.

6.4 Die Renaissance der Topik

Vor dem skizzierten Hintergrund der Homologie- bzw. Konsenstheorie der Wahrheit läßt sich nun ein für die Rhetorik typisches Verfahren leichter beschreiben und plausibel machen, das an der bisher erläuterten Überzeugungskraft Persuasiver Argumentation mehr operational interessiert ist, insofern es eine Methode bzw. Technik beschreibt, wie überzeugungskräftige Argumente gefunden werden können. Entsprechend behandelt die traditionelle Rhetorik dieses Verfahren auch innerhalb der sogenannten »Findungslehre« *(heúresis, inventio* vgl. LAUSBERG 1960, S. 201 ff.), der ersten Phase des in Kapitel 7 noch zu erwähnenden Textproduktions-Prozesses. Gemeint ist die im HABERMAS' Zitat bereits genannte »Topik«[14], die — oft allerdings in Verkennung ihrer genuinen Leistungsmöglichkeiten — auf dem Wissenschaftsmarkt heute zum Teil immer noch als Geheimtip gehandelt wird.

Wenn die Renaissance der Topik und im weiteren Sinn der Rhetorik als ›Nova Rhetorica‹ (CURTIUS, 1961, S. 138) weithin auch unter literaturwissenschaftlichem Vorzeichen erfolgte, so hat gleichwohl die Auseinandersetzung mit E. R. CURTIUS sehr schnell die vielen Transfermöglichkeiten des von ihm rehabilitierten Topik-Begriffs auf ganz verschiedenen Fragestellungen erkennen lassen. So wird heute außerhalb der Literaturwissenschaft und Textwissenschaft (BREUER) sowohl in der Politologie (HENNIS, 1963) wie Rechtswissenschaft (VIEHWEG), in der Wirtschaftswissenschaft (JÖHR/SINGER) wie Sozialpsychologie (GEHLEN), in der Soziologie (POPITZ u. a.), Philosophie (PÖGGELER) wie Werbetheorie (vgl. FISCHER 1972) von Topen und Topik (als deren Lehre) gesprochen.[15] Freilich mit sehr verschiedenen Interessen! Während sich etwa HENNIS von der Topik ähnlich wie HABERMAS für das politische Räsonnement eine der Struktur praktischen Handelns gemäße und mögliche Rationalität verspricht, erkennt MAAS (1972/2) in der »topischen Argumentation« den Ausdruck eines nicht mehr verantworteten Handelns, das nur die entfremdete Situation ihrer Akteure spiegelt:

»Das entscheidende Moment liegt dabei nicht darin, daß die Argumentation sich auf Prinzipien beruft, die nicht mehr in Frage gestellt werden können ..., sondern entscheidend ist, daß die Topoi so weit verselbständigt sein können, daß sie mit der Erfahrung nicht mehr zu vermitteln und d. h. vor allem nicht mehr zu überprüfen und zu korrigieren sind.« (S. 273)

Es ist offenkundig, daß hier von zwei verschiedenen Topik-Begriffen die Rede sein muß. Ohne die Begriffsgeschichte, die zum Teil aufgearbeitet vorliegt, im einzelnen referieren zu wollen, sei wenigstens auf zwei für die Folgezeit entscheidende Rezeptionen der antiken Topik hingewiesen, die zugleich die eben angedeutete Divergenz ihrer heutigen Beurteilung einigermaßen zu erklären erlauben.

Die mit dem Namen des großen Romanisten verbundene Topik-Rezeption ist bereits eben angesprochen worden. Ausgehend von der spätantiken Rhetorik konstatiert CURTIUS, daß diese durch ihre politische Entmachtung zwar »ihren ursprünglichen Sinn und Daseinszweck« verloren habe, dafür aber in alle »Literaturgattungen« eingedrungen sei: »Ihr kunstvoll ausgebautes System wurde Generalnenner, Formenlehre und Formenschatz der Literatur überhaupt. Das ist die folgenreichste Entwicklung innerhalb der Geschichte der antiken Rhetorik. Damit gewinnen auch die topoi eine neue Funktion. Sie werden *Klischees*, die literarisch allgemein verwendbar sind, sie breiten sich über alle Gebiete des literarisch erfaßten und geformten Lebens aus.« (CURTIUS 1961, S. 79)

Die als »Klischees«, als »Denk- und Ausdrucksschemata«, als »Formeln«, »Motive«, »Themen« usw. interpretierten Topen interessieren CURTIUS einmal literaturbiologisch hinsichtlich ihrer Entstehung (ebd., S. 92); zum anderen — aufgrund ihres archetypischen Charakters (C. G. JUNG) — tiefenpsychologisch als Lesehilfen der »abendländischen Seelengeschichte« (S. 92, 115); und schließlich als Kristallisationspunkte der Tradition (vgl. PÖGGELER): Von ihnen hätte sich eine literaturwissenschaftlich in Dienst genommene Toposforschung leiten zu lassen, um die »literarischen Konstanten« (S. 395) freizulegen, die — wie etwa das »Irdische Paradies«, das »Goldene Zeitalter«, die »Ideallandschaft« u. a. m. — »Urverhältnisse des Daseins« spiegeln und insofern »zeitlos« sind (s. 92). Ihre Freilegung ließe sie als »Ausdruckskonstanten der europäischen Literatur« (S. 235) von »Homer bis Goethe« (S. 32) verstehen, die nicht nur als »Ganzheit« (S. 25), sondern als »Sinneinheit« (S. 24) von »sechsundzwanzig Jahrhunderten« (S. 22) zu gelten hat; eine »verstehbare Sinneinheit« (nach TOYNBEE, S. 387), die allein im Medium der Literatur (S. 24) als »zeitlose Gegenwart« einer europäischen Gesamtkultur »jederzeit« erfahrbar bleibt: »Die literarische Tradition ist das Medium, in dem der europäische Geist sich seiner selbst über Jahrhunderte hinweg versichert.« (S. 398) Entsprechend gilt: »Den Schatz der Überlieferung sammeln, bewahren, genießen ist eine Kulturfunktion.« (S. 397)

Die Problematik dieses gleichwohl imponierenden und für die moderne Toposforschung grundlegenden Ansatzes, der neuerdings besonders von JEHN (S. VII ff.)[16] ideologiekritisch untersucht worden ist, soll hier nicht entfaltet, sondern nur mit der Bemerkung angedeutet werden, daß die Ausblendung der situativ-konkreten Funktionalisierung der Topen zugunsten der Katalogisierung ihrer zeitenthobenen Konstanz zugleich deren argumentative Grundleistung verkennen mußte (VEIT, FISCHER 1972). In der Verkennung dieser Grundleistung begründet sich aber die Unfähigkeit, den gesellschaftlich und historisch vermittelten Charakter der Topen sowie ihre Interessengebundenheit zu verstehen.[17] Die Forderung nach einem komplementierenden »synthetischen Interpretieren«, das die »kontextuelle Individuation der topischen Versatzstücke im konkreten Text herausstellt« (PLETT 1971, S. 14), setzt die Problematisierung der CURTIUSschen Topik-Konzeption ebenso voraus wie FISCHERS Projekt einer »analytischen« (1972, S. 128), »ideologiekritischen«

(S. 129) bzw. »kritischen« Toposforschung (S. 134), deren Aufgabe es wäre, »dem realen Interesse nachzugehen, das die Anwendung jedes topischen Arguments eigentlich auslöst« (S. 129).

Hier seien statt einer weiteren Auseinandersetzung mit CURTIUS' Topik-Konzeption für unsere weitere Diskussion zwei relevante Aspekte zusammenfassend genannt:

1. Die Topik als »Prinzipienlehre der Literaturwissenschaft« (CURTIUS 1938, S. 137) wird bei CURTIUS textanalytisch instrumentalisiert, während sie innerhalb der Rhetorik-Theorie der Produktion von Texten diente (1947, S. 92). Ineins mit dieser durch die spätantike »Rhetorisierung der Literatur« legitimierten Instrumentalisierung muß CURTIUS die »systematischen« Kategorien der Rhetorik »historisch« umfunktionalisieren (1947, S. 138); eine so ermöglichte »historische Topik« (1938, S. 129 ff.; 1947, S. 92; 1960, S. 7) verweist zusammen mit einer ihr korrespondierenden »historischen Metaphorik« (1947, S. 138; Metapher als exemplarische Teilmenge der Figuren verstanden) auf eine beide umgreifende »historische Rhetorik« (1938, S. 140 f.) bzw. »Nova Rhetorica« (1947, S. 138), wodurch die diskreditierte normative Rhetorik der Antike »aufgehoben« (ebd.) wäre im HEGELSCHEN Sinn.

2. Der textanalytischen Funktionalisierung der Topik liegt ein Verständnis dieses Begriffes als »Vorratsmagazin« (1947, S. 89) geprägter Gedanken zugrunde, aus dem sowohl gattungsspezifische (z. B. Trostrede, S. 90) wie gliederungsspezifische (z. B. Einleitung, S. 95) oder allgemeine Topen (S. 79) abgerufen werden können. CURTIUS leitet diese Begriffsexplikation aus der klassischen Topen-Definition QUINTILIANS (V 10.20) ab, der die Topen (in CURTIUS' Übersetzung S. 79) als »Fundgruben für den Gedankengang« (sedes argumentorum) bezeichnete. Daß diese Übersetzung mißverständlich, wenn nicht falsch ist, hat man CURTIUS zu Genüge nachgewiesen (vgl. u. a. VEIT, S. 126; FISCHER 1962, S. 119); das durch CURTIUS aber nahegelegte und gestützte Verständnis von Topik als eines immensen Repertoires tradierter gedanklicher Prägungen bzw. Gemeinplätze (vergleichbar den beliebten Sentenzensammlungen) ist dadurch nicht erschüttert worden.

Es ist offenkundig, daß MAAS' oben zitierte Topik-Qualifikation weithin auf CURTIUS' Topik-Verständnis zurückgeführt werden kann, wenn auch unter handlungstheoretischem bzw. — bei HAUG (1967, S. 60 ff.) — unter ideologiekritischem Frageinteresse der als »Klischee« dechiffrierte Topos eine grundsätzlich andere Bewertung erfährt als in seiner literaturwissenschaftlichen Funktionalisierung bei CURTIUS. Gleichwohl zeigt aber eine mehr soziologisch orientierte Rezeption des CURTIUSschen Toposbegriffs – explizit etwa bei POPITZ u. a., S. 81 ff., und NEGT, S. 47 ff. —, daß den in »Stereotypen« verdichteten geschichtlichen wie gesellschaftlichen Erfahrungen nicht ohne weiteres und grundsätzlich der »Realitätsbezug« (POPITZ u. a., S. 84) bzw. der »Erfahrungskern« (NEGT, S. 51) strittig gemacht werden kann. Das in der gruppen- und schichtspezifischen »sozialen Topik« vermittelte Erfahrungsmuster gesellschaftlicher Wirklichkeit muß nicht notwendig weniger, es kann auch mehr an Wirklichkeitserkenntnis enthalten, als durch die individuelle Erfahrung des einzelnen abgegolten werden kann,[18] wie etwa der von POPITZ u. a. und NEGT exemplarisch zitierte Topos »Arbeitslosigkeit« bezeugt:

»Die im Begriff der ›sozialen Topik‹ zusammengefaßten, sprachlich verfestigten, von der individuellen Erfahrung, ja von Alter, besonderer Berufsqualifikation usw. (relativ) unabhängigen Gebilde, die weder bloße Vorurteile und zufällige Meinungen noch wissenschaftliche Einsichten sind, besitzen für den im Medium der ›öffentlichen Sprache‹ Denkenden eine zentrale Bedeutung für die rationale Bewältigung der komplizierten ökonomischen und politischen Vorgänge.« (NEGT, S. 48)

Ohne die hier nur angedeutete Rezeptionsgeschichte von CURTIUS' Topik-Begriff weiter zu verfolgen, läßt sich doch sagen, daß sein heuristischer Wert zur Identifikation überindividueller Form-, Ausdrucks-, Verhaltens-, Deutungs-, Erfahrungskonstanten schwerlich geleugnet werden kann. Der verbreiteten Bereitschaft, CURTIUS' Begriff zu übernehmen und für eine »soziale« (POPITZ u. a.), »visuelle Topik«(ECO, S. 267 ff.) usw. zu aktualisieren,[19] wird man mit dem philologischen Hinweis, daß CURTIUS' Topik-Verständnis »mit der zweitausendjährigen Bedeutungsgeschichte des Begriffs schlechterdings nichts mehr zu tun hat« (MERTNER, S. 185), nicht ihr sachliches Gewicht absprechen können. Auf der anderen Seite muß aber betont werden, daß dieses fraglos produktive Mißverständnis der antiken Topik zwar nicht mehr aus der Wirkungsgeschichte der Rhetorik wegzudenken ist, für die uns interessierende Aufklärung des argumentativen Begründungsverfahrens der Persuasiven Kommunikation aber kaum etwas leisten kann.

Diesem Interesse kommt ein anders orientierter und authentischerer Rezeptionsversuch der antiken Topik weit mehr entgegen, der für die Rehabilitation der Topik im besonderen und der Rhetorik im allgemeinen von ähnlich richtungsweisender Wirkung war wie CURTIUS' Konzept einer literarischen »Nova Rhetorica«. Es handelt sich um VIEHWEGS Versuch,[20] die Topik als nicht-deduktive, das Systemdenken komplementierende »Technik des Problemdenkens« (S. 15) freizulegen: »Der wichtigste Punkt bei der Betrachtung der Topik ist die Feststellung, daß es sich hier um diejenige denkerische Technik handelt, die sich an Problemen orientiert.« (S. 15) In der N. HARTMANN und ARISTOTELES zitierenden Gegenüberstellung von »System« und »Problem« sowie der ihnen zugeordneten »systematischen« und »aporetischen« Denkweise gelingt es VIEHWEG, die Topik 1. in dem ihr gemäßen Rahmen der Argumentationslehre zu entwickeln, ohne sie 2. selbst als Argumentationsprinzip oder Argumentationsrepertoire (im Sinne von CURTIUS' »Vorratsmagazin«) mißzuverstehen. Das heißt:

Topik wird als das interpretiert und aktualisiert, was sie einmal war: eine *heuristische Methode* im Dienst der *Argumentation,* genauer: im Dienst des Ermittelns bzw. des Auffindens von überzeugungsstarken Argumenten (daher »Findungslehre« vgl. LAUSBERG 1960, S. 146 ff.). Eine sich methodologische Selbstbeschränkung auflegende Topik ist gegen JEHNS Vorwurf gefeit, den er einer als »restaurativ« angeprangerten Topik gegenüber erhebt, daß sie nämlich in dem Maße »Rationalisierung für gesellschaftliche und kritische Rationalität eintauscht«, als sie ihre »technizistische Grenze« verkennt (S. LXII). JEHNS Vorwurf bezieht sich auf die bereits genannte politologische Rezeption der Topik durch HENNIS, der sich von der als »Erwägungslehre« interpretierten Topik das Einüben in ein »dialektisch-topisches Denken« (1963, S. 114) verspricht, das nicht nur für das politische Räsonnement, sondern für »alle Disziplinen der praktischen Philosophie (die) entscheidende Methode (ist)« (S. 92). Daß HENNIS trotz seines – mit Bezug auf VIEHWEG gemachten – zutreffenden Hinweises auf die »logisch-methodische Bedeutung der Topik« (S. 92) diese dann später doch wieder als »Kunst politischer Problemlösung« (S. 113) bzw. als »Lehre, die richtigen (!) Erwägungen anzustellen« (S. 114) mißdeutet, verweist auf die in JEHNS Vorwurf mit Recht angesprochene Gefahr, *methodische Rationalität,* wie sie die Topik vermittelt, mit einer *kritischen Rationalität* zu verwechseln. Die von FISCHER (1972, S. 129 ff.) wieder in Erinnerung gebrachte, ihrer systematischen Durchdringung nach fast klassische Werbe-Topik eines EGON JUDA sollte deutlich gemacht haben, daß die Rationalität des topischen Verfahrens noch keine Rationalität der Argumentation garantiert, wenn sie ihr auch dienen kann. Um diese mögliche Funktionalisierung der Topik soll es im letzten Teil dieses Kapitels noch gehen, wobei das systematische Interesse gegenüber dem historischen Interesse an der Aufklärung der vielschichtigen Topik-Geschichte im Vordergrund stehen soll.

6.5 Die Methode der Topik

Es ist im Anschluß an VIEHWEG bereits auf den grundsätzlich heuristischen Charakter der Topik hingewiesen worden. Heuristisch ist dieses Verfahren, insofern es Anweisungen zum erfolgreichen Auffinden von Argumenten formuliert, die innerhalb des argumentativen Begründungszusammenhanges eine bestimmte Problemlösung stützen sollen. Als heuristisches Verfahren weist sich die Topik als eine Methode bzw. — so VIEHWEG — »Technik des Problemdenkens« (nicht: Problemlösung) aus, die eo ipso *formal,* nicht *inhaltlich* bestimmt ist. Auf die argumentative Funktionalisierung dieser Methode verweist VIEHWEG noch deutlicher, wenn er u. a. von der Topik als einem

»prämissensuchenden Verfahren« spricht (S. 22), das er insofern »pro-logisch« nennen kann, als es sich auf die Ermittlung der materialen In-halte bezieht, die im argumentativen Begründungszusammenhang als Prämissen fungieren. Unter der bisher erläuterten Voraussetzung, daß die Überzeugungskraft als spezifische Schlüssigkeit der Argumentation weithin von der Gültigkeit ihrer Prämissen abhängt, und unter der Voraussetzung, daß die Gültigkeit der Prämissen wieder von der Zu-stimmungsfähigkeit postulativer Grundannahmen abhängt, gewinnt für den Erfolg der Perusasiven Kommunikation neben dem genannten Vorgriff auf die ideale Sprechsituation notwendig eine Methode an Gewicht, die zwar nicht die angesprochene Zirkelbewegung aufzubrechen erlaubt, diese Zirkelbewegung aber doch als die Weise kommunikativ-dialogischer (bzw. dialektischer) Vergewisserung me-thodisch zu funktionalisieren versucht. »Die Diskussion bleibt offen-sichtlich die letzte Kontrollinstanz« (VIEHWEG, S. 24); ihrer metho-dischen Rationalisierung könnte die Topik jedoch dienen.

VIEHWEGS Begriff »prämissensuchendes Verfahren« macht weiter deutlich, daß die Topik zwar dem *Auffinden* von Argumenten dient, daß sie sich als Methode aber nur auf das *Suchen* von Argumenten und dessen systematischer Anleitung beziehen kann. Insofern läßt sich die eben versuchte Bestimmung der Topik dahingehend präzisieren, daß sie als Anweisung zum gezielten Suchen von Argumenten ver-standen wird. Veranschaulicht man diese Bestimmung durch eine räum-liche Metapher, dann wäre diese Anweisung als Kennzeichnung der »Orte« (griech. *tópoi*, lat. *loci*) zu beschreiben, an denen mit Aussicht auf Erfolg nach Argumenten gesucht werden kann. Eine entsprechende Erläuterung der Topik findet sich u. a. bei CICERO (›Topica‹ 2.6):

»So wie es leicht ist, diejenigen Gegenstände aufzufinden, die verborgen sind, wenn man ihren (Fund-)Ort nachweist und bezeichnet, ebenso müssen wir, wenn wir irgendeinen Stoff durchforschen wollen, seine Topoi kennen; denn so sind von ARISTOTELES die — wie ich sie nennen möchte — Plätze genannt worden, aus denen die Stoffe zur Beweisführung geholt werden (*sedes, e qibus argumenta promuntur*«), wobei die Beweisführung der Lösung eines pro-blematisierten Sachverhalts (*res dubia*) dient« (vgl. QUINTILIAN V 10. 20). Die lateinische Rhetorik hat mit Metaphern dieser Art (vgl. EMRICH, S. 33, Anmerk. 54) den äußerst vielschichtigen und terminologisch insgesamt un-scharfen Topos-Begriff der ARISTOTELISCHEN Schriften zu übersetzen und ver-ständlich zu machen versucht. Dabei ist allerdings zu bemerken, daß die räumliche Metaphorisierung den »logisch-formalen Aspekt« des ARISTOTE-LISCHEN Begriffs sehr abgeschwächt hat (»konstitutives Element des Syllogis-mus« nennt EMRICH [S. 28, 32 ff.] den Topos im Anschluß an ARISTOTELES) und eine Identifizierung von »Ort« als Suchanweisung für ein Argument mit dem inhaltlichen Argument selbst nahelegte.

Es ist offenkundig, daß eine argumentbezogene Suchanweisung davon ausgeht, daß die ein bestimmtes Problem klärenden und seine Lösung stützenden Argumente zumindest als *Strukturmuster* vorgegeben sein müssen und daher durch ein gezieltes Suchen auch aufgefunden, nicht erfunden werden können. Entsprechend muß eine zu diesem gezielten Suchen anleitende Methode den Anspruch erheben, eine vorgängige Kenntnis der verschiedenen Strukturmuster von Argumenten zu besitzen, worauf auch immer dieser Anspruch sich gründen mag. ARISTOTELES erhebt in seiner ›Rhetorik‹ nicht nur diesen Anspruch, er begründet ihn in bewußter Abhebung zur sophistischen Argumentationstechnik (1354a 12), indem er in breiter Form die konkrete Vielfalt möglicher Argumente auf konstitutive Muster (tópoi) von Argumenten zurückführt, die innerhalb einer Argumentation jeweils aktualisiert werden können. Mit VEIT (S. 141) kann man diese Strukturmuster von Argumenten »Formprinzipien der Argumente« nennen. Dabei unterscheidet ARISTOTELES zwischen problemspezifischen (ídioi tópoi) und allgemeinen (koinoí tópoi) Strukturmustern bzw. Formprinzipien von Argumenten.

Die *problemspezifischen* Muster (1360b) beschreiben die in bestimmten inhaltlichen Problembereichen verankerten argumentativen Strukturen. ARISTOTELES entwickelt diese Problembereiche bezeichnenderweise aus den drei für die antike Gesellschaft elementaren Situationen Persuasiver Kommunikation (Gericht, Volksversammlung, Festversammlung), in denen sich das allgemeine Ziel Persuasiven Sprechens, nämlich die intentionale Entscheidungsbeeinflussung des Kommunikationspartners (vgl. ›Rhetorik‹ 1377b 20, 1391b 6), jeweils problemspezifisch aktualisiert: Vor Gericht soll das Recht überzeugend verteidigt bzw. das Unrecht angeklagt, in der Volksversammlung das Nützliche überzeugend angeraten bzw. das Schädliche abgeraten und schließlich in der Festversammlung das Ehrenhafte überzeugend gerühmt bzw. das Ehrlose getadelt werden.

In allen drei Problembereichen ist die Argumentation — wie ersichtlich — gemäß dem intentionalen Charakter Persuasiver Kommunikation an Normen orientiert, in deren Kenntnis allein angeklagt und verteidigt, angeraten und abgeraten, gerühmt und getadelt werden kann. Entsprechend dieser normativen Orientierung jeder Persuasiven Argumentation umreißt ARISTOTELES in seiner ›Rhetorik‹ in groben Umrissen das Normgefüge seiner Gesellschaft, indem er aus dem allgemeinen Glücksstreben des Menschen (*eudaimonía*) die Normen gewinnt, die menschliches Handeln bestimmen und die eine Argumentation berücksichtigen muß, wenn sie bestimmte Handlungsmöglichkeiten überzeugend begründen will. Das von ARISTOTELES für die drei genannten Problembereiche jeweils skizzierte relevante Normgefüge betont nicht nur den in dieser Arbeit herausgestellten praktischen, d. h. normativ bestimmten Charakter Persuasiver Kommunikation, aufgrund deren ARISTOTELES seine ›Rhetorik‹ plausibel einen »Nebenschößling aus Dialektik und Ethik« nennen kann (1356a 25); die drei Skizzen der typischen Problembereiche Persuasiver Kommunikation befremden auch zugleich aufgrund ihrer zunächst durchaus mißverständlichen dogmatischen Wertverbindlichkeit, die durch keine Reflexion problematisiert zu werden scheint. Doch dieses Urteil würde verkennen, daß hier ein Katalog sozialer Gewißheiten formuliert wird, der weder bestehende Werte hinterfragen, noch neue Werte etablieren will, der vielmehr den durch einen gesellschaftlichen Konsens abgesteckten Rahmen verbindlicher Werthaltung artikulieren will, die dann jeweils für konkrete Problemlösungen argumentativ aktualisierbar sind. Entsprechend ist nach ARISTOTELES in der für praktische Problemstellungen typischen Frage: Wie soll gehandelt werden? nicht nach den allgemein anzustrebenden Zielen gefragt, sondern mit dieser Frage wird Gewißheit darüber gesucht, ob bestimmte Handlungsmöglichkeiten nützlich bzw. im Vergleich zu anderen Handlungsmöglichkeiten geeigneter sind, diese allgemeinen Ziele zu erreichen oder nicht (1362a 17). In dieser Einschränkung der Argumentation auf systemimmanente Handlungsaufklärung artikuliert sich zwar eine bestimmte historische Wertphilosophie, doch ist mit dieser Einschränkung nicht die prinzipielle Grenze argumentativer Handlungsaufklärung gekennzeichnet; denn selbst eine metaethische Reflexion kommt — wie oben betont wurde — ohne stützende Argumente nicht aus.

Neben den problemspezifischen behandelt ARISTOTELES *allgemeine*, d. h. für die verschiedensten Argumente anwendbare Strukturmuster. Diese Strukturmuster sind daher auch nicht in dem für bestimmte Problembereiche charakteristischen normativen Beziehungsgefüge verankert, sondern kennzeichnen ausschließlich formale Strukturmuster möglicher Argumente. ARISTOTELES beschreibt in seiner ›Rhetorik‹ 29 solcher formaler Strukturmuster sowie deren möglichen Mißbrauch in Fehl-Argumentationen (1397a).

Ein solches Strukturmuster läßt sich nach ARISTOTELES beispielsweise aus dem Satz »Mäßig sein ist gut, denn unmäßig sein ist schädlich« gewinnen, da hier offensichtlich ein allgemeines Strukturmuster argumentativ aktualisiert ist, nach dem die Gültigkeit eines Sachverhaltes aus der akzeptierten Ungültigkeit seines Gegenteils erschlossen wird: A muß gut sein, weil Nicht-A schlecht ist.
Auf ein anderes formales Strukturmuster von Argumenten verweist der Satz »Wenn nicht einmal die Götter alles wissen, um wie viel weniger die Menschen«. Dazu ARISTOTELES (1397b 12): »Wenn eine Eigenschaft dem nicht zukommt, dem sie doch der Natur der Sache nach in höherem Maße zukommen müßte, so folgt daraus offenbar, daß sie dem nicht beigelegt werden kann, dem sie minder zukommt«: a kann B nicht zukommen, da a nicht einmal A zukommt. ARISTOTELES nennt das zuerst erläuterte formale Strukturmuster von Argumenten einen »Topos aus dem Entgegengesetzten«, das zuletzt erwähnte Strukturmuster einen »Topos aus dem Mehr oder Weniger«.

Diese Beispiele und die vorhergehenden Erläuterungen mögen genügen, um exemplarisch die ARISTOTELISCHE Methode wenigstens anzudeuten, durch inhaltliche Analyse von typischen Problembereichen sowie durch formale Analyse typischer Argumentationen problemspezifische wie allgemeine Strukturmuster von Argumenten zu ermitteln. Was den heuristischen Wert solcher Strukturmuster für die praktische Argumentation, der sie ja dienen sollen, angeht, ist unschwer zu erkennen. Sie können zwar nicht auf die für *praktische* Problemstellungen typische Frage, wie gehandelt werden soll, antworten, doch sie können auf die *methodische* Frage antworten, wie praktische Probleme der argumentativen Klärung zugänglich und einer argumentativ überzeugenden Lösung näher gebracht werden können. Die von ARISTOTELES formulierten Topen sind weder inhaltlich geprägte Argumente noch inhaltlich verblaßte Klischees; sie sind vielmehr *Strukturmuster möglicher Argumente,* deren heuristische Leistungsfähigkeit in ihrer Problemadäquanz begründet ist: Insofern diese Strukturmuster nämlich problemspezifischer Natur sind, verdanken sie sich selbst einer systematischen Analyse entsprechender Problemstellungen; daher sind sie geeignet, konkrete Probleme jeweils in dem ihnen gemäßen Problemhorizont so zu strukturieren, daß alle für eine argumentative Problemerörterung relevanten Problemaspekte deutlich werden. Insofern die Strukturmuster allgemeiner Natur sind, verdanken sie sich der systematischen Analyse argumentativer Begründungszusammenhänge; daher gewährleisten sie eine umfassende und erschöpfende argumentative Problemerörterung.

Insofern die Topik Strukturmuster möglicher, d. h. im konkreten Problemkontext jeweils noch auszufüllender Argumente enthält, läßt sie sich mit Eco auch als »Generative Technik« bezeichnen, »durch die man Persuasive Argumentation erzeugen kann« (S. 184). Wenn die Leistungsfähigkeit dieser »generativen Technik« in ihrer Problemadäquanz begründet ist, dann definiert sich die Topik damit selbst als eine Methode, die sich ständig neu – ähnlich dem verwandten heuristischen Prinzip des Modells – an den Problemen, deren Aufhellung sie dienen soll, bewähren muß. VIEHWEG nannte es die für die Topik im Unterschied zu deduktiven Methoden typische »Problemorientierung«, die einer methodologischen Verabsolutierung und Selbstgenügsamkeit der Topik entgegensteht. Diese Problemorientierung verweist daher nicht nur auf den offenen Charakter der Topik, die von der Geschichte der Probleme und ihrer Verlagerung nicht unberührt bleibt; diese Problemorientierung zeigt zugleich eine Grenze ihrer methodischen Formalisierung an, wie ARISTOTELES' Beschreibung problemspezifischer Strukturmuster beweist. Das bedeutet für die heute so oft geforderte Aktualisierung der Topik, daß diese ohne eine vergleichbare Analyse der praktischen Problembereiche, die für die Diskussion in der heutigen Gesellschaft typisch und relevant sind, nicht möglich ist. Die Topik kann diese Analyse nicht nur nicht ersetzen, sie ist in ihrer Leistungsfähigkeit von dieser vorgängigen Analyse abhängig.

6.6 Die Rationalität der Topik

Wenn man die als Strukturmuster möglicher Argumente interpretierten Topen in die oben erwähnte räumliche Metaphernsprache über-

setzt, dann könnte man von »Orten« sprechen, die ein problembezogenes Denken – vergleichbar der dem deutschen Lehnwort »erör-
tern« zugrundeliegenden Vorstellung – »durchlaufen« muß, um die
eine bestimmte Problemlösung stützenden Argumente zu finden.

Dieses Bild vom »Durchlaufen bestimmter Orte« benutzt — wie bereits erwähnt — Vico mehrmals in seiner schon erwähnten berühmten Rede ›De
ratione studiorum‹, um die Methode der »topica« von der Cartesianischen
»critica« abzusetzen: »Die in der Topik oder in der Lehre, das Medium
(= Argument) aufzufinden, Geübten . . ., besitzen, da sie gewohnt sind, beim
Reden alle Orte, wo Argumente bereitliegen, zu durchlaufen (*omnes locos
argumentorum percurrere*) wie die Buchstaben des Alphabets, damit auch
schon die Fähigkeit, ohne weiteres zu sehen, was jeweils in der vorliegenden
Sache überzeugend gemacht werden kann.« (S. 31)
Und definitorisch präzisiert: »Die Kritik ist die Kunst der wahren, die Topik
aber die Kunst der reichhaltigen (*copiosae orationis*) Rede.« (S. 31) Dabei
meint der oft benutzte Begriff »reichhaltig« kein stilistisches Ideal, sondern
verweist auf die im Ausdruck »alle Orte« bereits angesprochene *Vollständigkeit* der argumentativen Berücksichtigung aller problembezogenen Aspekte,
die eine Konsequenz ihrer Orientierung an der Topik ist. »Vollständigkeit«
gilt daher Vico als eine der Stringenz wissenschaftlicher Beweisverfahren
analoge Qualität der Argumentation; während nämlich die wissenschaftlichen
Beweisverfahren ihre Gültigkeit nicht aus der *Anzahl* der Beweise, sondern
aus der *Stringenz* der Beweisführung ableiten, liegt die Überzeugungskraft
der Argumentation gerade in der Vielfalt und in dem erschöpfenden Charakter der argumentativ berücksichtigten Problemaspekte, die zusammen erst
eine präferierte Problemlösung überzeugend zu stützen vermögen (Wieland,
S. 346; Lausberg 1960, S. 198):
»Und darin besteht eigentlich der Unterschied zwischen Wissenschaft und Klugheit, daß in der Wissenschaft diejenigen groß sind, die von einer einzigen
Ursache möglichst viele Wirkungen in der Natur ableiten, in der Klugheit
aber diejenigen Meister sind, die für eine Tatsache möglichst viele Ursachen
aufsuchen, um dann zu ermitteln, welche die wahre ist. Das ist so, weil die
Wissenschaft auf die obersten, die Klugheit auf die untersten Wahrheiten
blickt.« (S. 61)
Dem Ziel einer vollständigen Berücksichtigung aller problembezogenen
Aspekte dienten die in der Topik-Geschichte aufgestellten Topen-Kataloge,
die zum Teil so allgemeiner Natur waren, wie die bis in die Gegenwart beliebte hexametrische Suchformel aus dem 12. Jahrhundert: *quis? quid? ubi?
quibus auxiliis? cur? quomodo? quando?* (Wer? Was? Wo? Womit? Warum?
Wie? Wann?);[21] Topen-Kataloge, die zum Teil aber auch problemspezifisch
orientiert waren, wie das zu 36 Programmpunkten schematisierte Muster der
spätantiken Lobrede (vgl. Marrou, S. 293 f.) oder die 891 Fragemöglich-
keiten, mit deren Hilfe Judas »Argumenter« die Kaufappelle der Werbung
besser zu beherrschen verspricht (vgl. Fischer 1972, S. 129 ff.): »Ziel der
Arbeitsweise ist: auf systematischem Wege diejenigen Argumente zu finden,
die im jeweils vorliegenden Fall geeignet sind, die Kauflust besonders stark
zu erregen.«

Weitere Topen-Kataloge ließen sich aus den oben genannten Wissenschaften beibringen, in denen die Topik als heuristisches Verfahren wie-

derentdeckt wurde. Sie alle erwarteten sich von der Topik, daß es mit ihrer Hilfe leichter sein wird, Probleme »in ihrer ganzen Komplexität zu betrachten« (HENNIS, S. 89). Komplexität wird aber in der Topik *operational* definiert als Summe relevanter Problemaspekte; deren Kenntnisse erklärt den »Einfallsreichtum der Fragestellungen« topischen Denkens sowie die »Fähigkeit, immer neue Gesichtspunkte vorzubringen« (ebd.).

Gleichwohl, nach dem JUDA-Zitat drängt sich die Frage erneut auf, ob die Vollständigkeit und der erschöpfende Charakter topischen Argumentierens die spezifische Rationalitätsleistung der Topik darstellt. Diese Frage nimmt JEHNS kritische Anmerkung zur »technizistischen Grenze« der Topik auf (S. LXII), die sich darin anzeigt, daß die Topik sich »ihres Inhalts unter bestimmten Formen bemächtigt«, daß sie »ansonsten aber mit dem Inhalt als aufgefundenen und vorgegebenen arbeitet« (ebd.). Zu der hier angesprochenen Form/Inhalt-Problematik ist bezüglich der Topik zunächst einmal zu sagen, daß sie ebenso wenig wie andere heuristische Verfahren ihren Gegenstand unvermittelt als ein Ansichseiendes vorfindet, worauf besonders HABERMAS bezüglich des naturwissenschaftlich-experimentellen Frageinteresses hingewiesen hat (u. a. 1970/2, S. 45). Wenn die Topik ihren Gegenstand schon nicht im Prozeß heuristischer Fragestellung selbst erst »produziert« (HABERMAS, ebd.), so legt sie gleichwohl die *Rahmenbedingungen* für mögliche Argumente fest. Die so gefundenen Argumente beschreiben daher zunächst einmal nur – wie die methodologisch vergleichbaren Ergebnisse experimenteller Befragung – Erfolg bzw. Mißerfolg von Operationen (HABERMAS 1969/1, S. 155 ff.), die einen Gegenstand, in diesem Fall: ein Problem unter einem bestimmten Frageinteresse und Vorverständnis betrachten. Dieses Vorverständnis ist in die problemspezifischen Topen bereits über die vorgängige Problemanalyse eingegangen, der sie sich ja selbst verdanken und deren Frageinteresse sie nur widerspiegeln können. Insofern muß – darin hat FISCHER (1972, S. 133) recht – eine Toposforschung, die sich nicht durch die pragmatische Leistungsfähigkeit der Topik den Blick verstellen läßt, »an der konkreten argumentativen Funktion ... ansetzen und vorzudringen versuchen zur Bestimmung jener Bedingungen, unter denen das ›Argument‹ gebildet und verwandelt wurde ...«

Bevor nach der möglichen Aufhellung dieser Bedingungen innerhalb einer Argumentation gefragt wird, sei wenigstens noch angemerkt, daß nicht nur die problemspezifischen Topen aus den genannten Gründen implizit ein problembezogenes Vorverständnis artikulieren, sondern auch die allgemeinen Strukturmuster möglicher Argumente. So findet sich zum Beispiel unter den oben genannten 29 ARISTOTELISCHEN allgemeinen Strukturmustern von Argumenten auch ein sogenannter »Topos aus dem Namen« (1400b 17), der an folgendem Beispielsatz erläutert wird: »Seine (Drakons) Gesetze sind nicht die eines Menschen, sondern eines Drachens, weil sie so grausam sind« (drákon = griech. Drache). Das Strukturmuster lautet formalisiert: A hat einen Namen B; B heißt Drache (= grausam); also ist A grausam. In diesem Satz und dem ihm zugrundeliegenden Strukturmuster ist unschwer ein Prinzip zu erkennen, das unter anderen CHASE (1955, S. 194 ff.) und DIECKMANN (1964, S. 143 ff.) als »Diffamierung durch Assoziation« beschrieben und — im Gegensatz allerdings zu ARISTOTELES — zu den argumentativen Fehlformen gerechnet haben (vgl. auch ZIMMERMANN 1969, S. 161); denn dieses Strukturmuster beruht auf einer »falschen Identifikation« von — im zitierten Beispiel — Name und Person bzw. — im folgenden Beispiel — von partikularer Eigenschaft und Person: A ist Kommunist; denn seine Freunde sind auch Kommunisten (A hat Freunde; die Freunde sind Kommunisten; also ist A Kommunist).

So gesehen beschreiben die von JEHN angesprochenen »Formen«, unter denen sich die Topik ihres Inhalts bemächtigt, in der Tat zugleich die allgemeinen Rahmenbedingungen möglicher Argumente überhaupt, so daß diese »Inhalte« nicht mehr naiv nur als »aufgefunden und vorgegeben« verstanden werden dürfen.

Auf der anderen Seite kann aber nicht verkannt werden, daß diese Rahmenbedingungen noch nicht die inhaltlich geprägten Argumente präjudizieren. Auf diesen Unterschied zwischen Topos als *formalem* Prinzip eines Arguments und dem Argument selbst ist – gegen CURTIUS und seine Rezeptoren gerichtet – in der Topik-Theorie immer wieder hingewiesen worden. Dieser Unterschied ist unabhängig von den oben gemachten Einschränkungen notwendig, um zum Beispiel die *parteiliche* Aktualisierung der Topen in kontroversen Argumentationen überhaupt verständlich machen zu können. Das System der Disputation und die verschiedenen Erscheinungsformen kontroverser Argumentation (pro et contra) unterstellen offensichtlich die Möglichkeit, die gleichen Topen in stützende Argumente für sehr verschiedene Problemlösungen transformieren zu können. Entsprechend betont u. a. LAUSBERG (1960, S. 201), daß die Topen »von beiden Parteien nach Maßgabe ihrer Partei-Utilitas ausschöpfbar sind«.

Das bedeutet, daß zusätzliche normative Faktoren angenommen werden müssen, die bei Anwendung problemspezifischer wie allgemeiner Strukturmuster auf eine bestimmte Problemstellung zu konkreten, eine bestimmte Problemlösung stützenden Argumenten führen. Diese zusätzlichen normativen Faktoren dürfte auch JEHN meinen, wenn er auf die Notwendigkeit »objektiver Kriterien« verweist, »die weder auf Grund einer bloßen Anwendung der dialektisch-topischen Methode als deren Mitgift gleichsam wie von selbst herausspringen, noch durch einen vorgegebenen Inhalt (. . .) verbürgt sind« (LXII). Ein Modell, das die genannten drei Aspekte konkreter Argumentbildung, nämlich: bestimmtes Problem, Strukturmuster möglicher Argumente und Parteilichkeit, in ihrer Interdependenz zu veranschaulichen versucht, könnte, wie folgt, aussehen:

Abb. 13

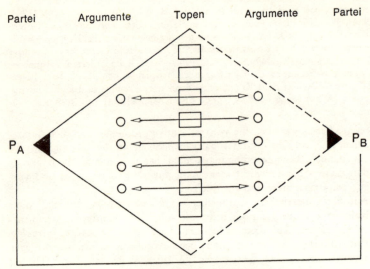

Gemeinsamer Problembezug

Wenn es auch offensichtlich möglich ist, das gleiche Problem unter Berücksichtigung der gleichen Problemaspekte in ganz verschiedener
Weise zu beurteilen und entsprechend verschiedene Problemlösungen
argumentativ zu stützen, dann sind damit aber noch nicht notwendig
die den Prozeß der konkreten Argumentbildung beeinflussenden normativen Faktoren als unaufklärbarer Rest aus der Reflexion entlassen.
Vielmehr verweist diese Möglichkeit auf die anfangs erwähnte *Zirkelstruktur* Persuasiver Argumentation, die sich auf keine letztinstanz-
lichen Postulate berufen kann, die nicht selbst wieder für ihre Gültigkeit einen argumentativ gestützten Konsens beanspruchen müßten.
Diese Zirkelstruktur kann auch keine Topik durchstoßen, weil sie als
heuristisches Prinzip diese Zirkelbewegung nicht durch die Einführung
eines *externen* Gültigkeitskriteriums für Argumente zum Stillstand
bringen kann. Sie vermag nur den methodischen Prozeß der Genese
gültiger Argumente zu beschreiben und methodologisch zu reflektieren.
Eine solche methodologische Reflexion aber verweist die Topik an die
Bewertungsstandards zurück, die sie ebenso voraussetzen muß, wie sie
ihrer Aufklärung dienen soll. Die Rationalität der Topik bleibt daher
eine *methodische* Rationaltiät, die zur *kritischen* erst dann wird, wenn
die in diese Methode eingegangenen Bewertungsstandards selbst mit in
die argumentative Reflexionsbewegung einbezogen werden. Die Be-

dingungen des Gelingens einer solchen umfassenden Rationalität sind aber, wie die vorhergehenden Abschnitte zeigen sollten, keine ausschließlich methodischen mehr, selbst, wenn die Gemeinsamkeit der heuristischen Methode und die durch sie gewährleistete umfassende und systematische Problemerörterung einer argumentativen Rationalität fraglos förderlich sind.

Die Bedingungen umfassender Rationalität jedoch sind die oben genannten Bedingungen der idealen Sprechsituation, deren Einlösung jeder gelungene Konsens unterstellen muß. Die diesen Bedingungen zugehörige Kategorie der *herrschaftsfreien Kommunikation* beschreibt die hermeneutischen Rahmenbedingungen einer solchen umfassenden Rationalität und damit auch die Rahmenbedingungen für das reflexive Einholen der Standards, die in die heuristische Methode selbst bereits eingegangen sind bzw. im Prozeß der topisch angeleiteten Argumentbildung eingehen. Das reflexive Einholen dieser Standards aber kann sich auf keine andere Kraft berufen als auf die der Reflexion selbst, insofern sie sich dialektisch-kommunikativ entfaltet. Umfassend ist eine solche Rationalität, weil sie ihre eigenen Kriterien dem *Zustimmungszwang* der Kommunikationspartner aussetzt, so daß in einer von dieser Rationalität geprägten Argumentation nur das Geltung beanspruchen kann, was überzeugte Zustimmung gefunden hat oder als zustimmungsfähig vorausgesetzt werden kann. Die Kommunikation, in der diese Argumentation als ausschließliche Form mittelbarer Beeinflussung aktualisiert wird, ist die bisher (idealtypisch) beschriebene Persuasive Kommunikation.

7 Persuasive Strategie

7.1 Persuasive Strategie – Persuasionsforschung

Seine Untersuchung über das Instrumentarium des psychopolitischen Sprachgebrauchs hat W. DIECKMANN (1964) unter den Titel ›Information oder Überredung‹ gestellt. Selbst wenn der Verfasser den Begriff »Überredung« nur als deskriptive Bestimmung einer nicht ausschließlich informativen Sprachfunktion verstanden wissen will (S. 18 u. ö., vgl. auch 1969, S. 17 Anmerk. 25), die u. a. in der politischen Sprachverwendung aktualisiert wird, so bestätigt gleichwohl DIECKMANNS Katalog »der propagandistischen Wege und Mittel, den Menschen mit Hilfe der Sprache zu führen« (S. 167), die bereits genannten negativen Konnotationen von »Überredung« (vgl. Kap. 1, Anm. 12). Diese negativen Konnotationen resultieren nicht so sehr aus dem »scheinhaften«, weil nur subjektiven Charakter des »Fürwahrhaltens«, als welches KANT in der ›Kritik der reinen Vernunft‹ »Überreden« im Unterschied zu »Überzeugen« definitorisch zu bestimmen versucht; sie resultieren eher aus dem, was KANT in der ›Kritik der Urteilskraft‹ mit Blick auf die Rhetorik (als der Kunst sich der Schwächen der Menschen zu seinen Absichten zu bedienen«)[1] den »geheimen Verdacht wegen einer künstlichen Überlistung« nennt (ebd.), und was man heute in Abwandlung eines Buchtitels von V. PACKARD »hidden persuasion« nennen könnte: als heimlich, hinterlistig oder noch prägnanter: *manipulativ* gilt die Überredung, insofern sie offenkundig autonomes Handeln unmöglich macht,[2] und zwar durch Beeinflussungsmechanismen, die »unterhalb der Kontrollsysteme« des Bewußtseins ablaufen (SCHMIDTCHEN S. 27 ff.).

Insofern kann Überredung als eine Erscheinungsweise von Gewalt verstanden werden, die sich nicht selten mit anderen Formen von Gewalt verbindet (DIECKMANN 1969, S. 29): »Gewalt *(anágke)* und Überredung *(peitó)*« ist eine Formel, die bereits in PLATONS ›Staat‹ (519e) vorkommt und nach POPPERS Kommentierung die Instrumente politischer Technik beschreibt, wobei »Überredung« bei POPPER noch prägnanter als »rhetorische Propaganda« übersetzt wird.[3]

Subtiler hat die Mythologie und darstellende Kunst diese Erscheinungsweise von überredender Gewalt erfaßt, wenn sie z. B. einen gealterten HERKULES Menschen hinter sich herziehen lassen, deren Ohren mit hauchdünnen goldenen Ketten an HERKULES' Mund gefesselt sind: Die Persuasive Macht des Wortes ist größer als die physische Kraft des berühmten Helden und die Treffsicherheit seiner Waffen. A. SCHAFF, der an diese Beschreibung des gallischen HER-

KULES durch den Satiriker LUKIAN (2. Jahrh. n. Chr.) erinnert (S. 108), sieht in ihr den Versuch, die »gesellschaftliche Macht der Sprache begreiflich zu machen«. Genauerhin aber handelt es sich bei dieser Darstellung um ein subtiles Beispiel der *Kampf*- und *Waffen-Metaphorik*, die für die Beschreibung der rhetorischen Macht des Wortes typisch ist (vgl. PLETT 1971, S. 223 ff., S. 197, Anmerk. 21), u. a. auch für die einflußreiche Schilderung der Rhetorik als eine mit Helm und Waffen gerüstete Jungfrau, deren Auftritt MARTIANUS CAPELLA (4. Jahrh. n. Chr.) mit Kriegstrompeten ankündigen läßt.

Die rhetorische Kampf-Methaphorik hat ihre — freilich noch ungeschriebene — Geschichte, angefangen von der antiken Sophistik bis zu den totalitären Systemen der jüngsten Vergangenheit und Gegenwart: »Die Sprache, ein Kampfmittel unserer Zeit« — so lautet eine nationalsozialistische Variante dieser Metapher.[4] Ihre Übersetzung in das Konzept einer Persuasiven Strategie versuchte HITLER bereits 1925 in einem Buch, das K. BURKE seinen Landsleuten als Lehrbuch »faschistischer« Strategie der Überredung zur Lektüre empfahl. (»Die Nazis haben uns die Aufgabe der Aufklärung leichter gemacht.«[5]) Die drei verbalen Kampfschritte dieser Strategie lauten:

»Menschen aus ihren bisherigen Überzeugungen herausheben — Schlag um Schlag das Fundament ihrer bisherigen Einsichten zertrümmern — und sie schließlich hinübergeleiten auf den Boden unserer Überzeugungen und unserer Weltanschauung.« (S. 522)[6]

Was HITLER in 6. Kapitel von ›Mein Kampf‹ aufgrund seiner eigenen Beobachtungen als (sprachliche wie außersprachliche) Bedingungen Persuasiver Effizienz beschreibt, ist seit cirka 30 Jahren Gegenstand umfangreicher experimentalpsychologischer und interdisziplinär organisierter Forschungen besonders in Amerika, die — motiviert zunächst durch politische Propaganda, kommerzielle Werbung und massenmediale Beeinflussung — die Gesetze der Persuasion bzw. der »effektiven Kommunikation« (TEIGELER) zu ermitteln versuchen. Dabei wird »Persuasion« allerdings nicht in dem hier verwendeten engen Sinn auf die Kennzeichnung einer bestimmten, nämlich den Konsens der Kommunikationspartner argumentativ anstrebenden Kommunikation eingeschränkt, sondern dieser Begriff meint allgemein die Denken, Verhalten, Einstellung, Meinung usw. beeinflussende Wirkung einer Kommunikation, deren komplexe Bedingungen eine entsprechende Persuasions- bzw. Wirkungsforschung aufzudecken hat.[7] Zugleich unterstellt der in Amerika aber für diese Forschungen u. a. gebräuchliche Name »New rhetoric« — er ist sachlich sowohl von CURTIUS »Nova Rhetorica« wie von PERELMAN/OLBRECHTS-TYTECAS ›Nouvelle rhétorique‹ zu unterscheiden —, daß es bei diesen Forschungen weniger um neue Fragestellungen als um neue Methoden ihrer wissenschaftlich-experimentellen Beantwortung geht.[8] So gesehen kann die »New rhetoric« die 2000jährige Rhetorik-Tradition als vorwissenschaftliche Phase (»primitive Psychologie«) ihrer eigenen Wissenschaftsgeschichte einverleiben und überdies in einem ausschließlich technologisch mißdeuteten Rhetorikbegriff der Tradition ihr eigenes positivistisches Selbstverständnis bestätigt finden.[9]

So unzutreffend im einzelnen die Bezugnahmen auf die Rhetorik und besonders auf ARISTOTELES und seine vermeintliche »objektive Analyse« des Persuasionsprozesses auch sein mag (vgl. MACCOBY, S. 56), das grundsätzliche Interesse der Rhetorik an den Bedingungen effektiver Kommunikation ist gar nicht zu leugnen. Die Fülle tradierter Regeln Persuasiver Sprachgestaltung beweist dies ebenso wie das bis in die Gegenwart vorherrschende technologische Vorverständnis der Rhetorik als Redetechnik, die von den einen – so etwa in ROLAND FREISLERS Rhetorik-Apotheose – als »Macht des Götterfunkens der Rede« ebenso gerühmt,[10] wie sie – KANT war beispielhaft zitiert – der manipulativen Absicht verdächtigt wird. Daß eine von der »New rhetoric« versprochene und z. T. bereits geleistete Verwissenschaftlichung der Rhetorik deren manipulativen Mißbrauch nicht verhindern kann, sondern im Gegenteil ihm subtilere Techniken zur Verfügung stellt, ist unschwer aus der wissenschaftlich angeleiteten politischen wie kommerziellen Werbung zu belegen.

Für eine an der Aufklärung von Praxis interessierte Theorie der Persuasiven Kommunikation bedeutet dies, daß sie sich weder damit begnügen kann, eine technologisch orientierte Rhetorik als Mißverständnis abzutun und entsprechend das System Persuasiver Techniken und Strategien zu ignorieren, noch deren Berücksichtigung als Appendix einer handlungstheoretisch interessierten Rhetorik-Konzeption unvermittelt nachzuliefern. Es kann sich vielmehr nur darum handeln, innerhalb der bisher erläuterten Rahmentheorie der Persuasiven Kommunikation den funktionalen Stellenwert persuasionstechnischer wie -strategischer Fragestellungen deutlich zu machen. Dabei sollen die einzelnen Fragestellungen selbst aber sowie die entsprechenden empirischen Forschungsergebnisse nicht im einzelnen referiert, sondern nur beispielhaft zur Erläuterung herangezogen werden; denn diese Forschungsergebnisse sind ebenso leicht zugänglich (vgl. Anmerk. 7), wie ihre detaillierte Applikation auf den Persuasiven Kommunikationsprozeß mehr in das Frageinteresse der Angewandten Rhetorik fällt.

7.2 Persuasive Strategie[11] – Persuasive Kommunikation

Um das traditionelle Interesse der Rhetorik an dem, was eben – von KANTS Unterscheidung zwischen »Überreden« und »Überzeugen« ausgehend – als Persuasive Technik bzw. Strategie bezeichnet wurde, zu begründen, muß das bisher erläuterte Verständnis von Persuasiver Kommunikation als Versuch einer argumentativen Konsensermittlung nicht suspendiert, sondern im Gegenteil vorausgesetzt werden: Im

6. Kapitel war bereits öfter von der Zirkelstruktur Persuasiver Argumentation die Rede gewesen, insofern sie für ihre Überzeugungskraft kein externes Kriterium beanspruchen kann, sondern erst im Prozeß ihrer selbstreflexiven Entfaltung die Zustimmungsfähigkeit ihrer Argumente erproben muß. Diese – im Unterschied zu Tatsachenbehauptungen – fehlende Möglichkeit einer von den Kommunikationspartnern unabhängigen Verifikation bzw. Falsifikation bedeutet aber auf der anderen Seite, daß für das Gelingen dieser kommunikativen Erprobung situativ-innerkommunikative Bedingungen vorauszusetzen sind, deren Einlösung von den Kommunikationspartnern wechselseitig unterstellt werden muß.

Diese oben bereits zu Regeln eines gelingenden Persuasiven Sprechaktes formalisierten Bedingungen beschreiben zwar, wie im Anschluß an HABERMAS betont wurde, keine individuellen Persönlichkeitsmerkmale der Kommunikationspartner; gleichwohl entsprechen diesen Regeln aber, insofern deren Einhalten individuell und nicht gesellschaftlich bedingt ist, auch individuelle Merkmale, die zumindest über die Wahrscheinlichkeit von Regelbeachtung wie Regelverletzung eine prognostische Aussage gestatten. So wird man z. B. einem zuverlässigen Kommunikationspartner eher sein »Versprechen abnehmen« als einem unzuverlässigen, d. h., man wird ihm eher das Beachten der für den Akt des Versprechens konstitutiven Regel zutrauen, nämlich das gegebene Versprechen zu halten.

Was für die Zuverlässigkeit im Akt des Versprechens gilt, trifft für die *Glaubwürdigkeit* im Persuasiven Sprechakt zu; denn – so war in der 2. Sprechaktregel formuliert – ohne die Unterstellung, daß die von einem Kommunikationspartner vorgebrachten Argumente auch als verbindlicher Ausdruck seiner Überzeugung zu gelten haben und damit als ernsthafte Rechtfertigung seiner praktischen Zielsetzungen beansprucht werden dürfen, wird eine argumentative Auseinandersetzung erst gar nicht stattfinden. Das heißt: Weil die Kommunikationspartner die einzige Ratifikationsinstanz für die Überzeugungskraft ihrer Argumentation darstellen, sind sie sich gegenseitig auch zugleich die einzigen Bürgen für die beanspruchte Gültigkeit ihrer Argumente und der in diese bereits eingeflossenen handlungsleitenden Normen. Wie im Bereich nicht oder nur sehr schwer überprüfbarer Nachrichten die Seriosität der Nachrichtenquelle (»offizielle Stellen«, »gut unterrichtete Kriese« usw.) die Verläßlichkeit des Nachrichteninhalts weithin verbürgt, so sind Aussagekraft und Gewicht von Argumenten, die aufgrund ihrer normativen Orientierung einer empirischen Widerlegung nicht ohne weiteres fähig sind, in besonderem Maße abhängig von der Ernsthaftigkeit und Glaubwürdigkeit desjenigen, der in der kommunikativen Auseinandersetzung für seine Argumente und für die in sie eingeflossenen handlungsleitenden Normen Gültigkeit beansprucht und für diesen Anspruch mit dem Gewicht seiner Person einsteht.

Von eben dieser Glaubwürdigkeit spricht auch ARISTOTELES an einer interessanten Stelle seiner ›Rhetorik‹, die in besonders deutlicher Weise die Abhängigkeit der Aussagekraft eines Argumentes von der Glaubwürdigkeit seines Sprechers betont, zumal dann, wenn seine Aussagen einer externen Überprüfung nicht fähig sind:

»Eine Rede wirkt durch die Persönlichkeit des Redenden *(ēthos)* überzeugungsstark, wenn es der Rede gelingt, den Redner *glaubwürdig (axiópistos)* erscheinen zu lassen; denn wir glauben rechtschaffenen Menschen in allen Angelegenheiten leichter und eher, erst recht aber in Fällen, wo es keine absolute Gewißheit gibt, sondern wo verschiedene Meinungen *(amphidoxeīn)* ins Spiel kommen.« (1356a 4)

Die operationale Übersetzung dieser nicht überraschenden Erfahrungstatsache in die Sprache der modernen Persuasionsforschung könnte nach den Untersuchungen vor allem von HOVLAND und seinen Mitarbeitern etwa so lauten: »Bei einer Kommunikation tritt Meinungswandel in Richtung der Kommunikation signifikant höher auf, wenn sie von einem glaubwürdigen Kommunikator *(credibility)* ausgeht. Die Wirkung ist geringer, wenn die Kommunikation von einer niedrig-glaubwürdigen Quelle kommt.« (DRÖGE u. a. 1969, S. 114)

Wenn die Glaubwürdigkeit des Sprechenden aber für die Aussagekraft seiner Argumente und damit für die Überzeugungskraft seiner Argumentation von so großer Bedeutung ist, dann erhebt sich natürlich die Frage nach den Bedingungen dieses persuasionsrelevanten Faktors von selbst. Bezeichnenderweise antworten sowohl ARISTOTELES wie die moderne Persuasionsforschung auf diese Frage gleichermaßen. ARISTOTELES:

»Daß der Redner selbst glaubwürdig *(axióspistos)* erscheine, bewirken drei Dinge ...: Einsicht, Rechtschaffenheit und Wohlwollen. Denn jede Täuschung, die Menschen in Fällen, wo sie zu reden und zu raten haben, ausüben, läßt sich entweder auf diese drei Eigenschaften oder auf eine von ihnen zurückführen: entweder nämlich ist Unverstand der Grund, warum Menschen nicht die richtige Einsicht haben, oder sie haben zwar die richtige Einsicht, sprechen sie aber aus Schlechtigkeit nicht das aus, was ihre Meinung ist, oder sie sind ebenso einsichtsvoll wie rechtschaffen, doch nicht wohlwollend gesinnt; daher raten manche Menschen nicht das Beste an, obwohl sie es wissen ... Daraus folgt also mit Notwendigkeit, daß alle, die diese Eigenschaften in sich zu vereinen scheinen, in den Augen der Hörer glaubwürdig sein müssen.« (1378a 6)

HOVLAND und seine Mitarbeiter antworten auf die gleiche Frage ganz ähnlich: Die Glaubwürdigkeit *(credibility)* ist multifaktoriell bedingt, wobei besonders die Sachkenntnis *(expertness)* und Vertrauenswürdigkeit *(trustworthiness)* ins Gewicht fallen: »Die Glaubwürdigkeit beruht also einerseits auf der angenommenen Fähigkeit und andererseits auf dem unterstellten Willen des Kommunikators, ›wahre‹ Aussagen zu machen.« (DRÖGE u. a. 1969, S. 114)

Daß die experimentalpsychologisch bestätigte allgemeine Relevanz der Glaubwürdigkeit des Sprechers für die Persuasive Wirksamkeit seiner Aussage als Projektionsmechanismus verdinglicht werden kann, mit dessen Hilfe jeder beliebigen Aussage durch das Prestige ihres Sprechers Kredit zu verschaffen ist, läßt sich u. a. mit dem aus der modernen Werbung bekannten Verfahren belegen, dem potentiellen Käufer die Qualität des Produktes durch die hohe Glaubwürdigkeit (Prestige, Image) des für dieses Produkt werbenden Sprechers (Schauspieler usw.) zu verbürgen.[12] Dabei wird die ursprünglich *sachlich* begründete Unmöglichkeit bzw. Schwierigkeit einer Aussageüberprüfung *strategisch* als Vorteil genutzt, der Beweispflicht für die Richtigkeit der Behauptung entbunden zu sein.

Die exemplarisch erwähnte Glaubwürdigkeit ist natürlich nur eine, wenn auch entscheidende Variable, die zusammen mit anderen Variablen wie Attraktivität, Alter usw. des *Sprechers* ein Variablenbündel beschreibt, das die Effizienz einer Persuasion in entscheidendem Maße beeinflußt. Das gleiche gilt u. a. für das korrelierende Variablenbündel, das sich um den *Hörer* lagert, der aufgrund der von ihm vorgenommenen Sprecherqualifikation (etwa: glaubwürdig) entsprechen mehr oder weniger bereit ist, sich von dessen Argumenten überzeugen zu lassen. Über dieses die Persuabilität des Hörers beschreibende Variablenbündel haben wir schon kurz bei der Erläuterung der 5. Sprechaktregel gesprochen, wobei die selbst wieder multifaktoriell bedingte Persuabilität die »Wahrscheinlichkeit – gemittelt über einer repräsentativen Stichprobe von möglichen Kommunisationssituationen – der Reaktion des Rezipienten in der Richtung auf Übereinstimmung mit dem Kommunikator« meint (DRÖGE u. a. 1969, S. 71). ARISTOTELES beschreibt diese Persuabilität als affektive Disposition des Hörers (*páthos*), die für den Verlauf des Persuasionsprozesses ähnlich wichtig ist wie das Erscheinungsbild des Sprechers (1378a 19).

Das gleiche gilt schließlich für die Gestaltungsqualität der *Aussage*, die offenkundig aufgrund einer verwandten Projektion den Hörer im allgemeinen rückschließen läßt auf die jeweilige inhaltliche Aussagequalität. Obwohl die grundsätzliche Illegitimität dieses Rückschlusses von der Philosophie in ihrer Auseinandersetzung mit der Rhetorik immer wieder aufgrund der Heterogenität von Inhalt *(res)* und sprachlicher Gestalt *(verbum)* betont wurde, so hat die traditionelle Rhetorik doch gerade diesem sich um die Aussage gruppierenden Variablenbündel die größte Aufmerksamkeit geschenkt. Das von ihr entwickelte subtile System persuasionsrelevanter Gestaltungsgesetze hat über die poetische wie prosaische Stilistik (vgl. u. a. SOWINSKI) bis in die modernen Grammatiken effektiven Sprechens (TEIGELER, DRÖGE u. a. 1969, S. 83 ff.) gewirkt. »Es kommt« – so ARISTOTELES in seiner ›Rhetorik‹ – »nicht nur darauf an, daß jemand weiß, *was* er sagen muß, sondern daß man es auch auf die *angemessene Weise* zu sagen versteht; es trägt dies nämlich schon viel dazu bei, daß die Rede den beabsichtigten Eindruck hervorruft« (1403b 14).

Die umrißhaft versuchte und im folgenden noch zu systematisierende Erläuterung der drei persuasionsrelevanten Variablenbündel läßt einmal die oben erwähnte rhetorische Tradition persuasionswissenschaftlicher Fragestellungen erkennen; sie verweist zum anderen auf die – wie ARISTOTELES es nennt – argumentative bzw. argumentstützende Funktion dieser persuasionsrelevanten Faktoren, die in der nicht aufhebbaren Rückbindung der Argumente an die Person des Sprechers begründet ist; die versuchte Erläuterung gibt schließlich zu erkennen, daß diese Faktoren immer dort manipulativ mißbraucht werden, wo sie ihrer argumentstützenden Funktion beraubt und zu beliebig anwendbaren Beglaubigungsmechanismen *verselbständigt* werden, die den Kommunikationspartner zum Objekt der Beeinflussung verdinglichen und intersubjektive Verständigung unmöglich machen.

Als »Verselbständigung der rhetorischen Mittel« hat L. WINCKLER (S. 40 u. ö.) in Anlehnung an BLOCH den Charakter der faschistischen Rhetorik zu bestimmen versucht, die sich »der Sprache und des Angesprochenen nur als Mittel bedient« (S. 40):

»Gleichgültig gegenüber der Wirklichkeit verselbständigen sich die Mittel zu einem beliebig manipulierbaren Instrumentarium faschistischer Herrschaft, die der Sprache in ihrem vollen Sinn nicht bedurfte.«

Es dürfte unbestreitbar sein, daß in der *instrumentellen Emanzipation,* der sich auch eine bisher als technologisch charakterisierte Rhetorik verdankt, das traditionelle Mißtrauen gegenüber der Rhetorik ebenso gründet wie ihre Wertschätzung als Redetechnik bzw. -strategie, mag es auch — es war die Rede davon — historische Gründe für diesen Prozeß dieser instrumentellen Emanzipation geben oder besser: gegeben haben.

Der »Instrumentalismus«, der diese technologische Rhetorik ebenso trifft wie die von DRÖGE (1972, S. 61) mit diesem Begriff charakterisierte Medienforschung, muß eine solche Rhetorik auf ein Frageinteresse fixieren, das Persuasive Kommunikation nur noch als Prozeß und Mittel der Beeinflussung zu thematisieren erlaubt, wobei die technische Motivation diesem Frageinteresse auf der Stirn geschrieben steht: Wie läßt sich der Prozeß der Beeinflussung besser beherrschen? Die moderne Persuasionsforschung dürfte — zumindest was deren technisches Frageinteresse angeht — ebensowenig zufällig ihre Entwicklung militärischen und werblichen Auftraggebern verdanken, wie die »Moderne Rhetorik« sich zufällig ähnlicher Gönner erfreuen dürfte.

Der Rahmen, in dem dieser »Instrumentalismus« und ineins damit eine technologische Rhetorik zu kritisieren wäre, ist von MARCUSE (1967) mit dem Begriff der »operationellen Rationalität« angedeutet, der eine »funktionale Sprache« ebenso korreliert wie die Eindimensionalität eines der Transzendenz unfähigen Denkens (S. 104 ff). Erst innerhalb dieses Rahmens würde auch eine technologische Rhetorik ihrer instrumentalen Unschuld unsicher werden; sie würde ihre Unfähigkeit bekunden, Sprache anders thematisieren zu können denn als Instrument der Beeinflussung. Die Kritik an dieser Art von Rhetorik resultiert also aus der Kritik an dem ihr zugrundeliegenden Sprachverständnis. Daher muß auf der anderen Seite jeder Versuch, Sprache als Medium kommunikativer Verständigung zu beschreiben, dieses Rhetorikverständnis als Bedingung seiner selbst notwendig sprengen.

7.3 Prozeß der Persuasiven Kommunikation

Die eben umrissenen persuasionsrelevanten Variablenbündel gruppieren sich – wie ersichtlich – um die drei für den Kommunikationsprozeß konstitutiven Faktoren, die nach ARISTOTELES in gleicher Weise für das Erreichen des Persuasiven Ziels, nämlich die Zustimmung der Kommunikationspartner, von Belang sind:

»Es gibt drei Arten von Beweisgründen (písteis), die in der Rede zur Geltung kommen; die einen liegen in der Persönlichkeit des Redenden, die anderen in der durch die Rede geschaffenen affektiven Disposition des Hörers, die letzten schließlich in der Rede selbst . . .« (1356a) [13]

Die drei von ARISTOTELES erwähnten Faktoren werden in der Kommunikationswissenschaft im allgemeinen »Kommunikator« (Sprecher, Sender, Kommunikant usw.), »Rezipient« (Hörer, Empfänger usw) und »Nachricht« (Aussage, Information, Kommuniqué usw.) genannt, wozu ergänzend noch das für heutige Kommunikationsprozesse wichtige (technische) »Medium« tritt.[14] Um die Aufhellung der komplexen Interdependenzen zwischen den einzelnen Faktoren bemüht sich die Kommunikationswissenschaft, innerhalb deren der Wirkungs- bzw. Persuasionsforschung aus den im letzten Abschnitt bereits angedeuteten Gründen eine besondere Bedeutung zukommt, so daß sie lange Zeit mit Kommunikationswissenschaft schlechthin identifiziert wurde. Doch selbst wenn die kommunikative Wirkung nicht, wie die berühmte LASSWELLSCHE Formel (»who says what in which channel to whom with what effect?«)[15] zu suggerieren scheint, das Ende des Kommunikationsprozesses darstellt, sondern – so u. a. MALETZKE und DRÖGE u. a. (1969) gegen LASSWELL – wenn »jede Position dieses Prozesses wirkungsrelevante Faktoren beisteuert« (DRÖGE u. a. 1969, S. 171), so kann gleichwohl dieses persuasorische Frageinteresse dem Gesamtphänomen Kommunikation nicht gerecht werden; es sei denn, die traditionell behavioristisch orientierte Persuasionsforschung würde Wirkung nicht mehr reduktionistisch an Verhaltenssequenzen von Individuen beschreiben, sondern Wirkung innerhalb eines »gesamtgesellschaftlichen Vermittlungszusammenhanges« (DRÖGE 1972, S. 65) thematisieren, der Kommunikation als »Vermittlung gesellschaftlich konstituierten Wissens« (S. 60) zu verstehen erlaubt.

Doch hier soll das erwähnte Beziehungsgefüge zwischen den einzelnen konstitutiven Faktoren des Kommunikationsprozesses nicht weiter untersucht werden, wenn es auch den Prozeß jeder Art von Kommunikation bestimmt, sei sie nun als persuasiv oder als ästhetisch,[16] als publizistisch[17] oder als pädagogisch,[18] als religiös[19] oder als werblich,[20] als therapeutisch,[21] visuell[22] usw.[23] näherhin spezifisiert. Insofern es in dieser Arbeit nur um die Beschreibung einer – wie es in der Einleitung hieß – kommunikativen Teilkompetenz geht, d. h. um die für die Persuasive Kommunikation spezifischen Regeln, konnten und können die allgemeinen Bedingungen gelingender Kommunikation in ihrer Gültigkeit auch für Persuasive Kommunikationsprozesse undiskutiert vorausgesetzt werden. Zusammen mit den für die Persuasive Kommunikation spezifischen Bedingungen beschreiben sie das komplette System von Regeln, das den Prozeß jeder Persuasiven Kommunikation idealtypisch zu erläutern ermöglicht. Zur Analyse konkret-empirischer Akte Persuasiver Kommunikation lassen sich diese Regeln jedoch erst funktionalisieren, wenn die empirischen Randbedingungen mit berücksichtigt werden, unter denen die Regeln zur Geltung kommen; denn zur Erklärung eines konkreten Sachverhaltes gehören, wie u. a. POPPER in seiner ›Logik der Forschung‹ (S. 31 ff.) betont, neben den allgemeinen Regeln bzw. Gesetzen die Kenntnis der situativen Randbedingungen (bzw. Anfangsbedingungen), unter denen die betreffenden Gesetze zu bestimmten Ereignissen führen (vgl. SEIFFERT, Bd. 1, S. 149 ff.).

Wenn also die genannten kommunikativen Faktoren für *jeden* Prozeß von Kommunikation konstitutiv sind, wenn sie weiter – gemäß ihrer eben zitierten ARISTOTELISCHEN Interpretation – für das Ziel Persuasiver Kommunikation argumentstützend ins Gewicht fallen, dann eignen sie sich fraglos als *Gliederungsprinzip* einer systematisch interessierten Skizze, die abschließend einen Beschreibungsrahmen für Persuasive Techniken bzw. Strategien zu entwerfen versucht, ohne diesen Rahmen im einzelnen inhaltlich ausfüllen zu wollen. Wir gehen bei diesem Versuch von einem einfachen Modell aus, das die um das »Medium« erweiterten konstitutiven Faktoren des Kommunikationsprozesses in ein Beziehungsgefüge integriert, das Kommunikation (in ihrem Prozeßcharakter) als einen durch Zeichen vermittelten Nachrichtenaustausch zwischen Menschen (= Humankommunikation) verstehen läßt. Bei diesem Austausch von Nachrichten (= N) stellen Signale, d. h optische, akustische, elektromagnetische u. a. Wellen den *materiellen* Kontakt (= Medium) zwischen Kommunikator (= K)[24] und Rezipient (= R) her (Medienspezifische Signale = MS). Dieser materielle Kontakt wird erst dann zu einer *sozialen* Beziehung, d. h. zu einem sprachlichen Verstehen der Kommunikationspartner, wenn die Signale als Zeichen entschlüsselt werden, denen signalspezifische Bedeutungen zukommen (Kode). Erst die Gemeinsamkeit eines bestimmten Repertoires von Zeichen, denen Kommunikator wie Rezipient die gleichen signalspezifischen Bedeutungen verbindlich zuordnen (= $Z_{K/R}$) ermöglicht sprachliches Verstehen als Voraussetzung potentieller Verständigung. Diese Gemeinsamkeit der Zuordnung gründet auf sozialen Normen innerhalb eines soziokulturellen Systems (= SKS), das sich –

falls man Rossi-Landis Interpretation der »Sprache als Arbeit und Markt« folgt – als »sprachlicher Markt« beschreiben läßt, auf dem Nachrichten als Waren, d. h. als Produkte sprachlicher Arbeit, mit einem bestimmten Tauschwert (Bedeutung) zirkulieren (S. 7 ff.).

Abb. 14

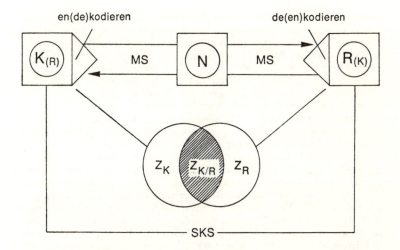

7.4 Persuasionsrelevante Faktoren des Kommunikationsprozesses

7.4.1 *Kommunikator, Rezipient, Medium*

Das hier nicht weiter zu differenzierende Modell des Kommunikationsprozesses mit seinen konstitutiven Faktoren Kommunikator, Rezipient, Nachricht und Medium stellt einen adäquaten Beschreibungsrahmen dar für das Ensemble persuasionsrelevanter Variablen, an deren Komplettierung man seit Aristoteles' erster systematischer Darstellung in der ›Rhetorik‹ bis in die moderne Persuasionsforschung hinein interessiert war. Dieser Beschreibungsrahmen müßte anhand der verschiedenen (besonders amerikanischer) Forschungen zur »persuasive communication« von einer Angewandten Rhetorik im einzelnen ausgefüllt werden.[25]

So wären neben der bereits genannten Glaubwürdigkeit des *Kommunikators* sein sozialer Status, seine Gruppenzugehörigkeit, seine Stellung in der Primärgruppe (etwa als »opinion leader«), seine Attraktivität, Rasse, Größe u. a. Merkmale mehr zu berücksichtigen, die für seine Bewertung durch den Rezipienten relevant sind und sein Image konstituieren. Es wäre auf das Gewicht dieser Bewertung besonders bei sachlichen Meinungsverschiedenheiten zwischen den Kommunikationspartnern hinzuweisen, deren Grad bei negativer Einstellung zum Kommunikator gegenüber den tatsächlich vorhandenen Differenzen ebenso überschätzt (»Kontrast-Effekt«) wie umgekehrt bei positiver Einstellung zum Kommunikator unterschätzt (»Assimilations-Effekt«) wird; es wäre auf die hauptsächlichen Lösungswege bei Inkongruenz zwischen der Einstellung zum Kommunikator und zur Aussage hinzuweisen (»Trennungs-Effekt«) sowie auf die langfristige Emanzipation des rezipierten Kommunikationsinhalts von dem Kommunikator-Einfluß (»Sleeper-Effekt«; vgl. DRÖGE u. a. 1969, S. 113 ff.) usw.

Auf seiten des *Rezipienten* wäre die grundlegende Kategorie der »Persuabilität« genauer zu bestimmen, sowohl unter dem Aspekt kommunikationsabhängiger wie kommunikationsunabhängiger Variablen, d. h. es müßten einmal die allgemeinen in der Persönlichkeitsstruktur wie sozialen Stellung des Rezipienten begründeten Prädispositionen beachtet werden, die unabhängig von einem bestimmten Kommunikationsinhalt seine kommunikative Beeinflussung erleichtern bzw. erschweren oder gegen jede Beeinflussung immunisieren. Daneben wären die präkommunikativen Einstellungen, Meinungen, Interessen, Bedürfnisse usw. des Rezipienten zu berücksichtigen, die bei bestimmten Kommunikationsinhalten deren Rezeption erschweren oder verhindern (»Selektion«) bzw. ihre Wirkung in der kommunikativen und postkommunikativen Phase auf Einstellungen und daraus resultierendes Verhalten beeinflussen. In FESTINGERS Theorie der »Kognitiven Dissonanz«[26] fungieren diese präkommunikativen Einstellungen zusammen mit der Bewertung des Kommunikators und dem Kommunikationsinhalt als die entscheidenden drei Variablen, zwischen denen jeder Rezipient eine Konsonanz herzustellen bemüht sein wird bzw. deren vorhandene Dissonanz er durch verschiedene Strategien der Dissonanzminderung abzuschwächen versuchen wird: Disqualifikation oder Bagatellisierung der abweichenden Meinung, Abwertung der Informationsquelle, Absperrung gegenüber die eigene Position verunsichernde Meinungen (»Kommunikationsaskese«) bzw. umgekehrt gesteigerte Informationssuche nach den die eigene Position stützenden oder das eigene Verhalten sekundär motivierenden Meinungen (»Informationsappetenz«), schließlich — das allerdings sehr selten — Neubewertung des Kommunikators oder sogar Meinungswandel, wenn der Dissonanzdruck zu stark ist und am leichtesten durch die Preisgabe der eigenen Position abgebaut werden kann (vgl. DRÖGE u. a. 1969, S. 31 ff.) usw.

Weiter wären die *Medien* in ihrer Persuasiven Relevanz zu betonen, d. h. die durch ihre semiotische bzw. wahrnehmungspsychologische Struktur (optisch, akustisch usw. bzw. Interferenz der Zeichensysteme bei Doppelkodierung) wie technische Organisation bedingten spezifischen Ausdrucksmöglichkeiten (»Dramaturgie«) und kommunikativen Chancen (direkte/indirekte Kommunikation, offene/geschlossene Kommunikationssysteme usw.); es wären weiter die Medienpräferenzen aufgrund des jeweiligen medienspezifischen Prestiges zu beachten, schließlich die sozio-ökonomischen Bedingungen der Medienproduktion und ihre Sozialisierungsfunktion (DRÖGE 1972, S. 165 ff.), die Beziehung endlich zwischen medialen und personalen Kommunikationssystemen (»two step flow of communication«, vgl. DRÖGE u. a. 1969, 109 ff.) usw.

Anstatt dise wenigen Hinweise weiter zu vertiefen, sei wenigstens der vierte konstitutive Faktor des Kommunikationsprozesses, die Nachricht bzw. *Aussage,* unter persuasionsrelevanten Aspekten etwas ausführlicher behandelt. Die Berechtigung für diese Sonderstellung liegt einmal in der bereits von der antiken Rhetorik geleisteten klassifikatorischen Systematik des persuasionsrelevanten Faktors Aussage. Zum anderen hat das oft mit Rhetorik schlechthin identifizierte »System der Rhetorik« gerade aufgrund seines hohen Formalisierungsniveaus Modell gestanden für die Ausbildung analoger Systeme, besonders natürlich in den sprachbezogenen Disziplinen. Schließlich haben verschiedene moderne Versuche gerade dieses »System« für die Produktion und Analyse von Texten zu aktualisieren und seine Transfermöglichkeiten auf außerlinguistische Zeichensysteme zu untersuchen begonnen, Versuche, die – falls sie nicht nur einem modischen Rhetorik-Jargon erliegen – die vielbeschworene »Übiquität« der Rhetorik zu operationalisieren erlauben. Als Zeugnisse eines umfassenden gegenwärtigen Interesses an der Rhetorik sollte sie keine Einführung in diesen Problemgegenstand ignorieren.

7.4.2 *Aussage*

7.4.2.1 *Struktur der Persuasiven Aussage*

Das System der traditionellen Schulrhetorik enthielt vorwiegend Anweisungen *(praecepta)* für die Strategie Persuasiven Redens. Diese Anweisungen orientierten sich an den verschiedenen Phasen der Genese einer Persuasiven Rede, angefangen bei der Stoffsammlung bis zur Rede-Aktualisierung in einer konkreten Situation. Zusammen genommen buchstabieren diese Anweisungen einen Katalog Persuasiver Aussage-Qualitäten, die nicht nur für die Produktion Persuasiver Aussagen normative Funktion besaßen, sondern ebenfalls für die Aussage-Kritik verbindliche Maßstäbe setzten. Die Persuasiven Aussage-Qualitäten lassen sich wie folgt zusammenfassen: Die Persuasive Aussage soll

— materiell erschöpfend *(inventio),*
— übersichtlich gegliedert *(dispositio),*
— sprachlich gestaltet *(elocutio)* sein, sowie
— frei vorgetragen *(memoria)* und
— wirkungsvoll artikuliert werden *(pronuntiatio/actio).*

Die *materiell erschöpfende* Problembehandlung ist als spezifische Qualität der Persuasiven Argumentation unter dem Begriff »Vollständigkeit« im 6. Kapitel ebenso bereits behandelt worden wie das heuristische Verfahren der Topik, das diese umfassende Argumentation in den verschiedenen rhetorischen Textsorten ermöglicht.

Die *übersichtliche Gliederung* der Aussage bezieht sich auf die natürliche oder künstliche Anordnung der verschiedenen Argumente innerhalb einer Abfolge von Textschritten, die von der Einleitung über die argumentative Erörterung bis zum Schlußteil ein Problem entfalten[27] und für den Prozeß der Überzeugung in einer Weise aufbereiten, die den lernpsychologisch begründeten Lernschritten vergleichbar ist. In diesem Zusammenhang wären ergänzend die von GEISSNER (1968) in Erinnerung gebrachten DRACHSCHEN Argumentations-Baupläne zu erwähnen, die experimentalpsychologischen Untersuchungen zu den Vor- und Nachteilen impliziter und expliziter argumentativer Schlußfolgerung sowie die Wirkungen einseitiger und zweiseitiger (d. h. die aktuelle oder potentielle Gegenargumentation berücksichtigende) Argumentation (DRÖGE u. a. 1969, S. 92 ff.); es müßte bei der zweiseitigen Argumentaion auf die Effizienz argumentativer Klima- und Antiklimaxstrukturen verwiesen werden, d. h. auf die (unter dem Aspekt der Immunisierung) jeweils günstige Stellung der die eigene Position stützenden Argumente (»primacy-Effekt« DRÖGE, ebd. s. 83 ff., 98 ff.); es wären schließlich die verschiedenen Typen möglicher Argumentation[28] zu erwähnen sowie die seit der antiken Sophistik bis SCHOPENHAUER tradierten und für die Analyse zumindest nicht unwichtigen Formen der Pseudo-Argumentation (Eristik).[29]

Die *sprachliche Gestaltung* betrifft die Verständlichkeit und Wirksamkeit der Aussage, insofern sie von der Persuasiven Organisation des linguistischen Materials abhängt. Es handelt sich bei der sprachlichen Gestaltung um Fragen, die gemeinhin in den Kompetenzbereich der Stilistik fallen. Bis in die Gegenwart hinein (SOWINSKI) hat die Stilistik das Repertoire der traditionellen rhetorischen Gestaltungsprinzipien repetiert oder variiert sowie in praktischen Stilanalysen deren Geltung bis in die moderne Werbung hinein nachzuweisen versucht. Der Hinweis auf diese fast ungebrochene, historische wie nationalsprachliche Grenzen offenkundig transzendierende 2000jährige Geschichte kann zwar eine bisher fehlende »Soziologie der rhetorischen Formen und Mittel« (FISCHER 1968, S. 9) nicht ersetzen; doch dieser Hinweis mag eine unten noch einmal aufzugreifende Frage motivieren, ob sich die rhetorischen Gestaltungsprinzipien als ästhetische Universalien verstehen lassen, so daß der verschiedentlich gelungene Transfer dieser Prinzipien nicht so sehr deren Universalität bezeugen als auf ästhetische Universalien hinweisen würde, die sich in verschiedenen medienspezifischen Ausprägungen mit Hilfe des rhetorischen Klassifikationsmuster nur leichter erfassen lassen.

Ebensowenig wie die Klassifikation rhetorischer Gestaltungsprinzipien eine »Soziologie« ersetzt, kann sie eine »Psychologie rhetorischer Formen und Mittel« (FISCHER, ebd.) erübrigen. Während nämlich die Verständlichkeit von Texten informationspsychologisch zugänglich gemacht (H. RIEDEL; HÖRMANN) und in den verschiedenen – es sind bereits über vierzig Verständlichkeitsformeln *(readability-formula)* – zu quantifizieren versucht wurde,[30] ist die *Rhetorizität* als Struktur persuasiv gestalteter Texte zwar linguistisch beschreibbar wie informa-

tionsästhetisch meßbar geworden, doch die Bedingung ihrer Wirksamkeit ist psychologisch weithin ungeklärt geblieben.[31]
Die *wirkungsvolle Artikulation* schließlich, die in der Antike zugleich die freie (mnemotechnisch gestützte) Rede mit einschloß, betrifft sie paralinguistischen (Intonation, Rhythmus usw.) wie außersprachlichen (begleitende Gesten, Mimik usw.) Ausdrucksmöglichkeiten (vgl. WUNDERLICH 1970, S. 14) der Kommunikationspartner. Im Rahmen einer »Hermeneutik des nicht-sprachlichen Ausdrucks«[32] sowie der verschiedenen semiotischen Versuche, den Kode außersprachlicher Zeichensysteme zu entziffern (Eco), hat auch die *somatische Rhetorik* gegenwärtig erneutes Interesse gefunden. QUNINTILLANS subtile und detaillierte Darstellung der sogenannten »körperlichen Beredsamkeit« (XI 3. 1), aufgeteilt nach optischen wie akustischen Stilmitteln, ist heute als »silent language« (HALL) unter dem Begriff »Kinesik« wiederentdeckt worden.[33] Zusammen mit der sprechkundlichen Klärung der verschiedenen stimmlichen Ausdrucksmittel läßt die Kinesik die semiotische Differenziertheit und Komplexität erkennen, die kommunikative Akte in ihrer Wirkung bestimmen.
Das der audiovisuellen Rezeption korrelierende Repertoire der somatischen Rhetorik wäre zu ergänzen durch die von der Visuellen Poesie längst genutzten und u. a. von der Informationstypographie (vgl. TEIGELER, S. 42 ff.) untersuchten optischen Ausdrucksmöglichkeiten gedruckter Texte.
Von diesen Persuasiven Aussage-Qualitäten seien einige Aspekte der Persuasiven Sprachgestaltung wegen ihrer historischen und systematischen Bedeutung für die Stilistik durch einige Anmerkungen noch etwas genauer erläutert.

7.4.2.2 *Figuren*

In Analogie zu den in der Linguistik geläufigen Begriffen »Grammatizität«, »Poetizität« und »Ästhetizität« hatten wir bei der Übersicht über die Persuasiven Aussage-Qualitäten die Kategorie der »Rhetorizität« eingeführt. Wir verstehen darunter die Struktur einer Aussage (bzw. eines Textes), insofern sie an den Regeln Persuasiver Sprachgestaltung orientiert ist. Entsprechend dem Ausmaß ihrer Orientierung an diesen Regeln können sich Aussagen durch den Grad ihrer Rhetorizität unterscheiden. Die Rhetorizität allgemein zu bestimmen heißt daher, das Ensemble von Regeln Persuasiver Sprachgestaltung anzugeben.

So subtil die Vielfalt dieser Regeln (traditionell: Stilmittel) innerhalb des rhetorischen Systems auch erscheinen mag, die *Grundmuster,* auf welche die transformationelle Vielfalt Persuasiver Sprachstrukturen zurückgeführt werden kann, sind relativ einfach. QUNINTILIAN beschreibt diese Grundmuster mit dem Begriff »Abänderung« *(mutatio),* dessen Pendant in der modernen linguistischen Poetik unschwer im Begriff »Abweichung« (s. u.) zu erkennen ist. QUNINTILIAN versteht unter »Abänderung«, die sich in den vier von ihm unterschiedenen Grundmustern je verschieden aktualisiert, eine »von der alltäglichen und einfachen Gestalt bewußt *(cum ratione)* vorgenommene abweichende Änderung«, die zu einer »kunstvoll erneuerten Redegestalt *(arte aliqua novata forma)* führt« (IX 1.1). Diese kunstvolle Erneuerung der Redegestalt kann auf vierfache Weise *(quadrupartita ratio)* erreicht werden:

— durch Zusatz von linguistischen Elementen *(adiectio)*
— durch Auslassung von linguistischen Elementen *(detractio)*
— durch Umstellung von linguistischen Elementen *(transmutatio)*
— durch Substitution von linguistischen Elementen *(immutatio)*.

Das sich in diesen vier Grundmustern aktualisierende stilistische Prinzip der »Abänderung« setzt jedoch als Bedingung seiner selbst einen normalsprachlichen *Standard* voraus, von dem überhaupt signifikant abgewichen werden kann. Da dieser normalsprachliche Standard durch das sprachliche Regelsystem der (Primär-)Grammatik definiert ist, ließe sich das Regelsystem der Persuasiven Sprachgestaltung auch als *rhetorische Sekundärgrammatik* beschreiben; als Grammatik, insofern das Abweichen nach bestimmten Regeln erfolgt; als sekundär, insofern die Abweichungsregeln nur auf der Grundlage eines vorausgesetzten primären Regelsystems zustande kommen. In der Dialektik zwischen Bezugnahme und signifikanter Abweichung von der Primärgrammatik dürfte entsprechend die spezifische Qualifikation dieser Sekundärgrammatik zu suchen sein.

Unter der Voraussetzung allerdings, daß die rhetorische Sekundärgrammatik nur eine, wenn auch hochgradig formalisierte Klassifikation ästhetischer Universalien darstellt, wäre der Begriff »sekundär« nur bedingt aufrechtzuerhalten. Würden die ästhetischen Regeln zwar auf der linguistischen Basis operieren, selbst aber »außerlinguistischer« Natur sein (BIERWISCH 1969, S. 58), dann dürfte es sinnvoller sein, von einer *allgemeinen ästhetischen Grammatik* zu sprechen, deren spezifisch linguistische Realisationen die Rhetorizität bzw. (mit nur wenigen zusätzlichen Regeln, etwa metrischen)[34] die Poetizität eines Textes konstitutiert.

Den Hinweis auf die Beziehung zwischen der rhetorischen Kategorie »Abänderung« und der linguistischen Kategorie »Abweichung« aufgreifend sei daran erinnert, daß die linguistische Poetik[35] in grundsätzlicher vergleichbarer Weise die für poetische Texte typischen linguistischen Irregularitäten (traditionell: Lizenzen) als »Differenzqualitäten« interpretiert, d. h. als »okkurrente Variante(n) zur Basis der alltagssprachlichen Rekurrenz (als Bereich des Vorfindlichen, Allgemeinüblichen und also Allgemeinverbindlichen)« (SCHMIDT 1968, S. 289).

»Okkurrenz« bzw. »Opposition« (P. HARTMANN, S. 100) sind aber nur möglich »auf der Grundlage linguistischer Primärstrukturen« (BIERWISCH 1969, S. 55). Zugleich folgen die Irregularitäten selbst

wieder Regeln, um als poetisch qualifizierte Abweichungen von patho-
logisch oder physiologisch bedingte Ungrammatikalität im Sinne
grammatikalischer Insuffizienz unterscheidbar zu sein: »Poetisch wirksame Abweichungen müssen durch Abweichungsregeln erklärbar sein«
(Bierwisch, ebd., S. 61).
Die gegenüber normalsprachlicher Rekurrenz als okkurrent qualifizierte
poetische Sprache wirkt zugleich – wie Quintilians Ausdruck »novata forma« bereits anklingen ließ – innovativ:

>»In künstlerischen Texten hängt das Auftreten der Wörter und Wortzusam-
>menhänge von höchst individuellen, nicht konventionellen Selektionen ab,
>so daß hier der ästhetische Zustand und seine Zeichenwelt schwach deter-
>miniert, singulär, fragil und immer wieder anders, also innovativ und kreativ
>erscheinen.« (Bense 1969/1, S. 105)

Das heißt: der durch kreative Abweichung (»Selektion«) erzielte hohe
Grad an Unwahrscheinlichkeit in ästhetischen Texten gegenüber tri-
vialen ist der Grad ihrer Informativität bzw. Innovation, die sich u. a.
schon in der Abweichung von der statistischen Worthäufigkeit ausdrücken kann. Eine quantitative Messung des jeweiligen ästhetischen
Textzustandes ist durch den Birkoffschen Maßquotienten ($M_{\bar{A}}$ =
O/C) möglich, wobei »O« die Ordnung der Element-Verteilung meint
und »C« die Komplexität des zugrundegelegten Repertoires (Bense
1969/1, S. 43 ff.). Nach dieser Formel steigt also der ästhetische Maß-
wert proportional zur Größe der Ordnung und umgekehrt proportional
zur Größe der Komplexität (Gunzenhäuser S. 295 ff.; Bense
1969/2, S. 319 ff.). Andere Autoren sprechen von dem gleichen Phänomen mit anderen Begriffen, wenn sie von dem »überraschenden« Charakter (Levin, S. 33), von der »Dichte« (Bierwisch 1966, S. 143),
von der »negativen Redundanz« bzw. »erschwerten Kommunikation«
(Groeben) oder von den bereits zitierten »okkurrenten Varianten«
(Schmidt) sprechen.
Die ordnungsstiftende Strukturierung, welche die poetische Grammatik
auf der Grundlage des normalsprachlichen Repertoires leistet, ist so
gesehen eine Erzeugung von *Ordnung höheren Grades* (Poetizität,
Rhetorizität) aus einer *Ordnung niederen Grades* (Grammatizität).
Das Verhältnis dieser beiden Ordnungen zueinander, genauer: »das
Verhältnis der indentifizierenden (redundanten) zur innovativen
(informationellen), der wahrscheinlichen zur unwahrscheinlichen Ordnung definiert die numerische Graduierung des ästhetischen Zustandes«
(Bense 1969/1, S. 107). Je nachdem ob diese Ordnung höheren Grades
durch signifikantes Abweichen von oder durch signifikantes Einführen zusätzlicher Strukturen erfolgt, läßt sich mit Bierwisch
(1966; 1969) genauer noch zwischen der »Überlagerung der Sprache
durch sekundäre Strukturen und bewußter Abweichung von der Nor-
malstruktur« (1966, S. 141) unterscheiden.

Die auf der Basis des normalsprachlichen Repertoires operierende ästhetische Strukturierung als Erzeugung einer Ordnung höheren Grades sei wenigstens an einem kleinen Beispiel erläutert, das dem ›Kommunistischen Manifest‹ (1848) entnommen ist:

»... denn die in ihr arbeiten, erwerben nicht,
und die in ihr erwerben, arbeiten nicht ...«

Auf dem Repertoire von nur acht lexikalischen Elementen ist durch sekundäre Strukturierung ein differenziertes Satzgefüge entstanden, das die Polarisation der bürgerlichen Gesellschaft in Kapitalbesitzer und besitzlose Lohnarbeiter in die entsprechende sprachliche Form transferiert: Die genannten lexikalischen Elemente bilden zwei syntaktische Reihen (Satzteile) von je sieben Elementen, deren Äquivalenzcharakter durch eine weitgehende (vier von sieben Elementen) lexikalische Identität (x die in ihr x x nicht) der syntaktischen Glieder noch intensiviert wird. Dieser sogenannte syntaktische und lexikalische *Parallelismus* würde zu formaler Trivialität und inhaltlicher Tautologie führen, wenn die Parallelität nicht an einer Stelle lexikalisch durchbrochen wäre, wodurch das Prinzip der Wiederholung zum kontrastierenden Muster funktionalisiert wird, auf dem sich die partielle, aber gedanklich entscheidende Regelverletzung signifikant abhebt (vgl. BIERWISCH 1966, S. 142; 1969, S. 55). Doch diese Regelverletzung auf der Basis eines sich erst immanent konstituierenden parallelistischen Regelsystems realisiert positiv selbst bereits wieder eine neue ästhetische Struktur, die sich aus der Überkreuzstellung (griech. χ, daher »Chiasmus«) der jeweils korrespondierenden Glieder ergibt:

arbeiten — nicht erwerben

erwerben — nicht arbeiten.

Durch diese chiastische Bezugnahme der lexikalisch korrespondierenden Glieder innerhalb eines syntaktisch streng parallelisierten Satzgefüges müssen die lexikalisch korrespondierenden Glieder notwendig ihre syntaktische Funktion verändern (hier: Subjekt/Prädikatwechsel, wobei das Subjekt jeweils durch einen äquivalenten Relativsatz [als Subjektsatz] vertreten wird). Formalisiert ergeben sich folgende Beziehungen (wobei »a« und »b« die lexikalischen Einheiten, »x« und »y« deren jeweilige syntaktische Funktion symbolisieren):

$$a^x \quad b^y \quad // \quad b^x \quad a^y$$

Die chiastische Bezugnahme zwischen den lexikalisch korrespondierenden Gliedern bedeutet zugleich semantisch eine Gegenüberstellung einer Aussage mit ihrer inhaltlichen Umkehrung, d. h. eine antithetische Korrespondenz der beiden syntaktisch parallelisierten Satzteile, die im zitierten Beispiel durch ein (adversatives) »und« angedeutet ist:

$$(a^x \quad b^y) \quad \longleftrightarrow \quad (b^x \quad a^y)$$

Schließlich sind die beiden Satzteile aufgrund der semantischen Beziehung zwischen »arbeiten« und »nicht erwerben« selbst wieder antithetisch strukturiert:

$$(a^x \longleftrightarrow b^y) \quad \longleftrightarrow \quad (b^x \longleftrightarrow a^y)$$

Das heißt zusammengefaßt: Der oben zitierte Satz stellt seiner sekundären Strukturierung nach eine syntaktische Parallelisierung antithetisch aufeinander bezogener Satzteile dar, deren bedeutungstragende Elemente selbst wieder chiastisch zueinander geordnet sind.

Das Muster dieser sekundären Strukturierung wird in der traditionellen Rhetorik als eine Spezialform der Antithese[36] unter dem Namen »Antimetabolé« behandelt (LAUSBERG 1960, S. 395 ff.). Die durch dieses Muster entstandene Komplexität ordnungsstiftender Strukturen läßt sich mit LOTMANN als »Vielfalt von Relationen« beschreiben, »die ganz erheblich über das Maß der Vielfalt jedes beliebigen normalsprachlichen Systems hinausgeht« (1971, S. 114, 1972).

Abb. 15

Die Kennzeichnung der Dichte ordnungsstiftender Stukturen auf einem Repertoire relativ geringer Komplexität dürfte als Versuch gelten, linguistisch die Bedingungen der Poetizität wie Rhetorizität des zitierten Satzes zu beschreiben. Nach ARISTOTELES (›Rhetorik‹, 1412b 21) begründet sich der »angenehme Eindruck« dieser antithetischen Ausdrucksweise darin, »daß das Verstehen (máthesis) sich durch die Gegenüberstellung leichter und durch die Kürze schneller vollzieht«, ähnlich darin übrigens dem Syllogismus, insofern er eine gegenteilige Position argumentativ entkräftigt (ebd., 1410a 20).

Es wird daher zu fragen sein, ob die versuchte linguistische Beschreibung nur der Klärung einer empirisch leicht nachprüfbaren ästhetischen Wirkung dieser Stilfigur dient oder ob sie in dieser Stilfigur eine bestimmte Struktur denkerischer Auseinandersetzung mit Wirklichkeit freilegt.

7.4.2.3 Klassifikationsversuch rhetorischer Figuren

Insofern sich die »Grammatik der Poesie« (JAKOBSON) als ein endliches System von Regeln zur Erzeugung poetischer Textstrukturen verstehen läßt, könnte sie als generative Grammatik beschrieben werden, deren Beherrschung die »poetische Kompetenz« eines Sprechers ausmachen würde (BIERWISCH 1969, S. 51). Wenn BIERWISCH die Grammatik der Poesie »als Sonderfall der allgemeinen Theorie der ästhetischen Kompetenz« interpretiert (1966, S. 142), dann bestätigt er die oben bereits geäußerte Vermutung, daß auch die Grammatik der Persuasiven Sprachgestaltung als medienspezifische Realisierung einer allgemeinen ästhetischen Grammatik verstanden werden könnte, wodurch freilich die Möglichkeit medienspezifischer Sonderstrukturen nicht ausgeschlossen werden muß.

Abb. 16

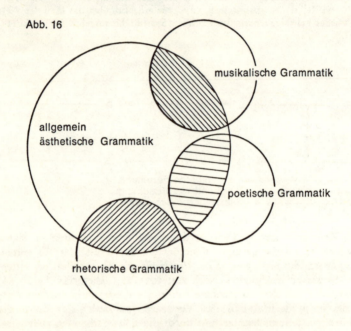

Die von BIERWISCH in diesem Zusammenhang genannten und für verschiedene Medien wie »Musik und Gestik, Kinderspiel und Werbung« in gleicher Weise gültigen ästhetischen »Ordnungsprinzipien«, nämlich »Parallelität, Wiederholung, Ähnlichkeit, Gegensatz usw.« (1966, S. 142), sind schon bei der exemplarischen Analyse des MARX/ENGELS-Zitats im letzten Abschnitt unter der terminologischen Kennzeichnung »Parallelismus« und »Antithese« als ordnungsstiftende Strukturen genannt worden. Daß es sich dabei nicht um zufällige ästhetische Ordnungsmuster handelt, ist aus ihrer universalen Verbreitung leicht ersichtlich. Auf sie ist in der wissenschaftlichen Forschung immer wieder besonders mit Blick auf den Parallelismus hingewiesen worden, der in seiner oben erläuterten syntaktischen Form ja nur eine der vielfältigen linguistischen Ausprägungen des ästhetischen Prinzips der Wiederholung darstellt (vgl. u. a. LOTMANN 1972, S. 158 ff.). Nicht zufällig ist der Parallelismus die »Urform der Poesie« genannt worden (NORDEN, S. 813 ff.), und nicht zufällig war STEINITZ' Untersuchung der finnisch-karelischen Volksdichtung als »Grammatik des Parallelismus« gedacht.

Die traditionelle Rhetorik hat die genannten und andere Struktur-muster der rhetorischen Sekundärgrammatik mit einem bis heute ge-läufigen Begriff »Figuren« genannt. Sie kennzeichnet mit diesen Begriff (griech: *schéma*) die im QUINTILIAN-Zitat bereits genannte bewußte Abänderung bzw. Abweichung von einer Normallage, deren emotio-nale Qualifikation QUINTILIAN u. a. (II 13. 91) an der von der Ruhe-lage abweichenden Körperhaltung erläutert (vgl. LAUSBERG 1960, S. 308 ff.). Als »natürliche Sprache der Affekte« (BREITINGER) haben die Figuren in der Folgezeit das Frageinteresse an einer »rhetorischen Wirkungsästhetik« (DOCKHORN 1968, S. 69) beherrscht, die – etwa bei GOTTSCHED – in der systematischen Zuordnung der Figuren zu bestimmten Affekten deren sprachliches Alphabet zu entschlüsseln ver-suchte (DOCKHORN 1968, S. 125 ff.; 1972, S. 171 ff.; DYCK, S. 76 ff.; BREUER 1972, S. 213 ff.). Daß dieses historische Frageinter-esse an den rhetorischen Figuren, auf das DOCKHORN gegenüber LAUSBERGS »blutleere Kategorien« (1972, S. 171; 1962) insistiert, deren gegenwärtig feststellbare Aktualisierungsversuche ebensowenig zu prä-judizieren vermag, wie eine philologisch exakte Bestimmung des Topos-Begriffs dessen gegenwärtigen Bedeutungsumfang einschränken kann, bleibt im nächsten Abschnitt noch kurz zu begründen.

Hier sei zunächst ein Systematisierungsversuch des rhetorischen Figuren-arsenals erläutert, das bis heute offensichtlich jede ästhetische wie an effektiver Persuasion interessierte Sprachgestaltung beherrscht.[38] Systematisierungsversuche der hier vorgestellten Art sind verschiedent-lich bereits erfolgt, wobei sich – abgesehen von den nur an praktischer Übersichtlichkeit interessierten Figurensammlungen (vgl. G. LANGE; W. LANG u. a.) – die jeweiligen Systematisierungsversuche entweder an den QUINTILIANISCHEN Abänderungsmöglichkeiten orientieren (so u. a. LAUSBERG 1960; PLETT 1971) oder linguistische (so u. a. LEECH; DUBOIS u. a.; ULLMANN, S. 188 ff.), semiotische (u. a. BONSIEPE; Eco, S. 182 ff.) oder verhaltenspsychologische (DOCKHORN; BREUER, S. 18) Gliederungsprinzipien zugrundelegen. Um der Tatsache Rech-nung zu tragen, daß die Regeln der rhetorischen Sekundärgrammatik auf allen Ebenen der sprachlichen Dimensionen operieren (vgl. BIER-WISCH 1966, S. 143), dürfte es plausibel sein, eine Grobklassifikation der ästhetisch signifikanten Abweichungen nach den lingustisch bzw. allgemein semiotischen Zeichendimensionen vorzunehmen. Im An-schluß besonders an BONSIEPES Figurenklassifikation und SCHMIDTS Bestimmung der jeweiligen ästhetischen »Differenzqualitäten« auf den verschiedenen Ebenen des sprachlichen Zeichens (1968, S. 290 ff.) ließe sich folgende vierfache Figurenklassifikation vornehmen:

– Phonologische Figuren

Hierzu würden die Figuren zu zählen sein, die durch zusätzliche, ordnende Beziehungen auf der Ebene der Lautgestalt der verbalen Zeichen zustandekommen (»sprachliche Klangmittel«, GAIER, S. 14). Solche Beziehungen manifestieren sich etwa in Form von Alliteration, Assonanz, Endreim, Lautmalerei, Metrum, Rhythmus usw. Bezeichnend an den phonologischen Figuren ist, daß sie das Signal, d. h. den materiellen Träger der immateriellen Bedeutung (in diesem Fall: die Lautgestalt) so stark betonen, während im normalen Kommunikationsprozeß aufgrund der funktionalen Dominanz der Signale deren Materialität weithin unterschlagen wird. Diese Materialisierung bzw. »Verdinglichung« der Sprache, die nach SCHMIDT (1968, S. 291) ein grundlegendes Indiz poetischer Sprachverwendung darstellt, führt in den Lautgedichten (GAIER, S. 33 ff.) bzw. in der »Phonetischen Poesie« zur Verselbständigung der phonologischen Dimension. Ihr entspricht eine Verselbständigung des visuellen Zeichenaspekts (Gestalt, Farbe, Stellung usw.) im »Sprach-Design« bzw. in der »Visuellen« und »Konkreten Poesie«; in dem einen Fall werden das Wort und der Text in lautliche, im anderen Fall in typographische Einheiten spektral zerlegt.

– Syntaktische Figuren

Damit sind Figuren gemeint, die durch Operationen auf den internen Zeichenrelationen zustandekommen, sei es daß einzelne Zeichen wiederholt (Anapher, Epipher) oder normalsprachliche Zeichenfolgen umgestellt (Inversion) bzw. abgebrochen werden (Ellipse), sei es, daß Zeichenreihen funktional aufeinander bezogen werden, etwa in parallelistischer oder chiastischer Form usw. Diese Operationen auf der syntaktischen Ebene lassen sich zusammen mit den phonologischen Figuren zusammenfassen als Operationen, die das sprachliche Zeichen als »Signifikanten« betreffen. Der »Signifikant« (*signifiant*, Bedeutendes) macht nach de SAUSSURE (S. 76 ff.) zusammen mit dem »Signifikat« (*signifié*, Bedeutetes) die Doppelstruktur jedes Zeichens *(signe)* aus.

– Semantische Figuren

Sie entstehen durch Operationen mit sprachlichen Zeichen, insofern sie immaterielle Bedeutungen signalisieren, d. h. insofern sie das Zeichen als »Signifikat« betreffen. Die bedeutendste und verbreitetste dieser semantischen Figuren ist die Metapher.[39] Die für Figuren typische Standardabweichung realisiert sich in dieser Figur als Verlagerung (griech. *metaphérein*) der Primärbedeutung eines sprachlichen Zeichens oder — informationsästhetisch ausgedrückt — als »Übersetzung eines Wortes aus einem gewissen natürlichen (gewohnten, hochfrequenten) Zusammenhang in einen künstlichen (weniger gewohnten, weniger frequenten) Zusammenhang« (BENSE 1969/1, S. 117). Das Maß der Verlagerung, d. h. die Spannung zwischen ontologischer Nicht-Identität und semantischer Identifikation macht die »Kühnheit« einer Metapher aus (WEINRICH), deren Konstituierung nach ARISTOTELES eine genuin philosophische Leistung darstellt (›Rhetorik‹ 1405a, 1411a ff.; ›Poetik‹ 1458a).

– Pragmatische Figuren

Die Bestimmung dieser Figuren hat bisher die meisten Schwierigkeiten bereitet, weil die Operationsbasis ungleich schwerer anzugeben ist als bei den übrigen

Figuren. Ausgehend von der in der semiotischen Pragmatik thematisierten Zeichenrelation läßt sich der Interpretanten/Adressatenbezug als die für pragmatische Figuren typische Operationsbasis angeben. Deshalb nennt sie PLETT (1971, S. 63 ff.) auch »Appellfiguren«. Als solche Figuren lassen sich u. a. die beiden figuralen Hauptformen der Kontaktintensivierung zwischen Kommunikator und Rezipient bestimmen, nämlich Anrede und Frage. Bei LAUSBERG (1960, S. 376 ff.) sind unter der Überschrift »Figuren der Publikumszugewandtheit« die in der klassischen Rhetorik erfaßten entsprechenden Figuren zusammengestellt; sie reichen von der beschwörenden Anrede über die dialogische Zuwendung zu einem fingierten Zweitpublikum bis zur rhetorischen Frage und Simulation der Ausweglosigkeit in Form der Bitte um helfenden Rat usw.

Diese nur umrißhaft angedeutete Klassifikation ist ein Versuch, den für die rhetorische Sekundärgrammatik konstitutiven Faktor »Abweichung« in seinen verschiedenen Realisationsmöglichkeiten auf der Grundlage linguistischer bzw. semiotischer Zeichenrelationen zu systematisieren. Dieser Versuch hat zugleich den Vorteil, die Ausweitung rhetorischer Analyse auf nicht-linguistische Zeichensysteme (vgl. »Visuelle Rhetorik«) zu erleichtern.

7.4.2.4 *Stilfiguren oder Denkfiguren*

»Soyes réalistes, demandez l'impossible« – so konnte man im Mai 1968 an Pariser Hauswänden lesen.[49] Diese Wandparolen scheinen geeignet zu sein, von der formal-linguistischen und ästhetischen Strukturbeschreibung der Figuren zu der bereits erwähnten Bestimmung ihrer *kognitiven* Leistung überzuleiten; kognitiv, insofern die Figuren als geprägte sprachliche Formen die Wirklichkeit strukturieren sowie deren Erfahrung beeinflussen, wann denn Sprache als Erfahrungshorizont von Wirklichkeit zu gelten hat. So gesehen wäre die Feststellung, daß die paradoxe Struktur der eben zitierten Wandparole eine spezifische Erscheinungsform der Antithese sei, insofern sie semantisch inkompatible Zeichen syntaktisch koordiniert, unzureichend; denn sie sagt nichts über die Beziehung aus zwischen dieser geprägten sprachlichen Form und der Wirklichkeit, deren Erfahrung in ihr signalisiert wird. Man muß nicht unbedingt mit BIERWISCH (1966, S. 143) die Sprachfiguren als »Reservoir unerprobter Denk- und Anschauungsmodelle« interpretieren; doch man wird neben der ästhetischen (»Schmuck«) und affektorientierten Interpretation der rhetorischen Figuren ihre wirklichkeitsstrukturierende Leistung nicht unterschlagen dürfen, ohne deren Berücksichtigung z. B. die Geschichte der Antithese von HERAKLIT, über PAULUS, AUGUSTIN PASCAL bis NIETZSCHE und MARX schwerlich zu verstehen ist, da diese Geschichte offensichtlich keiner ausschließlich ästhetischen Logik folgt.

In der eben zitierten Parole — um sie noch mit einigen Anmerkungen zu erläutern – werden sprachliche Zeichen in gezielter Pointierung miteinander verbunden, die ihrer Bedeutung nach unverträgliche Verhaltensweisen beschreiben. Das in der identifizierenden Korrelation von »realistisch sein« und »Unmögliches fordern« beschriebene Verhaltensmodell widerspricht der allgemeinen Erfahrungstatsache, indem es in paradoxer Zuspitzung unterstellt, daß die Forderung des Unmöglichen die einzig realistische Verhaltensweise sein kann. Konkretisiert auf dem gesellschaftspolitischen Hintergrund dieser Antithese ließe sich dieses Verhaltensmodell als Durchbruch einer Wirklichkeitsauslegung verstehen, in der die Diskreditierung der Möglichkeit die Tabuisierung einer historisch und gesellschaftlich vermittelten Faktizität meint, deren ohnmächtige Anerkennung als Realismus ideologisch verschleiert wird. Der Durchbruch dieser eingeübten und verinnerlichten Wirklichkeitsauslegung impliziert mit der Verwischung der ideologisch bedingten Grenzziehung zwischen Faktizität und Möglichkeit zugleich auch die Freigabe einer Perspektive, nach der die Ausschöpfung des Potentials objektiver, aber verstellter und insofern als unmöglich denunzierter Möglichkeiten die einzig realistische, weil der historischen und gesellschaftlichen Situation gerecht werdende Forderung darstellt.

»Le rêve est réalité«: Der Traum als die eigentliche Wirklichkeit, die Utopisten als die eigentlichen Realisten — diese zur Paradoxie geschärfte Antithesen verklagen eine Wirklichkeit, in der Zusammengehöriges auseinandergerissen wird und als unvereinbar gilt; sie unterlaufen die dieser Trennung zugrundeliegende Logik und identifizieren in kühner Synopse das voneinander Getrennte und verstricken sich damit notwendig in Widersprüche, die aber doch wieder nur Widersprüche in einer Erfahrungsdimension sind, deren Aufhebung gerade das erklärte Ziel der Antithese ist. Das heißt: Die Antithese wird zur Antizipation eines Verhaltensmodells, das noch ohne Sprache ist, und daher *in* der gegebenen Sprache und zugleich *gegen* sie sich artikulieren muß. In dieser Kapitulation der Sprache wird der Widerspruch legitimiert, und die Antithese zum Versuch, gegen traditionelle Denkstrukturen anzudenken und sie so zu verändern.

Dieser sich sprachlich in der Antithese artikulierende Widerspruch gegen geltende Denkstrukturen darf aber nicht verwechselt werden mit der formal vergleichbaren ORWELLSCHEN Sprache, deren Grammatik der Autor im Anhang zu seinem utopischen Roman ›1984‹ in wenigen Strichen kennzeichnet: »Welche Berechtigung besteht schließlich für ein Wort, das nichts weiter als das Gegenteil eines anderen Wortes ist?«[41] Entsprechend lauten die drei Wahlsprüche am Wahrheitsministerium (Miniwahr): »Krieg bedeutet Frieden, Freiheit ist Sklaverei, Unwissenheit ist Stärke« (S. 7).

»Die Vereinigung von Gegensätzen ist eine der vielen Weisen, in denen Sprache und Kommunikation sich gegen den Ausdruck von Protest und Weigerung immunisieren« – so beschreibt MARCUSE (1967/1, S. 109) mit ausdrücklicher Bezugnahme auf ORWELL die konditionierte und eindimensionale Gegenwartssprache der »Synonyme und Tautologien« (S. 107), die zur Negation unfähig ist. Was den in ORWELLS Sprache unternommenen Versuch, objektive Widersprüche zusammenzudenken und sie sprachlich als Synonyme zu behandeln, von dem oben erläuterten Versuch, geltende Widersprüche als Scheinwidersprüche zu entlarven, unterscheidet, ist strukturell gar nicht zu beschreiben, sondern allenfalls funktional. Ob die Rücknahme von Widersprüchen als Aufhebung ideologisch verbürgter Scheinantagonismen zu gelten hat oder als manipulative Verschleierung und Entschärfung geltender und die Wirklichkeit objektiv bestimmender Gegensätze, läßt sich grundsätzlich nicht entscheiden, sondern nur über die Beantwortung der Frage klären, welches Interesse die Rücknahme leitet: die Immunisierung der Wirklichkeit gegen die Erfahrung ihrer Widersprüchlichkeit — so etwa bei den von MARCUSE exemplarisch zitierten Beispiel der »sauberen Bombe« (S. 112) – oder die Befreiung der Wirklichkeit von historisch wie gesellschaftlich abständigen Gegensätzen. BÜCHNERS Aufruf im ›Hessischen Landboten‹: »Friede den Hütten, Krieg den Palästen« und das Versprechen der Zigaretten-Reklame, daß »Sie (die ›Ernte‹) entspannt, wenn's spannend wird«, sind zwar hinsichtlich ihres ästhetischen Organisationsmusters vergleichbar; doch fruchtbar wird der Vergleich erst, wenn er die Funktion der »ästhetischen Innovation« (HAUG 1971, S. 119) innerhalb der modernen Tauschgesellschaft klären hilft, in deren Dienst die rhetorische Sekundärgrammatik schon längst genommen ist (vgl. Kap. 8.4)

Diese wenigen Beispiele mögen die Einseitigkeit einer in der Stilistik noch weithin vorherrschenden ornativen Interpretation der Figuren verdeutlichen. Schon das sprachtheoretisch interessante Phänomen der Metapher hätte erkennen lassen müssen, daß die kognitive Leistung metaphorischen Analogisierens die Dimension ornativer Sprachleistung von Figuren übersteigt (vgl. oben S. 170). Außerdem hat die augenfällige und spezifische Metaphorik etwa der konservativen (von BRAUNMÜHL) und antifaschistischer Sprache (HAUG) den möglichen ideologischen Charakter dieser figuralen Sprachleistung freigelegt. Doch erst ein Begriff von Figur, der ihre geprägte sprachliche Form als Manifestation einer bestimmten Denk-, Interpretations- und Argumentationsfigur versteht, ermöglicht einen Zugang zu diesem ideologiekritisch verwendeten Figur-Begriff (vgl. Eco, S. 189 ff.). Nicht so sehr die Abweichung als konstitutives Element der Figur wird hier betont (vgl. oben S. 164), sondern der *formelhafte Charakter* figuraler Prägungen, der sie mit den bereits genannten topischen Denkmustern vergleichbar macht.

R. BARTHES nennt die figuralen Sprachformen »mythisch« bzw. »metasprachlich«, weil diese Art von Sprache nicht wie die Objektsprache mit den unverstellten Dingen der Wirklichkeit »transitiv« (1970, S. 134) verbunden ist, sondern nur mit den Namen der Dinge umgeht, d. h.: mit Vorstellungen, Interpretationen, Projektionen von Wirklichkeit, aus denen sie sich selbst längst verflüchtigt hat. Weil diese Metasprache in bestimmten gesellschaftlichen Gruppen und Schichten gilt, kann BARTHES von der »sozialen Geographie des

173

Mythos« (S. 139) sprechen und die Rhetorik und deren Figuren als die metasprachlichen Manifestationen dieses Mythos katalogisieren. BARTHES hat dies etwa mit den sieben »Figuren« einer bürgerlichen Rhetorik des »rechten Mythos« (S. 138 ff.) versucht und die Figur der »Tautologie« (S. 143 f.; S. 27 ff.: »das ist so, weil es so ist«) exemplarisch als Brechung objektsprachlicher Widerständigkeit durch die Aggressivität (S. 27) und magische Autorität einer inhaltsleeren Identität (A=A) interpretiert. Sie läßt sich nicht auf Wirklichkeit ein, sondern dekretiert deren essentielles, d. h. unhistorisches und entpolitisiertes So-Sein: Die Tautologie »ist die arrogante Androhung einer Ordnung, in der man nicht denken würde« (S. 27).

Die dependente Beziehung zwischen Objekt- und Metasprache, die den Mythos (als zeitgenössischer Mythos verstanden) als ein »sekundäres semiologisches System« (S. 92) verstehen läßt (das Signifikat des Primärsystems wird Signifikant des Sekundärsystems), ist das Bindeglied zu dem bisher entwickelten Figur-Begriff als sekundärer Sprachstrukturierung. Zugleich gewinnt der Begriff »sekundäres System« aber eine entscheidende Ausweitung, insofern in ihm nicht nur der artifiziell-ästhetische Charakter zusätzlicher Sprachstrukturen, sondern auch der graduell abnehmende Wirklichkeitsgehalt eines metaphorisch Systems angezeigt wird, das gegen jede außersprachliche Verunsicherung dadurch immunisiert ist, daß es nur mit sprachlich vermittelter Wirklichkeit sich befaßt: »Der Mythos als ein Faktensystem gelesen, während er doch nur ein semiologisches System darstellt« (S. 115).

Als ideologisch ist auch die Funktion der »sieben Hauptfiguren konservativer Rhetorik« – sie sind bei HUNDT um sechs weitere Figuren ergänzt – die ENZENSBERGER aus der Kritik an seiner Rezension von Versandhaus-Katalogen herauskristallisiert hat (S. 172 ff). Er interpretiert diese Figuren (»woanders ist es auch nicht besser«, »es ist schon immer so gewesen«, usw.) bezeichnenderweise unter dem Aspekt ihrer argumentativen, genauer apologetischen Funktion, wodurch deutlich wird, daß es sich um figural geprägte Wirklichkeitsauslegungen handelt, die bestimmten gesellschaftlichen Interessen zuzuordnen sind.

ZIMMERMANNS Katalog der wichtigsten rhetorischen Figuren aus dem Bereich politischer Sprachverwendung (1969, S. 160 ff.), der viele Übereinstimmungen zu BARTHES' und ENZENSBERGERS Katalogen zeigt sowie zu HOFMANNS ideologischen Urteilsformen (S. 60 ff.) und PARETOS Derivationen (Rationalisierungen alogischen Verhaltens, S. 221 ff.), dient ebenfalls dem Versuch, die Rhetorik als Ausdruck ideologischer Denkfiguren wenigstens für den Bereich des bürgerlichen Denkens und Argumentierens aufzuhellen. Unter diesem Frageinteresse gilt, daß »Rhetorik und Ideologie kaum zu trennen sind, daß sich rhetorische Figuren von der herrschenden Ideologie nicht ablösen lassen als ein für allemal gültige Formen des politischen Meinungsstreits. Die Rhetorik muß auf dem gesellschaftlichen Hintergrund gesehen werden. Dieser Hintergrund bestimmt, welche Figuren bevorzugt, welche vernachlässigt werden oder auch ob neue geschaffen werden« (ZIMMERMANN S. 159).

7.5 Transfermöglichkeiten rhetorischer Gestaltungsgesetze

»Die Rezeption der antiken Rhetorik hat weit über das Mittelalter hinaus den künstlerischen Selbstausdruck des Abendlandes mitbestimmt.« (CURTIUS 1961, S. 88). Daß dieser Satz nicht nur den literarischen Selbstausdruck meint, das hat CURTIUS selbst mit den Hinweis auf die Beziehung zwischen Rhetorik und Malerei bzw. Musik (S. 87 f.) angedeutet. Der folgende exemplarisch zitierte Text aus einer musikalischen Figurenlehre des frühen 17. Jahrunderts[42] mag die strukturelle (Aweichung) wie funktionale (ornativ) Übereinstimmung der »Musikalischen Rhetorik« (in diesem Fall: der »figurae musicae« als deren Bestandteil) mit den bisherigen Erläuterungen zur rhetorischen Figurenlehre belegen:

»ornamentum oder musikalische Figur ist eine musikalische Gestalt . . ., die im Rahmen eines textlich musikalischen Abschnitts . . . stattfindet und die von der einfachen Art der Komposition *abweicht* und ihr mit Nachdruck ein *geschmücktes* Aussehen verleiht.«

Nach den Arbeiten von GURLITT, SCHERINC, UNGER u. a. kann über die »regulative« Bedeutung (EGGEBRECHT, S. 46) der Rhetorik[43] als repräsentatives System der ästhetischen Sekundärgrammatik für die kompositionstechnisch (»ars componendi«) interessierte Musiktheorie wie -praxis ebenso wenig ein Zweifel bestehen, wie deren Relevanz für die literarische Theorie und Praxis strittig ist. Ähnliches gilt, wenn auch in unterschiedlichem Maß, für Malerei (PANOFSKY[44]), Architektur (HORN-ONCKEN),[45] Mode (BARTHES 1967), Film (KAEMMERLING),[46] Radio (KNILLI)[47] u. a. m., deren — jeweils medienspezifisch aktualisierte — ästhetische Regelsysteme bis in die Gegenwart hinein mit Hilfe des rhetorischen Systems zu analysieren versucht wurden. Als »linguistische Montageformen« interpretiert zum Beispiel KAEMMERLING die rhetorischen Figuren, die er als »Arbeits- oder Analysemodelle auf den Film« überträgt (S. 94), um sie zur Bestimmung der »filmästhetischen Mittel« der »Film-Sprache« auszuwerten.

Weil die Rhetorik in den lezten Jahren besonders zur praktischen Analyse werblicher Kommunikation herangezogen und ansatzweise bereits als »Visuelle Rhetorik«[48] theoretisch zu reflektieren versucht wurde, sei dieser Bereich eines gelungenen Transfers noch etwas erläutert. Einen wichtigen Anstoß für die Aktualisierung der Rhetorik im Rahmen der Analyse visueller Texte gab BONSIEPE mit verschiedenen Aufsätzen, in denen er die genannten figuralen Abweichungen nicht nur in verbalen, sondern auch in visuellen bzw. verbal/visuellen Texten nachzuweisen unternimmt. Die diesen Texten zugrundeliegende Zeichenklasse wird als »eine Kombination von zwei Zeichentypen verstanden, deren kombinative Effektivität auf dem Spannungsverhältnis der semantischen Eigenschaften beruht. Die Zeichen addieren sich nicht mehr schlicht, sondern wirken in wechselseitiger Beziehung übersummativ« (S. 32). So würde sich etwa aus der semantischen Äquivalenz einer verbalen und visuellen Nachricht die für diese Zeichenklasse spezifische Realisierung des ästhetischen Grundmusters Parallelismus ergeben (vgl. S. 33).

Ergiebiger jedoch als BONSIEPES primär systematisch interessierte Aufsätze sind die im Anschluß an L. SPITZERS bekannte literaturwissenschaftliche Reklame-Analyse unternommenen und kunstgeschichtlich erweiterten Stil-Analysen visueller Texte, wie sie etwa in dem Sammelband »Visuelle Kommunikation« (EHMER) gesammelt sind. Selbst wenn die einzelnen Analysen explizit keine rhetorischen Kategorien verwenden, so fällt es doch nicht schwer, in den beschriebenen Phänomenen oft bekannte rhetorische Gestaltungsgesetze wiederzuerkennen.

Es sei exemplarisch nur an SPITZERS Beschreibung der »Sunkist«-Reklame erinnert, in der er eine durch bestimmte Farbqualität hergestellte Beziehung zwischen Sonne, Orange und Orangensaft feststellt, wodurch »diese Darstellung ein Symbol der Reinheit und der Harmonie hervorruft, in der Mensch und Natur an dem Gedeihen der Frucht teilnehmen« (S. 954). Übersetzt man dieses Gestaltungsmuster, in dem über die materielle Zeichenqualität essentielle Beziehungen zwischen den Zeicheninhalten, d. h. den Bedeutungen, hergestellt wird, aus dem visuellen in das verbale Zeichensystem, dann erkennt man leicht in der »Paronomasie« die entsprechende rhetorische Figur (vgl. LAUSBERG 1960, S. 322 ff.). Auch sie suggeriert durch eine Klangbeziehung zwischen den Signifikanten die Existenz einer Signifikat-Beziehung, die vom harmlosen Wortspiel (»stop and shop«) bis zur »Diffamierung durch Assoziation« (DIECKMANN 1964, S. 143) reicht (»Hochhuth-Hochmut«). Wenn SPITZER in diesem Zusammenhang von der »Entstellung der Wirklichkeit« (S. 955) spricht, dann bezeugt er damit die bereits oben betonte wirklichkeitsstrukturierende Kraft figuraler Prägungen.

Sie wird jedoch verkannt, wenn EHMER — so in dem zitierten Sammelband »Visuelle Kommunikation« (S. 168, 171) – die Paronomasie und andere Figuren als »poetische Floskeln« qualifiziert und allein als »kulturellen« Kode der visuellen Nachricht interpretiert. Die Aufhebung der Antithese »heiß-kalt« in der prädikativen Bestimmung von Doornkaat als zugleich »heiß geliebt und kalt getrunken« verweist auf eine in diesem Getränk gelungene Synthese von sich logisch ausschließenden Qualitäten (vgl. EHMER, S. 171 f.), wie es ähnlich schon oben zur Reklame für die »Ernte«-Zigarette angemerkt wurde (»Sie entspannt – wenn's spannend wird«).[49] »Unsere Alltagskausalität«, heißt es bei SPITZER (S. 953), »wird durch andere Gesetze abgelöst«; das »Wunder« findet auch heute noch statt.

Über die visuellen Figuren hinaus lassen sich »visuelle Argumentationen« sowie die ihnen zugeordneten »visuellen Topoi« textanalytisch nachweisen, wie u. a. Ecos und Fischers (1968/2) Reklamanalysen (S. 267 ff.) und Ehmers Untersuchung zum Topos des »Reinen« in der Werbung (S. 179 ff.) gezeigt haben. Neben Spitzers Stilanalyse sind für diese verschiedenen Versuche besonders R. Barthes strukturalistische Interpretationen von zentraler Bedeutung gewesen. Wegen der expliziten analytischen Funktionalisierung der Rhetorik sei wenigstens noch auf seine methodisch bedeutende Panzani-Interpretation verwiesen, die in einem Aufsatz mit dem bezeichnenden Titel ›rhetorique de l'image‹ steht.[50]

Mit Hilfe der rhetorischen Figuren versucht Barthes in diesem Aufsatz, den visuellen Text einer Reklame zu entschlüsseln; so spricht er etwa von der »Metonymie« (Tomate vertritt das Italienische) als Unterklasse der »Metabolien« (Figuren der Substitution eines Signifikanten durch einen anderen) oder von dem »Asyndeton« (unverbundene Reihung) als Unterklasse der »Parataxen«, von »Metapher«, »Ellipse«, »Homonymie« usw. Dabei sind die Figuren als Träger einer konnotativen Nachricht verstanden, die — entsprechend dem bereits erwähnten Mythosbegriff Barthes' — die (denotativen) Zeichen eines Primärsystems zu Signifikanten eines (konnotativen) Sekundärsystems funktionalisiert (so ist das visuelle Zeichen »Tomate« selbst wieder Signifikant für das Signifikat »Italienisches«). Diese konnotativen Signifikate sind historisch und gesellschaftlich vermittelt, d. h. ideologisch geprägt. Die Gesamtheit der konnotativen Signifikanten nennt Barthes »rhétoriqué«. So ist seine Definition verständlich: »Die Rhetorik erscheint also als die signifikante Seite der Ideologie.« (S. 164) Ähnlich fungiert die Rhetorik in Barthes' »système de la mode« bei der Analyse des Bedeutungssystems Mode, denn die Rhetorik unterscheiden sich zwar materiell durch das jeweilige Zeichensystem, nicht aber strukturell: »Die Rhetoriken unterscheiden sich in ihrer Substanz (hier der gegliederte Laut, dort das Bild, die Geste usw.), aber nicht unbedingt in ihrer Form. Sehr wahrscheinlich existiert sogar eine einzige rhetorische Form, die z. B. dem Traum, der Literatur und dem Bild gemeinsam ist ... Man kann schon jetzt vermuten, daß man dann einige einst von den Alten und den Klassikern entdeckte Figuren wiederentdecken wird.« (S. 165)

Mit diesem Zitat wird abschließend noch einmal die oben erwähnte Interpretation der rhetorischen Sekundärgrammatik als eine spezifisch linguistische Realisation einer allgemeinen ästhetischen Grammatik bekräftigt. Wenn man diese Interpretation akzeptiert, dann sind die bisher genannten Beispiele einer außerlinguistischen Geltung rhetorischer Gestaltungsgesetze als ein Hinweis zu lesen, daß die Rhetorik die Regeln der ästhetischen Grammatik in ihrer linguistischen Realisation am ehesten entdeckt und systematisch klassifiziert hat. Der in der Überschrift dieses Abschnittes gewählte Begriff »Transfer« würde demnach eher die Methode der betreffenden Interpretationen beschreiben, als deren Logik begründen.

Die interpretative Relevanz der Rhetorik für ästhetische Objektivationen wäre so gesehen vergleichbar der allgemeinen linguistischen Relevanz für die Analyse semiologischer Systeme:

»Die Sprache ist ein System von Zeichen, die Ideen ausdrücken und insofern der Schrift, dem Taubstummenalphabet, symbolischen Riten, Höflichkeitsformeln, militärischen Signalen usw. vergleichbar. Nur ist die das *wichtigste* dieser Systeme.« (DE SAUSSURE, S. 19)

Wie die Linguistische Grammatik als exemplarische Realisation der allgemeinen semiologischen Grammatik zu gelten hat, so ließe sich die rhetorische Sekundärgrammatik als exemplarische Realisation der allgemeinen ästhetischen Grammatik interpretieren; der Exemplarität der Linguistik für die Semiologie entspräche die Exemplarität der Rhetorik für die Ästhetik. Linguistik wie Rhetorik würden den Menschen als »homo significans« beschreiben (BARTHES, S. 153), d. h. als ein Bedeutung erzeugendes und entschlüsselndes Wesen. Bedeutung erzeugen aber und entschlüsseln heißt: Welt in menschliche Wirklichkeit übersetzen (ebd., S. 157).

8 Abschluß: Skizze einer Didaktik der Persuasiven Kommunikation

8.1 Kommerzielle Ästhetik: Zum Beispiel Waren-Rhetorik

Als Ablösung der Ontologie durch die Semiotik hat M. BENSE die wissenschaftsgeschichtliche Konsequenz aus der umfassenden »Semiotisierung der Welt« beschrieben, die Wirklichkeit gegenwärtig immer mehr als »Umwelttext« zu lesen erforderlich macht (1969/1, S. 123 ff.). In diesem Zusammenhang betont BENSE die Notwendigkeit einer Texttheorie, die »im Prinzip alle fixierten sprachlichen Ereignisse« umfaßt (S. 127), d. h. eine Texttheorie, die neben den zwei »Textmodifikationen« »Dichtung (Literatur)« und »Theorie (Wissenschaft)« als dritte Textmodifikation auch die Werbung berücksichtigt. Ihre Eigenständigkeit leitet diese »neuzeitliche Literaturgattung« nach BENSE aus der Spezifik ihrer Thematik ab: Wirklichkeit, dargestellt als »Warenwelt«.

Insofern Waren aber auf dem Markt existieren, ist dieses Darstellen zugleich auch in den Tauschprozeß mit einbezogen, der den Markt konstituiert. Diese von BENSE so genannten »marktwirtschaftlichen« Aspekte (S. 127) nötigen dazu, die Werbung funktional zu verstehen, d. h. als ein »ästhetisches Gebrauchswertversprechen« (HAUG 1971, S. 60). Die Ästhetisierung der Waren, an der das Produkt-Design ebenso arbeitet wie die poetische, sich klassischer Muster bedienende Werbesprache, stellt sich heute in den Dienst einer wissenschaftlich angeleiteten Persuasiven Strategie, deren instrumentelle Rationalität sich ebenso sehr verabsolutiert hat wie der Tauschwert gegenüber dem Gebrauchswert, worin zugleich die Notwendigkeit der »ästhetischen Innovation« überhaupt begründet ist (HAUG, S. 13 ff.): »Die ästhetische Abstraktion der Ware löst Sinnlichkeit und Sinn der Sache, die als Tauschwertträger fungiert, von dieser ab und macht sie getrennt verfügbar.« (ebd. S. 60)

Ein Beispiel:
»... Herbst. Zeit der Reife.
der milden Klarheit
sonnig-später Tage ...«
Das ästhetische Arrangement dieser Verse hat sich offenkundig so sehr von dem »besungenen« Warenobjekt — es handelt sich um die Zigarettenmarke »Milde Sorte« — abgehört, daß es nur noch als unspezifisches Stimmungssignal fungiert, dessen stimulierende Wirkung psychologisch für jedes Produkt als Kaufanreiz genutzt werden kann. W. GENZANO hat diese gegenüber den traditionellen Slogans neue Art poetisierender Kaufappelle als »Konsum-

gedichte« bezeichnet, die mit dem Repertoire der traditionellen Kunstgedichte zugleich auch deren »Ehrlichkeits-Appeal« beerbt haben (HAUG, S. 161).

Was für die Konsumgedichte bzw. – wie HAUG sie nennt – für die »Warenlyrik« (S. 159 ff.) gilt, trifft natürlich gleichermaßen auch auf die Warenprosa zu, deren Regeln eine entsprechende *Waren-Rhetorik* vermittelt. Die Relevanz der rhetorischen Sekundärgrammatik und die Brillanz ihrer Beherrschung in der modernen Werbesprache bedürfen nach den exemplarischen Zitaten des letzten Kapitels und nach den bereits vorliegenden Untersuchungen[3] keiner ausführlichen Begründung mehr. Eine immanent-ästhetische Interpretation jedoch, die sich in der Katalogisierung rhetorischer Muster erschöpft, wird diesem Zweig der Werbe-Rhetorik ebenso wenig gerecht wie eine sich kulturkritisch gerierende Diffamierung der Werbung. Man wird die Grammatik nicht dafür verklagen können, daß sie die Lüge möglich macht (WEINRICH 1966). Ebenso wenig wird man die Techniken der Persuasiven Strategie für ihren manipulativen Mißbrauch verantwortlich machen können. »Lüge« wie »Manipulation« setzen als Urteile über sprachliche Sachverhalte bereits einen Argumentationsrahmen voraus, in dem nach der kontextdeterminierten Funktion der Grammatik, nicht nach ihrer abstrakten Struktur gefragt wird, d. h. nach den kommunikativen Bedingungen, unter denen eine Aussage unwahr und eine Persuasion manipulativ wird. Was WEINRICH zur Linguistik sagt (S. 9), gilt auch für die Rhetorik als Theorie der Persuasiven Kommunikation: Sie wird die Manipulation nicht verhindern, aber sie wird die Manipulations-Signale beschreiben können und so zumindest die Fähigkeit kritischen Dekodierens kommunikativer Inhalte zu entwickeln helfen, eine Fähigkeit, die heute u. a. eine Persuasive Kompetenz zu vermitteln hätte.

Die erwähnte Waren-Rhetorik beschreibt exemplarisch die sozio-ökonomische Funktion der »Modernen Rhetorik«,[4] die das einleitend zitierte Urteil über die »verachtete Rhetorik« zu korrigieren zwingt. »Mit ihrer jeweiligen objektiv gesellschaftlichen Funktion wird die Redefähigkeit verkümmern oder aber sich neuartig entfalten« (HAUG, S. 78 Anm. 8). Das »Verkaufsgespräch« und seine Rhetorik, die HAUG beispielhaft in diesem Zusammenhang erwähnt (S. 70 ff.), verweisen neben der Waren-Rhetorik auf das breite Angebot wirtschaftsbezogener Rhetoriken, die das Erfolgsrezept von D. CARNEGIES Redekursen – 1912 in CVJM-Kreisen begonnen, heute international verbreitet – für die verschiedensten Adressantengruppen zu aktualisieren versuchen: Wirtschaftlicher und gesellschaftlicher Aufstieg durch ›die Macht des gesprochenen Wortes‹.

Dieser Untertitel eines der bekanntesten CARNEGIE-Bücher erscheint auch im Untertitel eines in Deutschland sehr beliebten Buches über die Redekunst von M. WELLER: ›Die Macht des gesprochenen Wortes in Wirtschaft, Technik und Politik‹. In dem als »Programmatischer Aufriß einer Industrie- und Wirtschaftsrhetorik« überschriebenen 23. Kapitel wird beispielhaft konkretisiert, was sich hinter der seit ›GORGIAS‹ beliebten Metapher »Macht des Wortes« verbirgt: »Menschenanleitung durch Worte« — so übersetzt WELLER mit wünschenswerter Offenheit diese Metapher (S. 286), wobei er »Menschenanleitung« spezifiziert in außerbetriebliche Imagepflege (*public relations*, »Vertrauenswerbung«, S. 296) und innerbetriebliches Konfliktmanagement (*human relations*, »betriebliche Beziehungslehre«, S. 285). Die betuliche Familiarität des WELLERSCHEN Buches, das die Vokabel »Mitarbeiter« mit einer fast rituellen Preziösität handhabt, kann nicht darüber hinwegtäuschen, daß Redefähigkeit hier als eine spezifische Qualität von »Führungskräften« interpretiert und monopolisiert wird,[5] die aufgrund eben dieser Redefähigkeit sich legitimiert glauben, als autorisierte Interpreten ihrer »Mitarbeiter« und deren »ungelenke Ausdrucksweise« (S. 288) zu fungieren: »Häufig ist es auch so, daß dem Mitarbeiter gedanklich etwas vorschwebt, er aber wegen allgemein ungenügender Ausdrucksfähigkeit oder wegen des Gefühls, gewisse Fachausdrücke (!) nicht zu beherrschen, im Mitteilungswillen und der Mitteilungsfähigkeit gehemmt ist. Hier muß der Ingenieur, Direktor oder Abteilungsleiter erraten, was der Mitarbeiter meint, und dessen unzulängliche Sprachform oder linkisches Vormachen in zünftige, ihm vertraute Wortgebung *umgießen . . .«* (S. 287)

Um den Zynismus des letzten Satzes zu verstehen, müßte man MARCUSES Kritik an der amerikanischen Industriesoziologie, auf die sich WELLER u. a. ausdrücklich bezieht (S. 292), heranziehen, wodurch der harmlose Ausdruck »umgießen« deutlicher zu erkennen gäbe, was er meint: die »Übersetzung des Allgemeinen in den operationellen Begriff« (MARCUSE 1967/1, S. 126 ff.), die insofern als »repressiv« zu gelten hat, als sie jegliche Kritik unmöglich macht, die sich nicht als »Verbesserungsvorschlag« (WELLER, S. 290) operationalisieren läßt. Ein Reden, das weder technisch noch psychologisch (durch »Freireden« etwa, WELLER, S. 287) im Interesse der Produktivitätssteigerung vereinnahmbar ist, kann es in dem WELLERSCHEN Kommunikations-Konzept nicht geben. Mitreden ist nicht als konkrete Form der Mitbestimmung verstanden, sondern als deren Kompensation.

Es ist hier nicht der Ort und das WELLERsche Buch eine zu schmale Basis für eine Kritik an dieser Art von Sektoraler Rhetorik, die, weil sie nur die Konsequenz der sozio-ökonomischen Struktur einer Gesellschaft ist, auch nur im Rahmen einer Theorie gesellschaftlichen Handelns angemessen zu kritisieren ist. Auf diesen umfassenden Kontext ist verschiedentlich in dieser Arbeit hingewiesen worden. Wenn eine Rhetorik als Theorie der Persuasiven Kommunikation dieses gesellschaftliche Handeln thematisiert, insofern es sprachliches und damit verantwortliches Handeln ist, dann wird sie allerdings ein Verständnis von Persuasiver Kommunikation der Kritik unterziehen müssen, das Kommunikation auf eine instrumentelle Rationalität restringiert, das die rhetorische Sekundärgrammatik als subtiles Manipulationsinstrument funktionalisiert und die rhetorischen Fertigkeiten als Herrschaftsmittel zur Stabilisierung von Abhängigkeitsverhältnissen einsetzt.

Zu einer solchen notwendigen Kritik eignen sich aber – darauf sollten die verstreuten Hinweise auf MARCUSE und HAUG aufmerksam machen – die Kategorien der Rhetorik nur dann, wenn sie nicht nur die verbreitete Rhetorizität des heutigen kommerziellen Sprachgebrauchs zu beschreiben, sondern wenn sie auch deren gesellschaftliche Funktion aufzuklären imstande sind. Die Rhetorizität des von BENSE so genannten »Umwelttextes« ist nur im Zusammenhang einer umfassenden Ästhetisierung und Poetisierung kommerzieller Wirklichkeits-Widerspiegelung angemessen zu entschlüsseln, eine Ästhetisierung, deren »falscher« Schein im Unterschied zu dem von SCHILLER als »aufrichtig« apostrophierten Schein[6] die Erkenntnis der Wirklichkeit verstellt, anstatt sie »als unerträglich identifizierbar (zu machen)« (UEDING, S. 49). Der Schein kommerzieller Ästhetik kann nicht zur »Wahrheit der Wirklichkeit« (ebd.) werden, weil er gerade die unaufhebbare und fruchtbare Spannung zwischen »Idealität« und »Realität« (ebd., S. 46) zu verwischen versucht und so die »Realität« gegen den Widerspruch der »Idealität« immunisiert; denn die »superlativische Idealität« (HANTSCH, S. 107) kommerzieller Wirklichkeits-Widerspiegelung hat längst die Funktion übernommen, die Unerträglichkeit von Wirklichkeit zu kompensieren, anstatt sie zu denunzieren, wie es u. a. die Fonoy-Zigarettenreklame bezeugt: »Den Alltag vergessen«. Die »Überlagerung der Alltagswelt« durch eine »traumgleiche Wirklichkeit«, als welche SPITZER in der erwähnten Sunkist-Analyse die Funktion der Werbung interpretierte (S. 953), ist längst als affirmative Bestätigung einer Faktizität genutzt, die den Eskapismus wachhält (vgl. die derzeitig dominante Revolutionsmetaphorik in der Werbung), an den die Werbung adressiert ist (vgl. ENDERS Aufsatz über ›Das jenseitige Automobil‹).

Die erwähnte notwendige Kritik der kommerziellen Werbung wie ihrer verbreiteten politischen Imitation[7] wird aber nur eine utopische Blindheit gegenüber den herrschenden Interessen mit einer Entmachtung oder Veränderung dieser einflußreichen Kommunikationsformen selbst verwechseln können, mag die Kritik auch deren unerläßliche Voraussetzung bleiben. Was ENZENSBERGER 1962 zu dem von ihm als »Bewußtseins-Industrie« bezeichneten industriellen Vermittlung von Bewußtsein (wozu u. a. auch die Werbung zählt) sagte, beschreibt ein realistischeres Programm:

»Überhaupt bleibt zwischen Unbestechlichkeit und Defaitismus zu unterscheiden. Es handelt sich nicht darum, die Bewußtseins-Industrie ohnmächtig zu verwerfen, sondern darum, sich auf ihr gefährliches Spiel einzulassen. Dazu gehören neue Kenntnisse, dazu gehört (eine) Wachsamkeit...« (S. 16)

»Kenntnisse« und »Wachsamkeit« dürften u. a. auch die Fähigkeiten sein, über deren Vermittlung bzw. Erwerb ein didaktisch, nicht methodisch orientiertes Frageinteresse an der Persuasiven Kommunikation abschließend Auskunft geben müßte. Die vorausgegangene Skizze einer heute fraglos dominierenden sektoralen Erscheinungsform von Rhetorik sollte das didaktische Frageinteresse davor bewahren, die Persuasive Kompetenz unabhängig von einer entsprechenden Situationsanalyse inhaltlich bestimmen zu wollen.

8.2 »Politische Beteiligung« als didaktischer Zielbegriff

Seit 1963 gibt es wenigstens an einer deutschen Universität wieder einen Lehrstuhl für Rhetorik. Damit wird nicht nur eine 1829 unterbrochene Tübinger Tradition fortgeführt, sondern zugleich — durch sprechwissenschaftliche und linguistische Bemühungen unterstützt – eine innerhalb der Artistenfakultät einst renommierte Disziplin aus ihrem Schattendasein an deutschen Universitäten befreit, wozu sie spätestens HUMBOLDTs Universitätsreform verurteilte, als sie der Rhetorik nur noch innerhalb der homiletischen Theologenausbildung einen Platz zugestand.
Seit 1970 gibt es weiter in den ›Empfehlungen des Wissenschaftsrates zur Struktur und zum Ausbau des Bildungswesens im Hochschulbereich nach 1970‹ ein Studienmodell für das Fach Germanistik, in dem Rhetorik innerhalb des literaturwissenchsaftlich orientierten Studienganges berücksichtigt wird (Bd. 2, 1970, S. 138, 141).
Seit 1973 gibt es endlich als Studienmaterial für die gymnasiale Oberstufe einen von H. GEISSNER herausgegebenen Sammelband »Rhetorik« und ein von PELSTER besorgtes Arbeitsbuch ›Rede und Rhetorik‹, wodurch ein seit dem Ende des 19. Jahrhunderts aus der Schule verbanntes Fach die Chance seines *comeback* erhält.

Diese auswahlweise zitierten Daten mögen das wachsende Interesse der Ausbildungsinstitutionen an der Rhetorik belegen, das zwischenzeitlich bereits eine Vielzahl von Versuchen motiviert hat, die Rhetorik in das Lehrangebot der Bildungsinstitutionen zu integrieren.
Dabei handelt es sich einmal um Aktualisierungen der antiken Rhetorik, die – leider weithin unberührt von der gegenwärtigen Didaktik-Diskussion – an Traditionen des altsprachlichen (so die zwei Rhetorik-Hefte der Zeitschrift ›Der altsprachliche Unterricht‹ 10. 1967; 11. 1968) oder Deutsch-Unterrichts (so das Rhetorik-Heft der Zeitschrift ›Der Deutschunterricht‹ 18. 1966) anknüpfen. Aufgrund dieser Orientierung sind die Versuche gezwungen, Rhetorik fast ausschließlich als literarische zu verstehen und entsprechend textanalytisch zu funktionalisieren. So haben z. B. KELLETAT und LAUSBERG an zwei etwas ungewöhnlichen Beispielen, nämlich P. CELANS ›Sprachgitter‹ und GOETHES ›Wanderers Nachtlied‹ die textanalytische Valenz der Rhetorik zu erproben unternommen (in: Der Deutschunterricht 18. 1966, S. 73 ff. bzw. S 94 ff.). Dabei erweckt allerdings besonders LAUSBERGS Untersuchung der »rhetorischen Technik« dieser wohl berühmtesten acht Verse deutscher Lyrik den Eindruck, daß es eher die Konsistenz des antiken rhetorischen Systems zu belegen gilt als seine interpretative Angemessenheit und Ergiebigkeit für ein besseres Verstehen dieser Verse zu prüfen.

Neben den genannten, einem literarischen Rhetorik-Verständnis verpflichteten Aktualisierungen der Rhetorik wären Versuche zu erwähnen, die an die gegenwärtige innergermanistische Diskussion über eine Ausweitung des Literaturbegriffs anknüpfen,[8] eine Diskussion, die F. SENGLE bereits 1966 an die Rhetorik verwiesen hatte, als er deren differenzierte »Formenlehre« gegen die literaturwissenschaftliche Gattungsdogmatik ins Feld führte. In diesem Zusammenhang sind Vorschläge zu sehen, publizistische, politische und werbliche Texte in den Sprachunterricht mit einzubeziehen und u. a. mit Hilfe rhetorischer Kategorien zugänglich zu machen.[9] Das gleiche gilt für die besonders seitens der Sprecherziehung bzw. Redepädagogik erhobenen Forderungen nach einer die Sprachanalyse ergänzende Spracherziehung im Sinne einer »Erziehung zum Reden«[10]. Doch jeder Antwortversuch auf SONNEMANNS Anklage gegen die »Schulen der Sprachlosikeit«, falls er nicht die soziolinguistische und erziehungssoziologische Problemdiskussion über schichtspezifisches Sprachverhalten und eine ihm Rechnung tragende schulische Spracherziehung berücksichtigt, setzt sich der Gefahr aus, Sprachfähigkeit mit der Beherrschung des elaborierten Kodes schulischer und öffentlich eingespielter Kommunikation unreflektiert zu identifizieren und gegebenenfalls durch entsprechende kompensatorische Sprachprogramme einzuüben.

Außerdem versagen es sich sowohl die genannten Versuche wie die so weit ausholenden Konzeptionen LUTHERS (S. 402 ff.) oder etwa LICHTENSTEINS, der Rhetorik als »sprachliche Handlungslehre« (S. 46) für die Schule zurückgewinnen möchte, über die Beschwörung der antiken Rhetorik-Entwürfe hinaus die funktionale Rolle der Rhetorik im Rahmen der heutigen Lernzielbestimmung zu entwickeln. Die sicherlich zutreffende und immer noch aktuelle pädagogische Bestimmung der antiken Rhetorik »als die Befähigung des Menschen zur Teilnahme an dem Gespräch der Gesellschaft« (S. 49) bedarf, soll sie nicht resignativ mißdeutet werden, einer Transformation, die den veränderten gesellschaftlichen Bedingungen der Gegenwart Rechnung trägt.

Eine der Voraussetzungen für eine solche gelingende Transformation ist fraglos das methodische Einbeziehen curricularer Lernzielbestimmungen, die – entsprechend der Sozialisationsfunktion der Schule – aus den jeweils soziokulturell geforderten und durch *Situationsanalyse* ermittelten Fähigkeiten als *Qualifikationsziele* abgeleitet und durch die entsprechenden *Lerninhalte* operationalisiert werden. In diesem Zusammenhang ist ein interessanter Versuch zu nennen, die »Befähigung zur Kommunikation« als allgemeinstes Lernziel des Deutschunterrichts zu entwickeln und zu begründen (SCHLOTTHAUS).[11]

Ausgehend von der Analyse der in der gegenwärtigen gesellschaftlichen Kommunikation dominanten Selektionsmuster (Muster regelgeleiteter Sprachanwendung, S. 16) kommt SCHLOTTHAUS zu dem naheliegenden und empirisch leicht überprüfbaren Ergebnis, daß 1. das rezeptive Sprachverhalten gegenüber der aktiven Sprachanwendung immer mehr zunimmt, daß 2. die Selektionsmuster der fiktionalen Sprache (u. a. Literatur) gegenüber den »auf Realitätsbewältigung zielenden sprachlichen Selektionsmustern des privaten und öffentlichen Lebens in Familie, Arbeits- und Berufswelt, Presse, Rundfunk und Fernsehen« ständig an Bedeutung verlieren (S. 18). Diese grobe Situationsanalyse macht sehr schnell die »Situationsinadäquatheit« des sprachlichen Unterrichts (und der auf ihn vorbereitenden Lehrerausbildung) deutlich (S. 17), insofern er aufgrund seiner immer noch vorherrschenden Orientierung an literarischen Sprachmustern für den Erwerb und die Vermittlung einer umfassenden, *situationsbezogenen Sprachfähigkeit* ungeeignet ist. Aus dieser Situationsanalyse leiten sich zwei entsprechende Forderungen für den Unterricht (und die pädagogische Ausbildung) ab:

1. Die »Dekodierungsfähigkeit« der Sprachteilhaber muß, besonders hinsichtlich der akustischen und audiovisuellen Medien, gegenüber der Lesefähigkeit verstärkt gefördert werden.

2. Die realitätsbewältigenden Sprachmuster müssen gegenüber den traditionell vorherrschenden fiktionalen Sprachmustern mehr berücksichtigt und mit den ihnen angemessenen Interpretationsverfahren zugänglich gemacht werden.

»Zu fordern wäre also ..., daß die Situation Deutschunterricht durchgängig auch die Selektionsmuster des Verhandelns, Argumentierens, Kritisierens, der auf Wirkung und Interessendurchsetzung bedachten freien Rede und Diskussionsrhetorik bereitstellt und einübt.« (S. 19)

Die von SCHLOTTHAUS versuchte Lehr- und Lernzielbestimmung »Kommunikation« dürfte – wie ersichtlich – einen Rahmen beschreiben, in dem auch eine Didaktik der Persuasiven Kommunikation plausibel zu entwickeln wäre. Hier sei statt dessen auf einige andere fachdidaktische Überlegungen verwiesen, die aufgrund verwandter Argumentation in gleicher Weise wie SCHLOTTHAUS' Versuch einer noch zu entwickelnden Didaktik der Persuasiven Kommunikation Orientierungshilfe geben könnten.

So leitet z. B. LINGELBACH (S. 105 ff.) aus der Analyse des grundsätzlichen Konfliktcharakters gesellschaftlichen und politischen Handelns sowie aus der Leitvorstellung des politisch aktiven Bürgers als politische Lernziele neben den Fähigkeiten der Konfliktanalyse und der kritischen Urteilsbildung die Fähigkeit ab, »politische Entscheidungen überzeugend zu begründen, sowie (die) Übung in jenen Spielregeln und Verfahrenstechniken, die notwendig sind, um diese Überzeugungen in demokratischen Beschlußorganen durchzusetzen« (S. 118).

Ähnlich beantwortet GIESECKE in seiner »Didaktik der politischen Bildung« die Frage, »was man heute alles lernen muß, um sich erfolgreich und produktiv politisch beteiligen zu können« (S. 13), indem er vier Ebenen von Lerninhalten unterscheidet (S. 77), die neben Bildungswissen, Orientierungswissen auch politisches Verhaltenswissen und Aktionswissen umfassen, wobei besonders die beiden letzten Lerninhalte die in dieser Arbeit thematisierten Problembereiche berühren (S. 92 ff.). Das allgemeine Lernziel, das über den Erwerb dieser vier

Wissensbereiche angestrebt werden soll, ist mit dem Zielbegriff »Politische Beteiligung« (S. 65 f.) eben bereits angesprochen. Der Inhalt dieses Zielbegriffs ist nach GIESECKE »dem Streit der Parteien enthoben« (S. 68), weil er das in der Verfassung verbriefte Recht jedes Bürgers artikuliert.

Gleichwohl ratifiziert dieser Zielbegriff, selbst wenn er ein in der Gesellschaft geltendes Grundrecht benennt, eine Wertvorstellung, die erst recht in ihrer Qualifikation als Erziehungsziel einen gesellschaftlichen Konsens voraussetzt (KLAFKI, S. 23 ff.; LINGELBACH, S. 101 ff.), im Sinne »von Anpassung oder Widerstand« (SCHLOTTHAUS, S. 17). Daß der von GIESECKE in diesem Zusammenhang eingeführte Zielbegriff der »Politischen Beteiligung« (vgl. HABERMAS 1967, S. 13 ff.) eine solche allgemeine Zielvorstellung benennt, ist unschwer aus der Lernziel-Diskussion, insoweit sie an der Beziehung zwischen Erziehung und Gesellschaft interessiert ist, zu belegen. Selbst wenn GIESECKE diesen Zielbegriff den geläufigeren Schlüsselbegriffen »Selbstbestimmung« (von HENTIG), »Emanzipation« (MOLLENHAUER) und »Mündigkeit« (ADORNO 1973)[12] (»pädagogisch-ideologischer Kampfbegriff« S. 66) vorzieht, so ist gleichwohl nicht zu bestreiten, daß politische Beteiligung doch nur die Weise ist, wie Mündigkeit gesellschaftlich und politisch beansprucht wird.

Als gesellschaftliche und politische aber ist sie zugleich auf Sprache verwiesen, wie besonders im 2. Kapitel dieser Arbeit betont wurde: »Das Interesse an Mündigkeit schwebt nicht bloß vor, es kann a priori eingesehen werden. Das, was uns aus Natur heraushebt, ist nämlich der einzige Sachverhalt, den wir seiner Natur nach kennen können: die Sprache. Mit ihrer Struktur ist Mündigkeit für uns gesetzt.« (HABERMAS 1968, S. 163).

Insofern kann sich eine Erziehung, die nicht *durch* Reden, sondern *zum* Reden erzieht (vgl. Anmerk. 10), nur als »Erziehung zur Mündigkeit« (ADORNO 1973) verstehen; ein Ziel, das, weil es antizipierender Natur ist, nicht dadurch denunziert werden kann, daß es sich erst in einer mündigen Gesellschaft voll erreichen läßt. Der »kontrafaktische Vorgriff«, von dem mit Bezug auf HABERMAS öfter die Rede war, gerät nur dann zur ohnmächtigen Utopie, wenn die Antizipation nicht mehr als »praktische Hypothese« bewußt wäre (HABERMAS 1971, S. 141).

Reden als gesellschaftliche und politische Beanspruchung von Mündigkeit ist in dieser Arbeit als die Weise zu interpretieren versucht worden, in der Vernunft, die nur als öffentliche möglich ist, zur Geltung kommt. Die Grammatik des vernünftigen Redens zu beschreiben, war in der Einleitung als Aufgabe einer Theorie der Persuasiven Kommunikation erläutert worden. Als integrierender Bestandteil einer umfassenden Theorie der gesellschaftlichen Kommunikation hat diese Teiltheorie mitzuhelfen, die Kompetenz zu bestimmen, kraft deren autonomes und verantwortliches Handeln in der Gesellschaft möglich ist. Die *Zielbegriffe* einer Didaktik der Persuasiven Kommunikation dürften also weithin identisch sein mit den Zielbegriffen der skizzierten Didaktiken, was nicht nur auf einen bedingten gesellschaftlichen Wertkonsens verweist, sondern auf die zwingende und sachlich begründete Interdependenz zwischen Sprache, Gesellschaft und Erziehung.

Aufgrund dieser Interdependenz wird eine zukünftige Didaktik der Persuasiven Kommunikation neben den allgemeinen Zielbegriffen auch die oben umrissenen *Situationsanalyse* weithin übernehmen können sowie die daraus unter Zugrundelegung der geltenden *Zielvorstellungen* abzuleitenden und für eine kompetente Situationsbewältigung zu fordernden *Qualifikationen*. Diese Qualifikationen müßten der eben im Abschnitt 8.1 skizzierten Tatsache einer ständig zunehmenden und appellativ strukturierten Semiotisierung bzw. Versprachlichung der gesellschaftlichen Umwelt Rechnung tragen, d. h. sie müßten u. a. eine von SCHLOTTHAUS als »Dekodierungsfähigkeit« bezeichnete sogenannte *rezeptive Kompetenz* beschreiben, die allerdings nicht so sehr an fiktionalen Sprachmustern, das ist in diesem Fall: an Mustern Literarischer Rhetorik erworben werden kann, sondern an den dominanten Mustern gesellschaftlicher Kommunikation (wie »Werblicher« und »Politischer Rhetorik«). In gleicher Weise wäre die *aktive Kompetenz* weniger über Aufsatzübungen zu vermitteln als über das praktische Einüben der Kommunikationsformen, in denen heute gesellschaftliches und politisches Handeln sich primär vollzieht, und die ein Verständnis für die individuellen und gesellschaftlichen Bedingungen gelingender Persuasiver Kommunikation ermöglichen.

Diese im einzelnen zu konkretisierenden *Lerninhalte* müßten schließlich in Beziehung gesetzt werden zu den *Lerninstitutionen* und *Lernsituationen* (vgl. GIESECKE, S. 137 ff.) sowie entsprechend didaktisch reflektiert werden. Die bisher als Lerninstitutionen implizit vorausgesetzten öffentlichen Bildungsanstalten Schule und Hochschule haben trotz der zu Anfang dieses Kapitels genannten Daten noch eine vergleichsweise geringe Bedeutung, mißt man sie an dem Rhetorikangebot von bestimmten beruflichen Ausbildungsinstitutionen (kirchliche Rhetorik im Rahmen der Homiletik bzw. Praktischen Theologie), von entsprechenden Lernprogrammen (ZIELKE) und Lehrgängen für das Top-Management der Industrie und Wirtschaft (Wirtschafts- und Industrie-Rhetorik), am Angebot der an politischer Bildungsarbeit interessierten Akademien (Politische Rhetorik) sowie Teilen des tertiären Bildungsbereichs. Die in diesem Bereich Sektoraler Rhetoriken bereits vorliegenden Konzeptionen und Modelle wären allerdings unter dem Aspekt einer Didaktik, die sich an dem hier entwickelten Verständnis von Persuasiver Kommunikation orientiert, kritisch zu untersuchen und auf die ihnen zugrundeliegenden Zielvorstellungen hin zu befragen.

Diese wenigen Andeutungen mögen genügen, um die notwendigen Verflechtungen einer zukünftigen Didaktik der Persuasiven Kommunikation zu anderen Didaktiken sowie zu einer Allgemeinen Didaktik zu betonen, die nach GIESECKE (S. 181) aus einer »Berufswissenschaft für Lehrer« zu einer »umfassenden erziehungs- und bildungspolitischen Planungswissenschaft« erweitert werden müßte. Ohne eine solche Didaktik der Persuasiven Kommunikation dürfte eine – auch methodisch interessierte – praktische Rhetorik als notwendiges Pendant zu der hier vorgestellten Rhetorik-Theorie schwerlich möglich sein, wenn praktische Rationalität nicht auf instrumentelle restringiert werden soll.

8.3 »Parler c'est agir«

Bei der Begründung und Erläuterung der Kategorien »Rolle« und »Status« als wichtigste Elemente einer soziologischen Analyse hat R. DAHRENDORF in einem historischen Exkurs (1971, S. 20 ff.) auf ein Modell verwiesen, in dem jahrhundertelang die Verflechtung des einzelnen mit einem umgreifenden Gefüge rollenmäßig festgelegter Sozialbeziehungen einsichtig zu machen versucht wurde: theatrum mundi – die Welt ein Schauspiel.[14] Als universales Modell menschlicher Existenz (»totus mundus agit histrionem« – so stand es am Londoner Globe Theatre) hat die Schauspielmetapher seit PLATO über das Mittelalter, die Spanier, SHAKESPEARE bis HOFMANNSTHAL an suggestiver Erhellungskraft offensichlich nichts eingebüßt, zumal sich diese Metapher als ungemein ausdeutungsfähig erwies; sowohl das spätantik-stoische Weltgefühl eines SENECA vermochte sich in ihr zu artikulieren als auch die satirische Deutung der Welt als einer großen Narretei bei ERASMUS (»Lob der Torheit«), sowohl die christlich-theozentrische Perspektive als auch die barock-säkularisierte Weltsicht, für die das Bild des Menschen als eines Schauspielers ein gültiges Selbstverständnis beschrieb: »Dasein heißt, eine Rolle spielen.«[15]

Dieser Satz entschlüsselt — so BARNER — das Welt- und Lebensverständnis des Barockzeitalters und ineins damit ein Verständnis von »Rhetorik als theatralischer Verhaltensweise« (1970, S. 89): »So wenig der Schauspieler sich isolieren und sich auf sich selbst zurückziehen kann, so wenig kann es der homo eloquens des 17. Jahrhunderts. Nicht allein durch die Fähigkeit, sich sprachlich zu äußern, ist sein Menschsein gekennzeichnet, sondern durch die stete Notwendigkeit, zu agieren, zu schauspielern, seine Rolle zu spielen im Ganzen des Welttheaters.« (Ebd.)
»Parler, c'est agir«[16] das war: sich auf der Bühne des gesellschaftlichen und politischen Lebens geschickt bewegen und klug behaupten zu können, die Spielregeln der geesllschaftlichen Konvention souverän zu beherrschen; das war: Öffentlichkeit, Hierarchie und Repräsentanz: »Die Entfaltung der repräsentativen Öffentlichkeit ist an Attribute der Person geknüpft: an Insignien (Abzeichen, Waffen), Habitus (Kleidung, Haartracht), Gestus (Grußform, Ge-

bärde) und Rhetorik (Form der Anrede, förmliche Rede überhaupt)«. (HABER-
MAS 1969/2, S. 18)

Doch das Rollenspiel hat seine metaphorische Unschuld verloren, seitdem die Soziologie in ihm weniger die öffentlich-gesellschaftliche Exi-
stenzweise des Menschen, denn das Ensemble gesellschaftlicher Erwartungen an seine Verhaltensweise zu sehen gelehrt hat: »Indem der
einzelne soziale Positionen einnimmt, wird er zur Person des Dramas,
das die Gesellschaft, in der er lebt, geschrieben hat« (DAHRENDORF
1971, S. 32). Und auch die Öffentlichkeit ist heute weder als »re-
präsentative« noch als Raum des bürgerlichen Räsonnements gegeben:
Als »demonstrative« und periodisch »hergestellte« und »gemachte
Öffentlichkeit« beschreibt sie HABERMAS in ›Strukturwandel der
Öffentlichkeit‹ (1969/2), als »Kommunifikation« R. ALTMANN.[17]
Ohne eine Öffentlichkeit als »Sphäre kontinuierlicher Teilnahme an
dem ... Räsonnement« (ebd., S. 231) wird aber auch der im letzten
Abschnitt von GIESECKE übernommene Zielbegriff der »Politischen
Beteiligung« problematisch. GIESECKE ist dieser Problematik nicht
ausgewichen, sondern er hat sie in der Abgrenzung der Kategorie »Politische Beteiligung« von der Kategorie »Politische Aktivität« (S. 56 ff.)
entfaltet. In dieser Gegenüberstellung beschreibt politische Beteiligung
nicht einen geringeren Grad an politischer Aktivität, sondern eine –
den Einflußchancen des einzelnen in den modernen Massendemokratien
Rechnung tragende Form politischer Aktivität, die als »öffentliche
Neugier« (von HENTIG) oder als »kritische Publizität« (HABERMAS
1969/2, S. 242 ff.) politische Macht kontrollieren und gegebenenfalls
ihre Ausübung beeinflussen kann. Diese nicht periodisch hergestellte,
sondern situativ aktualisierte kritische Publizität, stets im Streit mit
der demonstrativen, beginnt gerade erst sich ihrer Macht bewußt zu
werden. Begriffe wie »Bedürfnisartikulation«, »Interesse«, »Parteilichkeit« und »Solidarität« (GIESECKE, S. 109 ff.) sind erste Versuche, ihr
Selbstverständnis zu artikulieren.

An Sprache jedoch sind beide Arten von Publizität verwiesen: parler,
c'est agir. Trotz vergilbter Schauspiel-Metaphorik beschreibt dieser
Satz eine immer noch gültige Einschätzung der »Macht des Wortes«.
Strittig ist nicht der Handlungscharakter der Sprache; strittig ist allenfalls, ob Sprache als Mittel manipulativer Handlungsbeeinflussung oder
als Medium kommunikativer Handlungsaufklärung zu beanspruchen
ist.

Würde herrschende Praxis, und sei sie auch noch so blind, Theorie
schon dadurch zur Ohnmacht verurteilen, weil sie herrscht, dann wäre
der Streit bereits entschieden. Und ein Versuch wie der hier vorgelegte, gegenüber der herrschenden Praxis einer technologisch ver-
einnahmten Rhetorik deren hermeneutische Leistung theoretisch zu-
rückzugewinnen, bliebe folgenlos. Gewinnt dagegen Theorie gerade
aus ihrer Selbständigkeit gegenüber herrschender Praxis die Freiheit

und Möglichkeit zur *Kritik an herrschender Praxis,* dann ist sie die einzige Instanz, herrschende Praxis tendenziell zu verändern, und sie selbst mithin »eine Gestalt von Praxis« (ADORNO 1969, S. 171).

Der hier vorgelegte Versuch einer Theorie der Persuasiven Kommunikation wäre als Reaktualisierung der antiken Rhetorik allgemein wie der ARISTOTELISCHEN ›Rhetorik‹ im besonderen ebenso mißverstanden wie als Theorie überanstrengt, würde er der Verharmlosung sprachloser und sprachlich kaschierter Gewalt das Wort reden. Doch angesichts einer exzessiven und durch die Etats komerzieller wie politischer Werbung leicht belegbaren Wertschätzung des Wortes verliert das Schweigen nicht nur seinen sprichwörtlichen Goldwert, sondern schützt darüber hinaus eine pragmatisch-affirmative Praxis vor der Verunsicherung ihrer kritischen Reflexion.

Die Räson zum Reden bringen, d. h. Vernunft in Sprache zur Geltung kommen zu lassen und damit *öffentlich* werden zu lassen, war das leitende praktische Ziel dieser Arbeit. Als Theorie hat sie die Bedingungen dieses Redens in Form einer *Grammatik des vernünftigen Redens* zu beschreiben versucht. Insofern eine Grammatik nicht die Praxis des Redens widerspiegelt, sondern deren normatives Regelsystem beschreibt, ist auch diese Grammatik des vernünftigen Redens fraglos ein idealtypischer Entwurf. Insofern das grammatische Regelsystem aber zugleich auch die Praxis des Redens präskriptiv bestimmt, ist die theoretische Klärung dieser Regeln »eine Gestalt von Praxis«.

Wenigstens als Versuch einer so verstandenen Praxis will die hier vorgelegte ›Allgemeine Rhetorik‹ verstanden sein.

9 Anmerkungen

Dem Charakter einer Einleitung entsprechend sind die Anmerkungen auf die zum Verständnis des Buches notwendigsten Ergänzungen beschränkt.

Kapitel 1: Einleitung: Gegenstand, Ziel und Methode der Arbeit

1 Die verachtete Rhetorik. Über die Kunst der Rede in Deutschland, in: Stuttgarter Zeitung vom 31. 12. 1964 ff.

2 Vgl. die systematische Bibliographie bei JENS 1971, S. 446 ff.

3 Stuttgarter Zeitung vom 31. 12. 1964. Zum Begriff der »Sprachlosigkeit« vgl. neben BENSELLER, MAGASS und STEINER noch K. M. MICHEL, Die sprachlose Intelligenz, Frankf. 1968.

4 C. P. SNOW, The two cultures (1959); vgl. H. KREUZER (Hrsg.), Literatur und naturwissenschaftliche Intelligenz, Stuttg. 1969.

5 Rezension von W. JENS, Von deutscher Rede, in: Die Zeit vom 19. 9. 1969, S. 21.

6 Vgl. die Brockhaus-Enzyklopädie zu »Rhetorik/Redekunst« (Bd. 15, 1972): »Die Kunst der Rede als Praxis, zugleich als Theorie der Rede (...) und Redepädagogik (...).« Zum Begriff auch u. a. GOTH, S. 5 ff.; JENS 1971, S. 432 f.; STÖLZER, S. 95 ff.

7 Vgl. CURTIUS, S. 46 ff.; J. DOLCH, Lehrplan des Abendlandes, Ratingen 1965, S. 56 ff.; MARROU, Geschichte der Erziehung, dtsche Übers. Freib./München 1957, S. 260 ff.; Zum Aspekt des kulturellen Allgemeinbesitzes vgl. JENS, Antiquierte Antike? in: Attempto (Tüb. Univeritätsztschr.) 39/40, 1971, S. 64 ff.

8 Titel dieser Art tragen eine große Anzahl redetechnisch interessierter Arbeiten; exemplarisch sei nur E. KORFF, Die Redetechnik als Führungsmittel, München 1967, genannt.

9 Praxeologie. Acht Beiträge zur Einführung in die Wissenschaft vom leistungsfähigen Handeln aus dem Forschungszentrum für allgemeine Probleme der Arbeitsorganisation in Warschau (Hrsg. von K. ALSLEBEN und W. WEHRSTEDT), Qickborn 1966.

10 T. KOTARBINSKI, Grundlagen der Praxeologie oder der Lehre vom wirksamen Handeln. Serb. Akademie der Wissensch. u. Künste, Beograd 1961, S. 19.

11 KOTARBINSKI, in dem unter Anmerk. 9 genannten Sammelband S. 25.

12 »Persuasive Kommunikation« ist in der deutschsprachigen Literatur gegenüber dem seit FRANK-BÖHRINGER beliebten Begriff »Rhetorische Kommunikation« weniger gebräuchlich, dagegen in der amerikanischen Literatur sehr verbreitet (vgl. etwa TEIGELER, S. 86 ff.), ohne allerdings mit dem hier entwickelten Verständnis von »persuasiv« deckungsgleich zu sein. So kennzeichnet »persuasiv« bei BETTINGHAUS z. B. eine Kommunikation, vermittels deren das Verhalten im weitesten Sinn (behavior) von Adressaten beeinflußt werden soll. Insofern die deutschsprachige Literatur den Begriff »persuasiv« verwendet, versteht sie ihn in der Regel im genannten Sinn einer allgemeinen sprachlichen Beeinflussung; vgl. u. a. etwa BADURA, S. 37 ff. (»persuasive Definition«); BONSIEPE 1968 (»persuasive Kommunikation«); ECO, S. 179 ff. (»persuasive Botschaft«). Eine ähnliche Bedeutung hat »überreden« bei DANET und DIECKMANN 1964, 1969. Zur Unterscheidung zwischen »überreden« und »überzeugen« vgl. DIECKMANN 1969, S. 27, und LAUSBERG, 1963, S. 27. 36. Zum definitorischen Begriff »peíthein«, der wie das lateinische Äquivalent zur klassischen Zielbestimmung der Rhetorik verwendet wurde,

vgl. A. HELLWIG, Untersuchungen zur Theorie der Rhetorik bei Plato und Aristoteles, Diss. Bonn 1970, S. 1 ff.
Der Begriff »persuasiv« ist in dieser Arbeit u. a. gewählt, um 1. der inhaltsleeren Tautologie zu entgehen, den Gegenstand der Rhetorik als spezifisch rhetorische Kommunikation bestimmen zu müssen, 2. dem qualitativen Unterscheidungszwang zwischen »überreden« und »überzeugen« zu entgehen.
13   Nach CATO zitiert bei QUINTILIAN XII 1.1; ebd. II 15 Übersicht über die relevanten antiken Rhetorik-Definitionen.
14   CICERO, De officiis I 16. 50. Zur Grundlage dieser Konzeption vgl. LICHTENSTEIN, S. 48 ff.
15   Vgl. auch St. CHASE, The tyranny of words, New York 1938, zur Variation dieser Fragen im Rahmen der Allgemeinen Semantik.
16   H. BÖLL, Die Sprache als Hort der Freiheit, in: ders., Hierzulande. Aufsätze zur Zeit, München 1963, S. 109 ff.
17   Diesen Titel tragen so verschiedene Arbeiten wie KLAUS' erkenntniskritischer Traktat von 1964, SEGERSTEDTS Sprachsoziologie (Zürich 1967), BOLLNOWS pädagogisch interessierter (Essen 1966) wie BERGLERS marktwirtschaftlich (in: Jahrbuch für Absatz- und Verbraucherforschung 10. 1965, S. 276 ff.) und BARNERS literaturwissenschaftlich (in: Dtsche Vierteljahresschr. f. Literaturwiss. und Geistesgesch. 42. 1968, S. 325 ff.) orientierter Beitrag.
18   Bedingt vergleichbar sind LAUSBERG 1960, S. 8 und 1963, S. 15.
19   Vgl. JENS 1971, S. 447 ff.
20   Exemplarisch seien die Europäische Akademie in Otzenhausen und die Theodor-Heuss-Akademie in Gummersbach genannt.
21   Vgl. JENS 1971, S. 448; E. BLACK, Rhetorical criticism. A study in method, New York 1965.
22   Vgl. E. GÜLICH/W. RAIBLE, Textsorten, Frankf. 1972.
23   Exemplarisch seien an neueren Arbeiten etwa die von BARNER, DYCK, FISCHER 1968/1 und PLETT 1970 genannt; vgl. dazu K. DOCKHORN 1972, S. 168 ff. Zur Forschungslage in den einzelnen Epochen vgl. JENS 1971, S. 450 ff.
24   C. SCHMITT, Römischer Katholizismus und politische Form, München 1925, S. 32.
25   FISCHER 1968/1, S. 34 Anmerk. 13 und S. 190 Anmerk. 13.
26   Als solche haben u. a. JENS 1968 und MAGASS zu gelten.

Kapitel 2: Sprache und Handeln

1   G. B. VICO, De nostri temporis studiorum ratione, dtsch.-lat. Ausgabe, Darmst. 1963.
2   Vgl. W. R. GLASER, Soziales und instrumentales Handeln. Probleme der Technologie bei Gehlen und Habermas, Stuttg. 1972.
3   Zu dieser Kategorie vgl. H. GIRNDT, Das soziale Handeln als Grundkategorie erfahrungswissenschaftlicher Soziologie, Tübg. 1967; P. GROSS, Reflexion, Spontaneität und Interaktion. Zur Disskussion soziologischer Handlungstheorien, Stuttg. 1973; A. SCHÜTZ, Der sinnhafte Aufbau der sozialen Welt, Wien 1960; HABERMAS 1970/2, S. 125 ff., bes. S. 138 ff.
4   Vgl. D. BAACKE, Kommunikation zwischen Freiheit und Zwang, in: H. GLASER (Hrsg.), Kybernetikon, München 1971, S. 68 ff.
5   Ähnlich spricht LUCKMANN (S. 1051) von »versprachlichten Motivationszusammenhängen«, Handlungsentwürfen und Situationsbestimmungen«.
6   Ergänzend zu den im Abschnitt genannten Arbeiten vgl. noch die entsprechenden Kapitel des Funkkollegs »Sprache«, bes. Bd. 2, S. 158 ff. und S. 175 ff; H. SCHNELLE, S. 265 ff.; S. J. SCHMIDT 1969/2, S. 64 ff.
7   Vgl. neben HARTIG/KURZ, HOLZER/STEINBACHER, LUCKMANN, RUCKTÄCHTEL und SEGERSTEDT noch: J. O. HERTZLER, A sociology of language, New York 1965; M. M. LEWIS, Language in society, London 1947.

8   Vgl. SEARLE, S. 101: »Ich führe Gründe dafür an, daß p, und versuche nicht, dich zu überzeugen, hört sich widersinnig an.«

9   Trotz der wichtigen Freilegung der »Zusammengehörigkeit von Rhetorik und Hermeneutik«, die GADAMER im Anschluß an SCHLEIERMACHER entwickelt (1965, S. 172 ff.) ist Rhetorik nicht nur »eine Art Umkehr zur Rhetorik und Poetik« bzw. — so GADAMER 1967, S. 114 — als »Positiv zu dem Negativ der sprachlichen Auslegungskunst« zu interpretieren. Auch nicht im Charakter »selbständiger Produktion«, die nach GADAMER (ebd., S. 117) jedes Sinnverstehen eines Textes darstellt, begründet sich die Beziehung zwischen Rhetorik und Hermeneutik allein, sondern in der aufklärenden Kraft jeder gelingenden kommunikativen Interaktion. Angesichts der für die Persuasiven Kommunikation vorauszusetzenden Problematisierung von Geltungsansprüchen ist GADAMERS Satz (ebd., S. 118): »Es gäbe ... keine Redekunst, wenn nicht Verständigung und Einverständnis die menschlichen Beziehungen trüge ...« nur bedingt gültig.

10   Aufgrund ähnlicher Kritik sprechen das Funkkolleg »Sprache« von »Redekonstellation« (Bd. 2, S. 179 ff.) und S. J. SCHMIDT vom »Kommunikativen Handlungsspiel« (in: Grammatik-Kybernetik-Kommunikation, FS für A. HOPPE, Bonn 1971, S. 215 ff.; ders., 1972, S. 7 ff.).

11   Vgl. FISHER 1968/1, S. 184 ff.; LAUSBERG 1960, S. 507 ff.

12   Zu diesem zwischenzeitlich viel zitierten Begriff vgl. u. a. BADURA 1972, bes. S. 246 ff.; BERKLE, S. 121 ff.; LIST, S. 103 f. Er entspricht nur teilweise dem im Funkkolleg verwendeten gleichlautenden Begriff, der (Bd. 2, S. 185) mit »verbaler kommunikativer Verhaltenskompetenz« gleichgesetzt wird.

13   BADURA interpretiert neuerdings die »taktisch-rhetorische Kompetenz« zusammen mit der »hermeneutisch-analytischen Kompetenz« als beide Bestandteile einer »kommunikativen Kompetenz« (1972, S. 246 ff.). Gleichwohl ist der Ansatz ein ganz anderer, insofern »rhetorische Kompetenz« bei BADURA einen Teilaspekt jeder kommunikativen Interaktion benennt, nämlich die »gesprächstaktisch-persuasiven Verbalstrategien« (ebd., S. 252). Die Identifikation zwischen Rhetorik und Taktik läßt deutlich ein in der Einleitung zurückgewiesenes instrumentelles Rhetorikverständnis durchscheinen, das eine entsprechende Kompetenz auf die Fähigkeit einer »wirkungsorientierten Überarbeitung der zunächst(!) hermeneutisch-analytisch angeeigneten Information« reduziert (S. 252); vgl. ders. 1971, S. 37 ff.

Kapitel 3: Kritik ausgewählter Rhetorik-Konzeptionen

1   Eine solche ist seit langem von V. BUCHHEIT als Pendant zu LAUSBERGS systematischem Rhetorik-Handbuch angekündigt. Vgl. C. FRIES, Der Ursprung der antiken Rhetorik, in: Classica et Mediaev. 2. 1939, S. 168 ff.; P. WÜLFING von MARTITZ, Grundlagen und Anfänge der Rhetorik im Antike, in: Euphorion 63. 1969, S. 207 ff.; R. BARTHES, L'ancienne rhétorique. Aide mémoire, in: Communications 16. 1970, S. 172 ff.

2   Vgl. neben P. WÜLFING von MARTITZ (Anmerk. 1), S. 211 f. bes. V. EHRENBERG, Der Staat der Griechen, Zürich/Stuttg. 1965, S. 87 ff.; E. BERNECKER, Zur griechischen Rechtsgeschichte, Darmstadt 1968.

3   Zur Rolle des Vermittlers in der Verhandlung vgl. DIECKMANN 1969, S. 94 ff.; STERNBERGER, S. 84 ff.

4   Dieser Begriff, so ungenau er im einzelnen auch verwendet wird, bezieht sich meistens — wie bei FRANK-BÖHRINGER — auf »lautsprachliche Kommunikation« (KURKA, S. 25), d. h. auf direkte, mündliche Rede (vgl. HASELOFF, S. 158, 177), während er selten auch die schriftsprachliche Kommunikation mit umfaßt (vgl. GEISSNER 1971/1, S. 35, wo Rhetorik als »vorwiegend mündliche Kommunikation« interpretiert wird). Zur Kritik an diesem restriktiven Rhetorikbegriff vgl. die Auseinandersetzung mit FRANK-BÖHRINGER.

5 H. FRANK, Kybernetische Grundlagen der Pädagogik, Baden-Baden 1962, bes. S. 66 ff. FRANK war auch Leiter des Arbeitskreises »Rhetorik« 1953—1959 an der TH Stuttgart. Auf die in diesem Kreis entstandenen »Merkblätter« baut FRANK-BÖHRINGER auf.
6 W. B. LERG, Rezens. von FRANK-BÖHRINGER in: Publizistik 11. 1966, S. 82 f.
7 Vgl. W. HAGEMANN, Rede als Gegenstand der Forschung, in: Publizistik, 2. 1957, S. 67 ff.; W. RITZEL, Zur Phänomenologie der Beredsamkeit, ebd., S. 209 ff; WEITHASE; WINKLER, Deutsche Sprechkunde und Sprecherziehung, Düsseld. 1969.
8 Gleichwohl gewinnt diese Analyse — mangels vorhandener Alternativen — etwa bei W. GRÜNBERG, Homiletik und Rhetorik, Diss. Berlin 1971, eine solche Relevanz, daß selbst nebensächliche Bemerkungen zur Predigt (S. 89) grundsätzliches Gewicht bekommen.
9 Vgl. GEISSNER, Gespräch und Demokratie, in: Film, Bild, Ton 10. 1969, S. 12, wo Rhetorik, Sprechbildung und Sprechkunst als Teilgebiete der Sprecherziehung erläutert werden.
10 Vgl. N. MACCOBY, Die neue wissenschaftliche Rhetorik, in: SCHRAMM, S. 55 ff.; L. FISCHER 1968/2. Dieser Begriff ist nicht mit der von CURTIUS inaugurierten »Nova rhetorica« zu verwechseln (vgl. Kap. 6).
11 Entsprechend kann GEISSNER (1971/2, S. 54; 1973, S. 10) auch von einer »imperativen Rhetorik« reden, was nach dem in dieser Arbeit artikulierten Rhetorikverständnis ein in sich widersprüchlicher Begriff wäre.

Kapitel 4: Analyse des Persuasiven Sprechaktes

1 Zu den antiken Theorien vgl. PROTAGORAS, zit. bei H. DIELS, Fragmente der Vorsokratiker, Bd. 3. 1959, S. 254. Zu BÜHLER vgl. HÖRMANN, S. 20 ff.; zu MORRIS (Signs, language and behavior, New York 1955) vgl. KLAUS 1969, S. 62 ff.; 1971, S. 26 ff. MORRIS Redetypenschema, in dem »rhetorisch« im Schnittpunkt von »formativ« und »bewertend« erscheint, kann kaum befriedigen, vgl. KLAUS, a.a.O.; F. KAINZ, Psychologie der Sprache, Bd. 3. 1954, S. 497. Zur Unterscheidung zwischen primären und sekundären Sprachfunktionen ebd., Bd. 1, S. 962, S. 219 ff.; zu anderen möglichen Klassifikationen von Sprachfunktionen vgl. HARTIG/KURZ, S. 36 ff.
2 M. EDELMAN, The symbolic uses of politics, Urbana 1964, S. 130 ff. versteht die »hortatory language« als einen der vier politischen Sprachstile, während DIECKMANN (1969, S. 26 ff.) politische Sprache unter die »ars persuanda« subsumieren möchte.
3 Vgl. STERNBERGER, S. 88 zur »ultima lingua«; F. PAEPCKE, Sprache und Gewalt, in: Kontexte 7. 1971; MACKENSEN, Die deutsche Sprache in unserer Zeit, Heidelberg 1971, S. 231 ff. Meistens jedoch wird diese Verschränkung am Modell nationalsozialistischer Sprache demonstriert, vgl. E. u.I. SEIDEL-SLOTTY, Sprachwandel im Dritten Reich, Halle 1961, S. 43 ff.
4 Vgl. I. MODELMOG, Die andere Zukunft. Zur Publizistik utopischer Kommunikation, Düsseld. 1970.
5 K. WUCHTERL, Struktur und Sprachspiel bei Wittgenstein, Frankf. 1969; vgl. auch HABERMAS 1970/2, S. 220 ff.; LORENZER 1971, S. 161 ff.
6 Diese Akte heißen im Unterschied zu den »explizit-performativen« die »implizit-performativen« Äußerungen, vgl. AUSTIN 1972, S. 50 f., 87 ff., 164. Dazu von SAVIGNY, S. 136 ff.
7 Die von HABERMAS benutzten Begriffe »Unterstellung« und »Antizipation« umgreifen gegenüber der semantischen Kategorie der »Präsupposition« mehr, nämlich die in Kap. 5 noch genauer zu erwähnende »ideale Sprechsituation«, und ihre Verankerung in einer »idealen Lebensform«. Zur »Präsupposition«, d. h. zu den vom Sprecher eines Satzes gemachten Voraus-

setzungen, die für die Folgebeziehungen zwischen Sätzen relevant sind, vgl.
BREKLE, S. 96 ff.
8   A. DAMASCHKE, Volkstümliche Redekunst, Jena 1918, S. 83.
9   Zu den beiden Begriffen vgl. WATZIAWICK u. a., S. 68 ff., bes. das S. 50
formulierte 5. pragmatische Axiom: »Zwischenmenschliche Kommunikations-
abläufe sind entweder symmetrisch oder komplementär, je nachdem, ob die
Beziehung zwischen den Partnern auf Gleichheit oder Unterschiedlichkeit beruht.« Ähnlich spricht HABERMAS 1971, S. 136 ff. von einer »symmetrischen
Verteilung der Chancen, Sprechakte zu wählen und wahrnehmen zu
können«.
10   Vgl. HÜLSMANN, S. 14: »Niemand argumentiert, wenn er nicht die in
dieser Zeit möglichen Änderungen des Standpunktes des anderen Bewußtseins
annimmt«, d. h. der Partner wird »als veränderbar, beeinflußbar, korrigier-
bar, durch Argumente umstimmbar gedacht und in Anspruch genommen«.
11   K. W. DEUTSCH, Politische Kybernetik, Freiburg, 1969; vgl. auch
H.-D. HARTMANN, S. 49 ff.: N. WIENER, Mensch und Menschmaschine, Frankf.
1952, S. 57.
12   Vgl. J. DIEDERICH, Lernen als Prozeß der Verhaltensänderung, in:
Funkkolleg Erziehungswissenschaft Bd. 2, Frankf., 1970, S. 236 ff.; F. WEI-
NERT (Hrsg.) Pädagogische Psychologie. Neue Wissenschaftliche Bibliothek,
Köln/Berl. 1967.
13   MAAS' Beispiele auf S. 159 für auftretende Widersprüche liegen auf
logisch verschiedenen Ebenen; ein Widerspruch gegen die Beurteilung von
Strauß ist anderer Natur als gegen die Behauptung der mathematischen Existenz von irrationalen Zahlen. Ein Ausdruck wie »durch geometrische Argumente . . . überzeugen« (S. 262) zeigt ein Verständnis von »überzeugen«, das
mit vermitteltem, »indirektem Lernen« identifiziert wird.
14   ARISTOTELES, Rhetorik 1355a 19 ff. versteht diese Technik als Methode
der Wahrheitsfindung; vgl. NEUMEISTER, S. 18, 22. Dramaturgisch stilisiert
wird sie etwa in der »Pro et contra«-Sendung des ZDF angewendet; ähnlich
als »Argumente für und gegen« in der »Zeit«.
15   AUSTIN 1972, S. 134: »Man kann mit außersprachlichen Mitteln Handlungen vollziehen, die zum Beispiel dem illokutionären Akt des Warnens
oder dem perlokutionären Akt des Überzeugens gleichwertig sind.«

Kapitel 5: Ideale Sprachsituation — ideale Lebensform

1   Vgl. exemplarisch NE 1139b; dazu den Kommentar von F. DIRL-
MEIER, in: ARISTOTELES Werke in deutscher Übersetzung, Darmstadt 1960.
2   QUNINTILIAN III 3. 8; vgl. LAUSBERG, 1960, S. 52 ff.
3   Vgl. H. BERGSTRAESSER, Der Beitrag der Politikwissenschaft zur Gemeinschaftskunde, in: H. ROTH (Hrsg.), Gemeinschaftskunde und Politische
Bildung, Götting, 1963, S. 59.
4   Vgl. J. BERGMANN, Konsensustheorie und Konflikt, in: Das Argument
43. 1967, S. 41 ff.; W.-L. BÜHLER, Konflikt und Konfliktstrategie. Aufsätze
zur soziologischen Konflikttheorie, München 1972; L. A. COSER, Theorie
sozialer Konflikte, Soziol. Texte, Neuwied 1972; R. DAHRENDORF, Gesellschaft und Freiheit, München 1971; K. C. LINGELBACH, Der Konflikt als
Grundbegriff der politischen Bildung, in: Pädagog. Rundsch. 1. 1967, S. 48 ff.,
2. 1967, S. 125 ff.
5   W. EUCHNER Demokratietheoretische Aspekte der politischen Ideen-
geschichte, in: G. KRESS/D. SENGHAAS, S. 46.
6   Zum Problem des reifizierenden Mißverständnisses solcher Idealisierungen vgl. R. DAHRENDORF, Homo sociologicus, S. 97 ff.
7   Vgl. KOPPERSCHMIDT, Gespräch in kommunikationstheoretischer Sicht,
in: G. LOTZMANN (Hrsg.), Das Gespräch in Erziehung und Behandlung,
Heidelb. 1973, S. 33 ff. sowie die dort angegebene Literatur.

8   Zu dieser Konzeption ist APELS Begriff des »transzendentalen Sprachspiels« (u. a. APEL 1972) einer unbegrenzten und insofern idealen Kommuni-
kationsgemeinschaft als Bedingung der Möglichkeit intersubjektiver Verständigung heranzuziehen; vgl. dazu SCHNELLE, S. 27 ff.
9   Vgl. H. D. LÜHRSEN, Die Diskussion als ein Element der Demokratie, Diss. Köln 1951; B. LASKER, Democracy through discussion, New
York 1949.
10   M. DE MONTAIGNE, Über die Eitelkeit der Worte, in: Essais, Zürich
1953, S. 293 ff.; KANT Kritik der Urteilskraft, Inselverlag-Ausgabe Bd. 5,
Wiesb. 1957, S. 430 f. Zur Tradition dieses Axioms vgl. A. MÜLLER, Zwölf
Reden über die Beredsamkeit und deren Verfall in Deutschland, S. 35 ff. und
W. JENS' Essay ebd. S. 9 ff.
11   Cl. AELIAN, Der Tyrann, in: Antike Erzähler (Hrsg. F. STOESSL), Zürich 1947, S. 130 ff.
12   K. G. JOCHMANN, Über die Sprache, Nachdr. Götting. 1968, S. 233.
13   Vgl. DESCARTES, Vorrede zur französ. Ausgabe der ›Principia philosophiae‹, dtsche Übers. Philos. Bibl. 1955.
14   M. GREIFFENHAGEN, Demokratie und Technokratie, in: KOCH/SENG-
HAAS, S. 57: »Diese Entmachtung geschähe zum ersten Male nicht, um
eine andere politische Gewalt neu zu inthronisieren, sondern um politische
Herrschaft im herkömmlichen Sinne überhaupt abzuschaffen und zu ersetzen
durch eine optimale und das heißt durchgängig rationale Verwaltung von
Sachen.«
15   H. SCHELSKY, Der Mensch in der wissenschaftlichen Zivilisation in:
Auf der Suche nach der Wirklichkeit, Ges. Aufs., Düsseld./Köln 1965, S. 439 ff;
vgl. auch H. P. DREITZEL, Rationales Handeln und politische Orientierung,
in KOCH/SENGHAAS, S. 14 ff.; H. KRAUCH, Die organisierte Forschung,
Neuwied 1970, S. 13 ff.
16   A. GEHLEN, Die Seele im technischen Zeitalter, Hamburg 1957;
H. SCHELSKY (s. Anmerk. 15); H. FREYER, Theorie des gegenwärtigen Zeit-
alters, Stuttg. 1955.

Kapitel 6: Argumentation als Begründungsverfahren Persuasiver Kommunikation

1   Die entsprechenden Stellen in Th. HOBBES' ›de homine‹ (Teil 2 der
›elementa philosophiae‹) X, 3, dtch. Übers. Hamburg 1959; die rhetorischen
Schriften in: The english works of Th. Hobbes, London 1839 ff., Bd. VI. Neben HENNIS 1963, S. 100 ff. vgl. bes. W. J. ONG, Hobbes and Talon's
Ramist rhetoric in England, in: Transactions of the Cambridge Bibliogra-
phical Society, 1. 1953, S. 260 ff; W. S. HOWELL, Logic and rhetoric in England (1500—1700), Princeton 1956, bes. S. 384.
2   The english works (s. Anmerk. 1) Bd. IV, S. 211.
3   The english works (s. Anmerk. 1) Bd. VI, S. 424.
4   Ähnlich der BOETHIUS-Kommentar zu CICEROS ›Topik‹ (Patr. lat.,
MIGNE, Bd. 64. 1891, Spalte 1048): »argumentum autem ratio est, quae rei
dubiae faciat fidem.« Vgl. FISCHER 1972.
5   Zum Begriff vgl. G. KLAUS, Philosoph. Wörterbuch, Berl. 1969; zur
Literatur vgl. bes. APEL, HABERMAS; HÜLSMANN; TOULMIN; M. NATANSON/
H. W. JOHNSTONE (Hrsg.), Philosophy, rhetoric and argumentation, Penn-
sylvania 1965; La theorice de l'árgumentation, in: Logique et Analyse, 3, Paris
1963 und bes. PERELMAN/OLBRECHTS-TYTECA zu letzterem auch O. PÖG-
GELER, Toposforschung und aktualisierte Topik, in: JEHN, Toposforschung,
S. 169, Anmerk. 12.
6   F. BACON, Advancement of learning, London 1851; vgl. dazu K. R,
WALLACE, Bacon on communication and rhetoric, Chapel Hill 1943.

7   B. Pascal, De l'esprit géométrique et de l'art de persuader, dtsche Übers. in: Die Kunst zu überzeugen und anderen kleineren philosophischen und religiösen Schriften, Heidelberg 1963, S. 53 ff.; R. A. Marrow, The rhetorical theory of Blaise Pascal, Diss. Michigan 1968.
8   W. J. Ong, Ramus. method and the decay of dialogue. from the art of discourse to the art of reason, Cambridge 1958.
9   Zu »Dialektik« vgl. W. Risse u. a. in: Historisches Wörterbuch der Philosophie, hrsg., von J. Ritter, Bd. 2. 1972, S. 164 ff.
10   Die Übersetzung von »endoxa« mit »wahrscheinlich« gibt nur bedingt den Bedeutungsgehalt wieder, da »éndoxa« nicht einen geringeren Grad an Wahrheit meint, sondern eine Erscheinungsweise von Wahrheit; vgl. G. Bien, Die menschlichen Meinungen und das Gute, in: M. Riedel, Rehabilitierung, S. 350.
11   Vgl. H. Reichenbach, Die Suche nach ethischen Leitsätzen, in: H. Albert/E. Topitsch, Werturteilsstreit, S. 461 f.
12   Vgl. die in Albert/Topitschs Sammelband aufgenommenen Arbeiten von Albert, Dubislav, Feigl; dazu noch Frank-Böhringer, S. 32 ff.; R. M. Hare, Die Sprache der Moral, dtsch. Übers. Frankf. 1972; ders., Freiheit und Vernunft, dtsch. Übers. Düsseld. 1973; Ch. L. Stevenson, Ethics and language, New Haven 1944.
13   Angemerkt sei wenigstens, daß Searle, S. 261 ff. versucht hat, präskriptive Folgerungen ohne Voraussetzung präskriptiver Prämissen zu gewinnen (exemplarisch am Sprechakt des Versprechens).
14   Die beste und umfassendste Übersicht über die Topik jetzt in: Jehn, Toposforschung; Literatur ebd., S. 302 ff.
15   W. A. Jöhr/H. W. Singer, Die Nationalökonomie im Dienste der Wirtschaftspolitik, Götting. 1957, S. 30 ff.; A. Gehlen, Die Seele im technischen Zeitalter, Hamburg 1957, S. 60, 104 ff.; O. Pöggeler, Dialektik und Topik, in: Hermeneutik und Dialektik, F. S. für H.-G. Gadamer, Bd. 2, Tübingen 1970, S. 273 ff.
16   Neben Jehn vgl. bes. Fischer 1972 und M. Nerlich, Romanistik und Antikommunismus, in: Das Argument 72. 1972, S. 263 ff.
17   Zu dem Vorwurf, daß der Toposforschung eine »subtantialistische Ontologie der Geschichte« zugrundeliege, vgl. H. Blumenberg, Die Legitimität der Neuzeit, Frankf. 1966, S. 68 ff.
18   Hier wäre im weiteren Kontext an Marcuses Begriff der »substantiellen Allgemeinheit« zu erinnern, vgl. Marcuse 1967/2, S. 220.
19   Vgl. Curtius' eigene Hinweise S. 87 f.; zur Literatur vgl. auch die entsprechenden Anmerkungen zu Kap. 7.
20   Zu Viehwegs Bedeutung vgl. neben Hennis 1963, S. 91 ff; Pöggeler (s. Anmerk. 15), S. 273 ff; Jehn, S. 166 ff.; W. A. Stoeckli, Topic and argumentation. The contribution of Viehweg and Perelman in the field of methodology as applied to law, in: Arch. f. Rechts- und Sozialgesch. 54. 1968, S. 581 ff.
21   Vgl. H. Prakke, Die Lasswell-Formel und ihre rhetorischen Ahnen, in: Publizistik 10. 1965, S. 285 ff.

Kapitel 7: Persuasive Strategie

1   Kant, Kritik der reinen Vernunft (vgl. Kap. 5, Anmerk. 10), Bd. 2, S. 687; vgl. dazu auch Perelman/Olbrechts-Tyteca, S. 34 ff.; Kant, Kritik der Urteilskraft, ebd. 5, S. 431 (s. Anmerk. 1), S. 430.
2   Kant, Kritik der Urteilskraft (s. Anmerk. 1), S. 430.
3   K. R. Popper, Die offene Gesellschaft, Bd. 1, Bern 1957, S. 368 f. und Anmerk. 10 zu S. 194.
4   Vgl. H. Moser, Sprachliche Folgen der politischen Teilung Deutschlands, in: Beihefte zu Wirkendes Wort, 3. 1962, S. 42.

5   A. Hitler, Mein Kampf, München 1915/27; K. Burke, Die Rhetorik in Hitlers ›Mein Kampf‹ und andere Essays zur Strategie der Überredung, S. 32. Vgl. auch L. Winckler, S. 27 ff.

6   Hitler (s. Anmerk. 5), S. 522.

7   So ist C. I. Hovland u.a., Communication and persuasion, New Haven 1953 zu verstehen. Vgl. allgemein die bes. bei Dröge u. a. 1969 versuchte Übersicht; dazu Bettinghaus; Haseloff 1969; Luthe; Reimann; S. 23 ff.; Schramm, Teigeler.

8   Zur Literatur vgl. Jens 1971, S. 448 f.

9   Fischer 1968/2; Maccoby. Auf dieses Rhetorik-Verständnis wäre Dröges Kritik an einer »reduktionistischen« und »instrumentalistischen« Kommunikationsforschung (1972, S. 59 ff.) weithin übertragbar, wenn Dröges Begriff von Rhetorik als »einer Kunstlehre vom erfolgreichen Reden«, das »in der plebiszitären Demokratie (...) unleugbar eine wichtige Herrschaftstechnik darstellte« (S. 57), auch selbst dem in dieser Arbeit kritisierten entspricht.

10   R. Freisler, Gerichtliche Redekunst im Strafverfahren, in: F. S. für J. W. Hedemann, Jena 1938, S. 161 ff.

11   Zum Begriff »Strategie« vgl. G. Klaus, Wörterbuch der Kybernetik, Frankf. 1968.

12   Vgl. Teigeler, S. 85; Dröge u. a. 1969, S. 115; Haug, S. 76 ff.; 159 ff.

13   Besonders Dockhorn hat diese drei »Arten des Glaubhaftmachens« unter den Aristotelischen Begriffen »prágma, ēthos, pāthos« in ihrer geschichtlichen Wirkung betont, wenn er auch deren Gewichtung zugunsten der beiden letzten einseitig verschiebt.

14   Vgl. neben den bereits genannten Arbeiten von Haseloff, Luthe, Reimann, Watzlawick u. a. und Bettinghaus allgemein zur Kommunikationstheorie Maser und Schmalriede, in: H.-D. Hartmann, S. 57 ff.

15   H. D. Lasswell, The structure and function of communication in society, in: L. Bryson (Hrsg.), The communication of ideas, New York 1948, S. 38. Zur Formel vgl. auch Prakke (Kap. 6, Anmerk. 21). Vgl. neben Bense und Lotmann 1972, S. 27 ff. auch Ch. W. Morris, Grundlagen der Zeichentheorie; Ästhetik und Zeichentheorie, dtsche Übers. München 1972, S. 91 ff.

17   Vgl. neben Prakke 1968 auch H. Pross, Publizistik, Neuwied/Berlin 1970.

18   K.-H. Schäfer/K. Schaller, Kritische Erziehungswissenschaft und kommunikative Didaktik, Heidelberg 1971; D. Baacke, Kommunikation zwischen Zwang und Freiheit, in: H. Glaser, S. 38 ff.

19   W. Bartholomäus, Evangelium als Information, Studien zur Praktischen Theologie 1972; H.-D. Bastian, Kommunikation, Stuttgart 1972.

20   O. W. Haseloff, Werbung als Kommunikationsprozess, in: K. Chr. Behrens (Hrsg.), Handbuch der Werbung, Wiesbaden 1970.

21   A. Lorenzer, Sprachzerstörung und Rekonstruktion.

22   H. K. Ehmer (Hrsg.), Visuelle Kommunikation.

23   Zur Massenkommunikation vgl. neben Matetzke bes. D. Prokop, (Hrsg.), Massenkommunikationsforschung.

24   Insofern diese Rollen innerhalb des Kommunikationsprozesses — entsprechend dem technischen Medium wie den geltenden Interaktionsregeln — austauschbar sein können, sind in Abb. 14 die Rollen mit K (R) bzw. R (K) gekennzeichnet.

25   In diesem Zusammenhang wären auch die paralinguistischen und außerverbalen Aspekte des Kommunikationsprozesses zu berücksichtigen; vgl. zu letzteren, insoweit sie die »Körpersprache« betreffen, Anmerk. 33. Erwähnt sei wenigstens noch das von H. Frank/H. Schnelle beschriebene »Rheto-

meter — ein rhetorisches Rückkoppelungsinstrument« (in: Grundlagenstudien aus Kybernetik und Geisteswissenschaft 5. 1964, S. 59 ff.).
26 L. FESTINGER, A theory of cognitive dissonance, Stanford 1957; ders., in: SCHRAMM, S. 27 ff.; vgl. dazu u. a. DRÖGE u. a. 1969, S. 53 ff.; REIMANN, S. 117 ff.
27 Dieses Modell ist von PLATO, Phaidos 267a bis in die moderne Manager-Rhetorik nachweisbar (vgl. W. HARTIG, Rhetorik für Manager, in: Management Enzyklopädie, Bd. 5. 1971, S. 153 ff.).
28 Neben der in Kap. 6, Anmerk. 5 angegebenen Literatur vgl. O. W. HASELOFF, Content-Analysen und ihre Anwendungen in der Marktforschung, in: Kleiner Almanach der Marktforschung 8. 1967, S. 17 ff.; S. J. SCHMIDT, Sprache und Politik, in: RUCKTÄSCHEL, S. 90 f.; G. LANGE, S. 54 ff.
29 SCHOPENHAUERS ›Eristik‹ ist abgedruckt bei FRANK-BÖHRINGER, S. 101 ff; vgl. auch ders., Zur Rhetorik, in: Die Welt als Wille und Vorstellung (II 11).
30 Vgl. TEIGELER, S. 58 ff.; SCHULZ von THUN, LANGER/TAUSCH, Trainingsprogramm für Pädagogen, Arbeitsblatt (Landesverband des VHS Schleswig-Holsteins) 5. 1972.
31 Zu den entsprechend orientierten Untersuchungen über ästhetische bzw. poetische Sprachstrukturen vgl. bes. den Sammelband: Mathematik und Dichtung (KREUZER/GUNZENHÄUSER).
32 H. PLESSNER, in: Das Problem der Sprache (Hrsg. H.-G. GADAMER), Heidelb. 1966; K. R. SCHERER.
33 E. T. HALL, The silent language, New York 1959. Zur »Kinesik« vgl. aus der umfangreichen Literatur R. L. BUDWHISTELL, Introduction to Kinesics, Washington 1952; E. GOFFMANN, Interaktionsrituale, dtsche Übers. Frankf. 1972; LANDI, S. 49 ff.; SCHERER; ECO, S. 254 f. H. A. BOSMAJIAN, The rhetoric of nonverbal communication, Glenview 1971.
34 Vgl. neben FISCHER 1968/1, S. 37 ff. HILDEBRANDT-GÜNTHER S. 33 ff.
35 Neben den im Sammelband Mathematik und Dichtung vereinten Aufsätzen vgl. J. IHWE (Hrsg.), Literaturwissenschaft und Linguistik, Frankf. 1971 ff.
36 Zu anderen Formen der Antithese vgl. KOPPERSCHMIDT 1972, S. 64 ff.
37 Vgl. R. JAKOBSON, Poesie der Grammatik und Grammatik der Poesie, in: Mathematik und Dichtung, S. 21 ff.
38 Vgl. etwa G. LANGE, S. 15 ff.; W. LANG, S. 107 ff.; PLETT 1971, S. 28 ff. sowie E. MITTELBERG, Wortschatz und Syntax der Bildzeitung, in: Marburger Beiträge zur Germanistik 9. 1967, S. 145 ff.
39 Vgl. Bochumer Diskussion, In: Poetica 2. 1968, S. 100 ff.; W. INGENDAHL, Der metaphorische Prozess. Methodologie zu seiner Erforschung und Systematisierung, Düsseldorf 1971.
40 Vgl. F. PAEPCKE, Sprache und Gewalt (s. Kap. 4 Anmerk. 3), S. 82 ff.
41 G. ORWELL, 1984, dtsche Übers. Zürich 1950, S. 273 ff.
42 Es handelt sich genauerhin um BURMEISTER ›de ornamentis sive de figuris musicis‹, in: ders., Musica poetica (1606), zit. bei: H. H. EGGEBRECHT, Heinrich SCHÜTZ. Musicus poeticus, Götting. 1959; ebd. Literatur S. 84 f.
43 EGGEBRECHT (s. Anmerk. 42), S. 46; ebd., S. 85 sind die genannten Arbeiten zitiert.
44 E. PANOFSKY, Renaissance and Renascenses in Western Europe, Stockholm 1960, S. 26 ff. Über L. B. ALBERTIS Traktat ›della pitura‹ (1435) vgl. O. BURGER, Renaissance, Humanismus und Reformation, Frankf. 1967, S. 83.
45 A. HORN-ONCKEN, Über das Schickliche. Studien zur Geschichte der Architekturtheorie, in: Abh. d. Akade. der Wiss. in Götting., Phil.-Hist. Kl. 70. 1967.

46 E. Kaemmerling, Rhetorik als Montage, in: F. Knilli/E. Reiss (Hrsg.), Semiotik des Films, München 1971, S. 95 ff.; Eco, S. 250 ff.
47 F. Knilli, Deutsche Lautsprecher. Versuche zu einer Semiotik des Radios, Stuttg. 1970, S. 86 ff.: Deutsche Lautsprecher oder Hauptfiguren radiophoner Rhetorik.
48 Neben den genannten Arbeiten von Bonsiepe, Barthes, Fischer 1968/2 vgl. bes. den Sammelband Visuelle Kommunikation; Eco, S. 267 ff. R. Breymayer, Zur Pragmatik des Bildes, in: Ling. Bibl. 13/14. 1972, S. 19 ff., bes. S. 31 ff.

Kapitel 8: Abschluß: Skizze einer Didaktik der Persuasiven Kommunikation

1 W. K. Köck, Manipulation durch Trivialisierung, in: Rucktäschel, S. 275 ff. Kock spricht S. 325 ff. von der »Schematizität« der Werbesprache, der Reduktion der Sprache auf »emotive Signale«, um den Rezipienten »zu für ihn beliebig konkretisierbaren inneren Erfahrungen oder Wahrnehmungs- und Gefühlsprozessen zu stimulieren« (S. 329). Vgl. auch I. Hantsch, Zur semantischen Strategie der Werbung, in: Sprache im technischen Zeitalter 42. 1972, S. 93 ff.
2 W. Genzano, Lyrik, wo sie niemand vermutet, in: FAZ 23. 6. 1971; vgl. dazu Haug, S. 159 ff.
3 Vgl. neben der bei Hantsch, Eco, Köck zitierten Literatur bes. R. Römer, Die Sprache der Anzeigenwerbung, Düsseld. 1968; H. Bausinger, Deutsch für Deutsche. München 1972, S. 104 ff.
4 Vgl. etwa den Buchtitel von W. Winterfeldt, Besser texten — mehr verkaufen, Bad Wörishofen 1965.
5 Vgl. W. Hartig (s. Kap. 7, Anmerk. 27), S. 153: »Wer vor einer Gruppe spricht und sie durch das gesprochene Wort zu lenken vermag, der entwickelt automatisch Führungseigenschaften und qualifiziert sich dadurch auch für Führungsfunktionen im weiteren Bereich.«
6 Schiller, Sämtliche Werke, München 1965, Bd. 5, S. 639. Vgl. G. Ueding, S. 47 ff.: »Schein und Wirklichkeit«. Zur Kategorie »Schein« vgl. auch Haug, S. 55 ff.
7 Vgl. neben Dieckmann 1964 H. Plate, Werbung oder Information, in: Sprache im techn. Zeitalter 7. 1963, S. 547 ff.; L. Krauss/H. Rühl, Werbung in Wirtschaft und Politik, Frankf. 1970; H. Abromeit, Das Politische in der Werbung, Opladen 1972.
8 Vgl. neben der Zeitschr. ›Diskussion Deutsch‹ die Aufsätze von M. Berg, N. Brüning u. B. Daerr zu: Deutschunterricht und Germanistik, in: Alternative 61. 1968; außerdem: Ansichten einer künftigen Germanistik (Hrsg. J. Kolbe), München 1969; Neue Ansichten einer künftigen Germanistik (Hrsg. J. Kolbe), München 1973; Bestandsaufnahme Deutschunterricht (Hrsg. H. Ide), Stuttg. 1970.
9 Neben den genannten Arbeiten von Geissner und Pelster vgl. die z. T. wenig überzeugenden Aufsätze von G. Diehl, Rhetorik in der Schule, in: Sprachforum 2. 1956, S. 32 ff.; P. Nusser, Zur Didaktik der freien Rede im Deutschunterricht, in: Die deutsche Schule 61. 1969, S. 320 ff.; H. H. Pauly, Rednerische Erziehung als Schulbildung, in: Pädagogische Provinz 5. 1951, S. 18 .; Th. Pelster, Rede und Rhetorik im Unterricht, in: Wirkendes Wort 6. 1971, S. 373 ff; F. Quadlbauer, Rhetorik im Unterricht, in: Die alten Schulen und die moderne Schule 1960, S. 99 ff.; zur Aufsatzrhetorik vgl. neben Bukowski jetzt bes. Herrlitz. Bildungsreform der Deutschen Gesellschaft für Sprechkunde und Sprecherziehung 1970.
10 Vgl. Kopperschmidt 1972/1; außerdem die Denkschriften zur Bildungsreform der Deutschen Gesellschaft für Sprechkunde und Sprecherziehung 1970.

11 Vgl. auch H. HELMERS, Didaktik der deutschen Sprache, Stuttg. 1970; ders. Herstellung und Analyse von Lehrplänen für das Fach Deutche Sprache und Literatur, in: Der Deutschunterricht 22. 1970, S. 33 ff. sowie die didaktischen Arbeiten von E. ESSEN; dazu vgl. LUTHER, S. 399 ff.

12 H. v. HENTIG, Systemzwang und Selbstbestimmung, Stuttg. 1968; K. MOLLENHAUER, Erziehung und Emanzipation, München 1969; neben ADORNO 1973 vgl. R. SPAEMANN, Autonomie, Mündigkeit, Emanzipation, in: Kontexte 7. 1971, S. 94 ff.

14 Vgl. BARNER, S. 86 ff.

15 H. O. BURGER, Dasein heißt eine Rolle spielen. München 1963.

16 Abbé d'Aubignac, La practique du théâtre, Paris 1657, S. 370.

17 R. ALTMANN, Das Problem der Öffentlichkeit und seine Bedeutung für die Demokratie, Diss. Marburg 1954, S. 72.

10 Auswahlbibliographie

Adorno, Th. W.	1966	Negative Dialektik, Frankf.
	1969	Stichworte. Kritische Modelle 2, Frankf.
	1973	Erziehung zur Mündigkeit, Frankf.
Albert, H.	1969	Traktat über kritische Vernunft, Tübg.
	1971/1	Plädoyer für kritischen Rationalismus, Münch.
	1971/2	Ethik und Meta-Ethik, in: Albert/Topitsch
Albert, H./ Topitsch, E.	1971	Werturteilsstreit, Darmstadt
Althaus, H. P./ Henne, H.	1971	Sozialkompetenz und Sozialperformanz, in: Ztschr. f. Dialektolog. u. Ling. 38, S. 1 ff.
Apel, K.-O.	1963	Die Idee der Sprache in der Tradition des Humanismus von Dante bis Vico, in: Archiv f. Begriffsgesch. 8, S. 318 ff.
	1966	Die erkenntnisanthropologische Funktion der Kommunikationsgemeinschaft und die Grundlagen der Hermeneutik, in: Information und Kommunikation (Hrsg. Moser), Münch./Wien, S. 163 ff.
	1966	Wittgenstein und das Problem des hermeneutischen Verstehens, in: Ztschr. f. Theologie und Kirche 63, S. 49 ff.
	1972	Das Apriori der Kommunikationsgemeinschaft und die Grundlagen der Ethik, in: M. Riedel
Arendt, H.	1960	Vita activa oder Vom tätigen Leben, Stuttg.
Aristoteles		Drei Bücher der Redekunst, Langenscheidtsche Bibliothek, Berlin (seit 1855 ff.), Bd. 21
Austin	1968	Performative und konstatierende Äußerungen, deutsche Übers., in: Sprache und Analysis (Hrsg. Bubner), Göttingen, S. 140 ff.
	1972	Zur Theorie der Sprechakte, deutsche Übers., Stuttg.
Badura, B.	1971	Sprachbarrieren, zur Soziologie der Kommunikation, Stuttg.
Badura, B./Gloy, K.	1972	Kommunikative Kompetenz, Dialoghermeneutik und Interaktion, Stuttg.
Barner, W.	1970	Barockrhetorik, Tübg.
Barthes, R.	1967	Système de la mode, Paris
	1969	Rhetorik des Bildes, deutsche Übers. u. a. bei Schiwy, Der französische Strukturalismus, Reinbek, S. 258 ff.
	1970	Mythen des Alltags, deutsche Übers., Frankf.
Bense, M.	1969/1	Einführung in die informationstheoretische Ästhetik, Reinbek.
	1969/2	Zusammenfassende Grundlegung moderner Ästhetik, in: Kreuzer/Gunzenhäuser, S. 313 ff.
Benseler, F.	1964	Sprachlose Gesellschaft?, in: Mensch und Zukunft, Dtsch. Institut f. Bildung und Wissen, S. 85 ff.
Berger, P. L./		

Luckmann, Th.	1970	Die gesellschaftliche Konstruktion der Wirklichkeit, Frankf.
Bettinghaus, E. P.	1967	Persuasive communication, New York
Bierwisch, M.	1966	Strukturalismus. Geschichte, Probleme und Methoden, in: Kursbuch 5, S. 77 ff.
	1969	Poetik und Linguistik, in: Kreuzer/Gunzenhäuser, S. 49 ff.
Bonsiepe, G.	1965	Visuell/verbale Rhetorik, in: ulm 14–16, S. 23 ff.
	1968	Visuell/verbale Rhetorik-Analyse einiger Techniken der persuasiven Kommunikation, in: Format 17, S. 11 ff.
Braunmühl, C. von	1970	Zur Sprache der Konservativen, in: liberal 12, S. 686 ff.
Brekle, H. E.	1972	Semantik, München
Breuer, D.	1972	Vorüberlegungen zu einer pragmatischen Texttheorie, in: Wirkendes Wort 22, S. 1 ff.
	1973	Pragmatische Textanalyse, in: Breuer u. a., Literaturwissenschaft, Frankf., S. 213 ff.
Brüggemann, D.	1972	Die Kunst der Rede, dreiteilige Rundfunksendung
Bukowski, H.	1956	Der Schulaufsatz und die rhetor. Schulbildung, Diss. Kiel
Burke, K.	1967	Die Rhetorik in Hitlers ›Mein Kampf‹ und andere Essays zur Strategie der Überredung, deutsche Übers., Frankf.
Carnegie, D.	1972	Interessieren, begeistern, überzeugen. Die Macht des gesprochenen Wortes, deutsche Übers., Berlin/Augsb.
Chase, St.	1955	Wörter machen Weltgeschichte, München
Chomsky, N.	1971	Aspekte der Syntax-Theorie, deutsche Übers., Frankf.
Clarke, M. L.	1968	Die Rhetorik bei den Römern, deutsche Übers., Göttingen
Curtius, E. R.	1938	Zur Literaturästhetik des Mittelalters II, in: Ztschr. f. Roman. Philologie 58, S. 129 ff.
	1961	Europäische Literatur und lateinisches Mittelalter, Bern/München
Dahrendorf, R.	1971	Homo sociologicus, Opladen
Danet, B.	1971	Die Sprache der Überredung in der Bürokratie, in: Kölner Ztschr. f. Soziologie u. Sozialpsychologie 15, S. 315 ff.
Dieckmann, W.	1964	Information oder Überredung, Marburg
	1969	Sprache in der Politik, Heidelberg
Dockhorn, Kl.	1966	Rezens. von H.-G. Gadamer, Wahrheit und Methode, in: Götting. Gelehrte Anzeigen 218, S. 169 ff.
	1968	Macht und Wirkung der Rhetorik, Bad Homburg/Berlin/Zürich.
	1972	Rhetorik und germanistische Literaturwissenschaft in Deutschland, in: Jahrb. f. internat. Germanistik 3, S. 168 ff.
	1973/1	Affekt, Bild und Vergegenwärtigung in der Poetik des Barock, in: Götting. Gelehrte Anzeigen 225, S. 135 ff.

| | | 1973/2 | Luthers Glaubensbegriff, in: Ling. Bibl. 21/22, S. 19 ff. |

Dröge, F./
Weißenborn, R./
Haft, H.   1969   Wirkungen der Massenkommunikation, Münster

Dröge, F.   1972   Wissen ohne Bewußtsein-Materialien zur Medienanalyse, Frankf.

Dubislav, W.   1971   Zur Unbegründbarkeit von Forderungssätzen, in: Albert/Topitsch, S. 439 ff.

Dubois, J./
Edeline, F./
Klingenberg, J. M./
Minguet, P./Pire, F./
Trinon, H.   1970   Rhétorique générale, Paris

Dyck, J.   1969   Ticht-Kunst. Deutsche Barockpoetik und rhetorische Tradition, Bad Homburg/Berlin/Zürich

Eco, U.   1972   Einführung in die Semiotik, deutsche Übers., München

Ehmer, H. K. (Hrsg.)   1971   Visuelle Kommunikation. Beiträge zur Kritik der Bewußtseinsindustrie, Köln

Emrich, B.   1966   Topik und Topoi, in: Der Deutschunterr. 18, S. 15 ff.

Enders, H.   1972   Das jenseitige Automobil, in: Sprache i. techn. Zeitalter 42, S. 165 ff.

Enzensberger, H. M.   1967   Einzelheiten I. Bewußtseins-Industrie, Frankf.

Feigl, H.   1971   Validation und Vindikation, in: Albert/Topitsch, S. 417 ff.

Fischer, L.   1968/1   Gebundene Rede. Dichtung und Rhetorik in der literarischen Theorie des Barock in Deutschland, Tübingen

    1968/2   Alte und neue Rhetorik, in: Format 5, S. 2 ff.

    1972   Curtius, die Topik und der Argumenter, in: Sprache i. techn. Zeitalter 42, S. 114 ff.

Frank-Böhringer, B.   1963   Rhetorische Kommunikation, Quickborn

Frese, J.   1967   Sprechen als Metapher für Handeln, in: Das Problem der Sprache (Hrsg. Gadamer), München, S. 45 ff.

Gadamer, H.-G.   1971   Form und Information. Funktion sprachlicher Klangmittel, Konstanz

Gaier, U.   1965   Wahrheit und Methode, Tübingen

    1967   Rhetorik, Hermeneutik und Ideologiekritik, in: Kleine Schriften, Tübingen, S. 113 ff.

Geißner, H.   1968   Der Fünfsatz. Ein Kapitel Redetheorie und Redepädagogik, in: Wirk. Wort 18, S. 258 ff.

    1969/1   Rhetorische Kommunikation, in: Sprache und Sprechen 2, S. 70 ff.

    1969/2   Rede in der Öffentlichkeit. Eine Einführung in die Rhetorik, Stuttg.

    1970   Rhetorik und politische Bildung, in: Schriftenreihe der Akad. Otzenhausen 7, S. 35 ff.

    1971/1   Rhetorik für Dolmetscher, in: Revue de Phonétique appliqueé 19, S. 31 ff.

    1971/2   Anpassung oder Aufklärung. Zur Theorie der

		rhetorischen Kommunikation, in: Außerschul. Bildung 4, S. 51 ff.
	1973	Rhetorik, München
Giesecke, H.	1970	Didaktik der politischen Bildung, München
Goth, J.	1970	Nietzsche und die Rhetorik, Tübingen
Grassi, E.	1970	Macht des Bildes. Ohnmacht der rationalen Sprache, Köln
Groeben, M.	1970	Die Kommunikabilität moderner deutscher Lyrik, in: Sprache i. techn. Zeitalter 34, S. 83 ff.
Gunzenhäuser, R.	1969	Zur literaturästhetischen Theorie G. D. Birkhoffs, in: Kreuzer/Gunzenhäuser, S. 295 ff.
Habermas, J./ Friedeburg, L. von/ Oehler, Ch./Weltz, F.	1967	Student und Politik, Frankf.
Habermas, J.	1968	Technik und Wissenschaft als Ideologie, Frankfurt
	1969/1	Theorie und Praxis, Neuwied/Berlin
	1969/2	Strukturwandel der Öffentlichkeit, Neuwied/Berlin
	1970/1	Der Universalitätsanspruch der Hermeneutik, in: Hermeneutik und Dialektik, Tübingen, S. 73 ff.
	1970/2	Zur Logik der Sozialwissenschaften, Frankf.
Habermas, J./ Luckmann, N.	1971	Theorie der Gesellschaft oder Sozialtechnologie, Frankf.
	1972	Die Utopie des guten Herrschers, in: Merkur 296, S. 1266 ff.
	1973/1	Erkenntnis und Interesse, Frankf.
	1973/2	Legitimationsprobleme im Spätkapitalismus, Frankf., S. 131 ff.
Hartig, M./Kurz, U.	1971	Sprache als soziale Kontrolle, Frankf.
Hartmann, P.	1964	Syntax und Bedeutung, Assen
Hartmann, H.-D. (Hrsg.)	1969	Politische Beeinflussung, in: Politische Psychologie 8
Haseloff, O. W. (Hrsg.)	1969	Kommunikation, Berlin
Haug, W. F.	1967	Der hilflose Antifaschismus, Frankf.
	1971	Kritik der Warenästhetik, Frankf.
Hennis, W.	1963	Politik und praktische Philosophie, Neuwied/Berlin
	1968	Zum Problem des politischen Stils, in: Politik als praktische Wissenschaft, München
Hentig, H. von	1969	Öffentliche Meinung, öffentliche Erregung, öffentliche Neugier, Göttingen
Herrlitz, H. G.	1966	Vom politischen Sinn einer modernen Aufsatzrhetorik, in: Gesellschaft, Staat, Erziehung 4, S. 310 ff.
Hildebrandt–Günther, R.	1966	Antike Rhetorik und deutsche literarische Theorie im 17. Jahrh., Marburg
Hofstätter, P. R.	1957	Gruppendynamik. Kritik der Massenpsychologie, Hamburg
Hörmann, H.	1970	Psychologie der Sprache, Heidelberg

Hofmann, W.	1969	Universität, Ideologie, Gesellschaft. Beiträge zur Wissenssoziologie, Frankf.
Holzer, H./ Steinbacher, K. (Hrsg.)	1972	Sprache und Gesellschaft, Hamburg
Hommel, H.	1965	Art. Rhetorik, in: Lexikon der Alten Welt, Zürich/Stuttg., S. 2611 ff.
Horkheimer, M.	1970	Traditionelle und kritische Theorie, Frankf.
Hülsmann, H.	1971	Argumentation. Faktoren der Denksozialität, Düsseldorf
Hundt, W. D.	1970	Kommunikation in der Gesellschaft, in: Modelle für den polit. u. sozialwiss. Unterricht 7
Huxley, A.	1963	Literatur und Wissenschaft, deutsche Übers., München
Jehn, P. (Hrsg.)	1972	Toposforschung. Eine Dokumentation, Frankf.
Jens, W.	1964	Deutsche Literatur der Gegenwart, München
	1969	Von deutscher Rede, München
	1971	Art. Rhetorik, in: Reallexikon der deutschen Literaturgeschichte, Bd. 3, Berlin, S. 432 ff.
Kamlah, W./ Lorenzen, P.	1967	Logische Propädeutik. Vorschule des vernünftigen Redens, Mannheim
Kapp, E.	1965	Der Ursprung der Logik bei den Griechen, Göttingen
Kennedy, G.	1963	The art of persuasion in Greece, New Jersey
Klafki, W.	1970	Normen und Ziele in der Erziehung, in: Funkkolleg Erziehungswissenschaft, Bd. 2, Frankf., S. 13 ff.
Klaus, G.	1969	Die Macht des Wortes, Berlin
	1971	Sprache der Politik, Berlin
Koch, C./ Senghaas, D. (Hrsg.)	1970	Texte zur Technokratiediskussion, Frankf.
Kopperschmidt, J.	1971/1	Rhetorik und Theodizee, in: Kerygma und Dogma 17, S. 273 ff.
	1971/2	Rhetorik, Ulm
	1972/1	Erziehung zum Reden, in: Sprache als Brücke und Hindernis, München, S. 139 ff.
	1972/2	Ein Bilderbuch. Studie zur visuellen Antithese, Ulm
	1973	Kritische Rhetorik statt Moderner wissenschaftlicher Rhetorik, in: Sprache i. techn. Zeitalter 45, S. 18 ff.
Kress, G./ Senghaas, D. (Hrsg.)	1972	Politikwissenschaft, Frankf.
Kreuzer, H./ Gunzenhäuser, R. (Hrsg.)	1969	Mathematik und Dichtung, München
Kroll, W.	1940	Art. Rhetorik, in: Pauly–Wissowa, Suppl. Bd. 7, S. 1039 ff.
Kurka, E.	1970	Wirksam reden – besser überzeugen. Einführung in die sozialistische Rhetorik, Halle
Lang, W.	1966	Tropen und Figuren, in: Der Deutschunterricht 18, S. 105 ff.
Lange, G.	1973	Breviarium rhetoricum, Bayreuth
Lanham, R. A.	1968	A handlist of rhetorical terms, Berkeley

Lausberg, K.	1960	Handbuch der literarischen Rhetorik, München
	1963	Elemente der literarischen Rhetorik, München
	1965	Art. Rhetorik, in: Literatur, Fischer-Lexikon Frankf.
	1966	Rhetorik und Dichtung, in: Der Deutschunterricht 18, S. 77 ff.
Leech, G. N.	1966	Linguistics and the figures of rhetoric, in: Essays on style and language (Hrsg. Fowler), London, S. 135 ff.
Levin, S. R.	1969	Statistische und determinierte Abweichung in poetischer Sprache, in: Kreuzer/Gunzenhäuser, S. 33 ff.
Lichtenstein, E.	1968	Bildung und Sprachlichkeit, in: Beiheft zur Ztschr. f. Pädagogik 7, S. 45 ff.
Lingelbach, K. Ch.	1970	Zum Verhältnis der allgemeinen zur besonderen Didaktik. Dargestellt am Beispiel der politischen Bildung, in: Erziehungswissenschaft, Bd. 2, Frankf., S. 93 ff.
List, G.	1972	Psycholinguistik. Eine Einführung, Stuttg.
Löringhoff, B. von Freytag	1955	Logik. Ihr System und ihr Verhältnis zur Logistik, Stuttgart
Lorenzer, A.	1971	Sprachzerstörung und Rekonstruktion, Frankf.
	1973	Über den Gegenstand der Psychoanalyse oder: Sprache und Interaktion, Frankf.
Lotmann, J. M.	1972	Die Struktur literarischer Texte, deutsche Übers., München
Luckmann, Th.	1969	Soziologie der Sprache, in: Handbuch der empirischen Sozialforschung, Bd. 2, Stuttgart, S. 1050 ff.
Lübbe, H.	1962	Zur politischen Theorie der Technokratie, in: Der Staat 1, S. 19 ff.
	1967	Der Streit um Worte. Sprache und Politik, in: Das Problem der Sprache (Hrsg. Gadamer), München, S. 351 ff.
	1971	Zur Theorie der Entscheidung, in: ders., Theorie und Entscheidung, Freiburg
Lukács, G.	1962	Ästhetik, Bd. 1, 1 Neuwied
Luthe, O. H.	1968	Interpersonale Kommunikation und Beeinflussung, Stuttgart
Luther, W.	1970	Sprachphilosophie als Grundwissenschaft, Heidelberg
Maas, U.	1972/1	Sprechen und Handeln – zum Stand der gegenwärtigen Sprachtheorie, in: Sprache im techn. Zeitalter 41, S. 1 ff.
Maas, U./ Wunderlich, D.	1972/2	Pragmatik und sprachliches Handeln, Frankf.
	1973	Sprachliches Handeln, in: Funkkolleg Sprache, Bd. 2, Frankf., S. 144 ff.
Maccoby, N.	1970	Die neue wissenschaftliche Rhetorik, in: Grundfragen der Kommunikationsforschung (Hrsg. Schramm), München, S. 55 ff.
Magass, W.	1967	Das öffentliche Schweigen, Heidelberg
Maletzke, G.	1963	Psychologie der Massenkommunikation, Hamburg

Marcuse, H.	1967/1	Der eindimensionale Mensch, Neuwied/Berlin
	1967/2	Kultur und Gesellschaft 2, Frankf.
Marcuse, H./		
Moore, B./		
Wolff, R. P.	1968	Kritik der reinen Toleranz, Frankf.
	1969	Versuch über die Befreiung, Frankf.
Maser, S.	1971	Grundlagen der allgemeinen Kommunikationstheorie, Stuttgart
Mayer, H.	1965	Rhetorik und Propaganda, in: FS für G. Lukács, Neuwied, S. 119 ff.
Mayntz, R.	1963	Soziologie der Organisation, Reinbek
Mertner, E.	1956	Topos und commonplace, in: Strena Anglica, FS für O. Ritter (Hrsg. Dietrich/Schulze), Halle, S. 178 ff.
Müller, A.	1967	Zwölf Reden über die Beredsamkeit und deren Verfall in Deutschland, Frankf.
Muntaneo, B.	1967	Constantes dialectiques en littérature et en histoire. Problèmes. Recherches. Pespectives, Paris.
Narr, W.-D.	1972	Logik der Politikwissenschaft — Eine propädeutische Skizze, in: Kress/Senghaas, S. 13 ff.
Naß, O.	1972	Staatsberedsamkeit. Ein staats- und verwaltungswissenschaftlicher Versuch, Quakenbrück
Negt, O.	1971	Soziologische Phantasie und exemplarisches Lernen, Frankf.
Neumeister, Chr.	1964	Grundsätze der forensischen Rhetorik. München
Nietzsche, F.	1912	Geschichte der griechischen Beredsamkeit; Rhetorik, in: Philologica, Werke Bd. 18, Leipzig, S. 100 ff.
Norden, E.	1958	Die antike Kunstprosa, 2 Bde., Darmstadt
Oevermann, U.	1972	Sprache und soziale Herkunft, Frankf.
Pawlowski, K.	1972	Politische Sozialisation und Rhetorik, in: Westermanns Pädagogische Beiträge 10, S. 532 ff.
Pelster, Th.	1971	Rede und Rhetorik im Sprachunterricht, in: Wirkendes Wort 6, S. 373 ff.
	1973	Rede und Rhetorik, Düsseldorf
Perelman, Ch./	1958	La nouvelle rhétorique
Olbrechts-Tyteca, L.		Traité de l'argumentation, 2 Bde. Paris (1970 Brüssel)
Philosophy and rhetoric (1968 ff.)		
Plato	1957	Sämtliche Werke, deutsche Übers., Hamburg
Plett, H. F.	1970	Der affektrhetorische Wirkungsbegriff in der rhetorisch-poetischen Theorie der englischen Renaissance, Diss. Bonn
	1971	Rhetorische Textanalyse, Hamburg
Popitz, H./		
Bahrdt, H. P./		
Jüres, E./Kesting, H.	1958	Das Gesellschaftsbild des Arbeiters, Tübingen
Propok, D. (Hrsg.)	1972	Massenkommunikationsforschung, Frankf.
The Quarterly Journal of Speech (1915 ff.)		
Quintilian	1972	Ausbildung des Redners, 12 Bücher. Lat.-deutsche Ausg., Darmstadt 1972
Reimann, H.	1968	Kommunikationssysteme, Tübingen
Riedel, H.	1967	Psychostruktur, Quickborn

Riedel, M.	1972	Rehabilitation der praktischen Philosophie, Bd. 1, Freiburg
Rossi-Landi, F.	1972	Sprache als Arbeit und als Markt, deutsche Übers., München
Rucktäschel, A. (Hrsg.)	1972	Sprache und Gesellschaft, München
Saussure, F. de	1967	Grundfragen der allgemeinen Sprachwissenschaft, deutsche Übers., Berlin
Savigny, E. von	1969	Die Philosophie der normalen Sprache, Frankfurt
Schaff, A.	1969	Einführung in die Semantik, deutsche Übers., Frankf.
Scherer, K. R.	1970	Non-verbale Kommunikation, IPK-Forschungsberichte, Hamburg
Schlotthaus, W.	1971	Lehrziel: Kommunikation, in: betrifft erziehung 4, S. 15 ff.
Schmidt, G.	1971	Zur rhetorischen Analyse der kirchlichen Fernsehsendungen „Das Wort zum Sonntag", Diss. München
Schmidt, S. J.	1968	Alltagssprache und Gedichtsprache, in: Poetica 2, S. 285 ff.
	1969/1	Zur Grammatik sprachlichen und nichtsprachlichen Handelns, in: Soziale Welt 3/4, S. 360 ff.
	1969/2	Sprachliches und soziales Handeln. Überlegungen zu einer Handlungstheorie der Sprache, in: Ling. Ber. 2, S. 64 ff.
	1971	Das kommunikative Handlungsspiel als Kategorie der Wirklichkeitskonstitution, in: Grammatik, Kybernetik, Kommunikation, FS für Hoppe (Hrsg. Schweisthal), Bonn, S. 215 ff.
	1972	Text als Forschungsobjekt der Texttheorie, in: Der Deutschunterricht 41, S. 7 ff.
Schmidtchen, G.	1970	Manipulation – Freiheit negativ, Neuwied/Berlin
Schneider, F.	1967	Politik und Kommunikation. Drei Versuche, Mainz
Schnelle, H.	1973	Sprachphilosophie und Linguistik, Reinbek
Schönberger, O.	1951	Die Klage über den Verfall der römischen Beredsamkeit im 1. Jahrh. n. Chr. Ein Beitrag zum Problem der Dekadenz, Diss. Würzb.
Schramm, W. (Hrsg.)	1970	Grundfragen der Kommunikationswissenschaft, München
Searle, J. R.	1971	Sprechakte. Ein sprachphilosophischer Essay, deutsche Übers., Frankf.
Segerstedt, T. T.	1947	Die Macht des Wortes. Eine Sprachsoziologie, Zürich
Seiffert, H.	1969	Einführung in die Wissenschaftstheorie, München
Sengle, F.	1966	Die literarische Formenlehre, Stuttgart
Siegrist, J.	1970	Das Consensus-Modell. Studien zur Interaktionstheorie und zur kognitiven Sozialisation, Stuttgart
Sonnemann, U.	1970	Die Schulen der Sprachlosigkeit. Deutschunterricht in der BRD, Hamburg

Sowinski, B. (Hrsg.)   1970   Germanistik 1 – Sprachwissenschaft, Köln
Speech Monographs   (1934 ff.)
Spitzer, L.   1966   Amerikanische Werbung als Volkskunst ver-
                                 standen, in: Literatur als Kunst (Hrsg. May/
                                 Höllerer), München
Sprache. Eine Einführung in die moderne Linguistik, Funkkolleg, 2 Bde.
                                 Frankf. (1973)
Steiner, G.   1962   Der Rückzug vom Wort, in: Merkur 16,
                                 S. 501 ff.
Sternberger, D.   1966   Die Sprache der Politik, in: Die deutsche
                                 Sprache im 20. Jahrh., Göttingen, S. 79 ff.
Stötzer, U.   1962   Deutsche Redekunst im 17. und 18. Jahrh.,
                                 Halle
Storz, G.   1966   Unsere Begriffe von Rhetorik und vom Rhe-
                                 torischen, in: Der Deutschunterricht 18, S. 5 ff.
Teigeler, P.   1968   Verständlichkeit und Wirksamkeit von Spra-
                                 che und Text, Stuttgart
Toulmin, S.   1958   The uses of argument, Cambridge
Ueding, G.   1971   Schillers Rhetorik, Tübingen
Ullmann, S.   1967   Grundzüge der Semantik, deutsche Übers.,
                                 Berlin
Veit, W.   1963   Toposforschung. Ein Forschungsbericht, in:
                                 Deutsche Vierteljahresschr. 17, S. 120 ff.
Vico   1963   Vom Wesen und Weg der geistigen Bildung,
                                 deutsche Übers., Darmstadt
Viehweg, Th.   1953   Topik und Jurisprudenz, München
Watzlawick, P./
Beavin, J. H./
Jackson, D. D.   1969   Menschliche Kommunikation. Formen, Stö-
                                 rungen, Paradoxien, deutsche Übers., Stuttg./
                                 Bern
Weber, M.   1956   Wirtschaft und Gesellschaft. Grundriß der ver-
                                 stehenden Soziologie, Tübingen
Weinrich, H.   1966   Linguistik der Lüge, Heidelberg
Weithase, I.   1961   Zur Geschichte der gesprochenen deutschen
                                 Sprache, 2 Bde., Tübingen
Weller, M.   1968   Das Buch der Redekunst. Die Macht des ge-
                                 sprochenen Wortes in Wirtschaft, Technik und
                                 Politik, Düsseldorf/Wien
Wieland, W.   1958   Aristoteles als Rhetoriker und die exoterischen
                                 Schriften, in: Hermes 86
Winckler, L.   1970   Studie zur gesellschaftlichen Funktion faschi-
                                 stischer Sprache, Frankf.
Wittgenstein, L.   1969   Tractatus logico-philosophicus. Logisch-philo-
                                 sophische Abhandlung, Frankf.
                       1971   Philosophische Untersuchungen, Frankf.
Wunderlich, D.   1969   Unterrichten als Dialog, in: Sprache i. techn.
                                 Zeitalter 32, S. 263 ff.
                       1970   Die Rolle der Pragmatik in der Linguistik, in:
                                 Der Deutschunterricht 22, S. 5 ff.
                       1971   Pragmatik, Sprechsituation, Deixis, in: LiLi 1,
                                 S. 153 ff.
Wunderlich, D./
Maas, U.   1972   Pragmatik und sprachliches Handeln, Frankf.
Wunderlich, D.   1972/1   Disput über Linguistik, in: Ling. Ber, 22,
                                 38 ff.

Wunderlich, D.
(Hrsg.)   1972/2 Linguistische Pragmatik, Frankf.
Ziegler, R.   1968   Kommunikationsstruktur und Leistung sozialer Systeme, Meisenheim
Zielke, W.   1971   Rhetorik – Programmiert lernen. Ein Lern-
programm, München
Zimmermann, H.-D. 1971   Elemente zeitgenössischer Rhetorik, in: Diskussion Deutsch 4, S. 157 ff.
                         1972   Die politische Rede. Der Sprachgebrauch Bon-
ner Politiker, Stuttgart

11   Register

11.1 Personenregister (ausschließlich der Anmerkungen)

Adorno 10, 20, 21, 27, 186, 190
Albert 12, 43, 123, 124, 132, 133, 134
Albert/Topitsch 130
Althaus/Henne 47
Altmann 189
Apel 10, 75, 117
Arendt 12, 34, 36, 41, 114
Aristoteles 13, 15, 25, 27, 33, 36, 44, 50,
  55, 58, 83, 86, 101ff., 115, 121, 126f.,
  128f., 139, 141ff., 146, 152, 154, 155,
  157, 158, 159, 167, 170, 190
Augustin 15, 20, 76, 171
Austin 74f., 76ff., 81, 85, 88, 96, 97, 100

Bacon 115, 119, 125
Badura 47, 48
Barner 96. 188
Barthes 173f., 175, 177f.
Bense 165. 170, 179, 182
Bergstraesser 107
Bierwisch 164f., 167
Birkhoff 165
Bloch 156
Böll 21
Le Bon 70
Bonsiepe 169. 176
von Braunmühl 173
Breitinger 169
Brekle 47
Breuer 25, 29, 55f., 136, 169
Brüggemann 132
Büchner 173
Bühler, K. 67
Burke 151

Carnegie 180
Catilina 114
Celan 183
Chase 147
Chomsky 45f.
Cicero 20, 50f., 114, 126, 141
Clarke 51, 96
Conrady 12
Curtius 25, 52, 136ff., 151, 175

Dahrendorf 188, 189
Damaschke 85, 88
Danet 67
Descartes 12, 33, 115ff., 119, 125f., 131,
  135
Deutsch 93

Dieckmann 41, 56, 67, 71, 72f., 108, 112,
  147, 150, 176
Dockhorn 30, 169
Drach 162
Dröge 92, 94, 154, 155, 156, 157, 160,
  162
Dubislav 130f.
Dubois 169
Dyck 169

Eco 139, 144, 163, 169, 173, 177
Edelman 67, 72
Eggebrecht 175
Ehmer 176f.
Emrich 126, 141
Enders 182
Enzensberger 174, 182
Erasmus 188
Euchner 107

Fabricius 21
Feigl 131, 132
Festinger 94, 160
Fischer, L. 96, 126, 136, 137, 138, 140,
  145, 146, 162, 177
Frank, H. 45, 58
Frank-Böhringer 57ff., 61ff., 65f., 69, 130
Freisler 152
Frese 41
Freyer 119
von Freytag-Löringhoff 127

Gadamer 10, 27, 39f., 44, 73, 101, 117,
  119
Gaier 170
Gehlen 70. 103, 119. 136
Geissner 57, 60, 61ff., 65, 67, 73, 162,
  183
Genzano 179
Giesecke 107, 185ff., 189
Goethe 183
Gottsched 21, 169
Grassi 12
Groeben 165
Gunzenhäuser 165
Gurlitt 175

Habermas 10, 16, 17, 21, 27, 34ff., 36ff.,
  39f., 42ff., 45ff., 64, 71, 75, 79f., 85,
  88. 92, 94, 97, 100, 104, 106, 108,
  110ff., 114, 115, 119, 123f., 125, 132,
  134f., 146, 153, 186, 189

214

11.2 Sachregister